Michael Horeni

Stimmen der Eintracht

C. Bertelsmann

MICHAEL HORENI

STIMMEN DER EINTRACHT

C.Bertelsmann

MIX
Papier | Fördert gute Waldnutzung
FSC® C014889
FSC www.fsc.org

Penguin Random House Verlagsgruppe FSC® N001967

1. Auflage

in der Penguin Random House Verlagsgruppe GmbH,
Neumarkter Str. 28, 81673 München
Umschlaggestaltung: Büro Jorge Schmidt, München
Reproduktion: Lorenz+Zeller GmbH, Inning a. Ammersee
Satz: GGP Media GmbH, Pößneck
Druck und Bindung: Friedrich Pustet GmbH & Co. KG, Regensburg
Printed in Germany
ISBN 978-3-570-10567-2
www.cbertelsmann.de

INHALT

VORWORT:

STIMMEN DER EINTRACHT

Manchmal kann ein Buch mehr sein als nur ein Buch, es sind dann mehrere Bücher in einem. *Stimmen der Eintracht* ist so ein Buch. Es ist eines über zwölf Menschen, von zwölf Leben, die verbunden sind mit einem Verein, dem Fußball und seinen Fans.

Jedes der zwölf Kapitel erzählt eine persönliche Geschichte, entstanden aus individuellen Erfahrungen, aus gesellschaftlichen Prägungen, in einer jeweils eigenen Zeit. Gleichzeitig sind diese zwölf Lebensgeschichten eingebunden in eine größere, in eine übergreifende Erzählung: in die Geschichte von Eintracht Frankfurt, in die des Fußballs. Auf seine Weise will *Stimmen der Eintracht* mit diesem ersten aus einer Reihe von Bänden damit auch zu einer Geschichte dieses Klubs werden, ein bisschen vielleicht auch des Fußballs.

Entstanden sind die persönlichen Betrachtungen und Erinnerungen in mehreren vielstündigen Gesprächen mit den Protagonisten. Ein Ziel der Beiträge ist es, maßgebliche Prägungen und Erfahrungen in ihrem Leben herauszuarbeiten, womöglich sogar einem Wesenskern näher zu kommen. Diese Authentizität im Medienbetrieb heute mitteilen und darstellen zu können, ist vor allem mit Blick auf aktuelle Profis trotz ihrer ständigen öffentlichen Präsenz eine Herausforderung. Die Beiträge sind in der unmittelbarsten literarischen Form verfasst, in der Ich-Form. Eine Ausnahme bildet in mehrfacher Hinsicht das Kapitel über den im Frühjahr 2024 verstorbenen Bernd Hölzenbein, das in der zweiten Jahreshälfte 2023 entstanden ist und schon von seiner schweren Krankheit geprägt war.

Stimmen der Eintracht versammelt hier und in den Folgebänden jeweils zwölf Personen. Elf davon sind aktuelle und ehemalige Spieler und Spielerinnen sowie Trainer und Vereinsvertreter von Eintracht Frankfurt. Hinzu kommt der längst geschlechtsunabhängige »zwölfte Mann« im Fußball: das Publikum, die Fans. In diesem Fall eine Person des öffentlichen Lebens, die in enger Beziehung mit dem Verein steht: die langjährige Oberbürgermeisterin der Stadt. Der Autor, jahrzehntelang als Sportjournalist im Topfußball tätig und Politologe, ist selbst gebürtiger Frankfurter und seit Kindheitstagen mit der Eintracht verbunden.

Zeitlich spannt sich *Stimmen der Eintracht* vom Zweiten Weltkrieg im zerstörten Frankfurt bis zum glamourösen, weltumspannenden Fußballgeschäft mit dreistelligen Millionenablösesummen unserer Tage. Geografisch und kulturell greift es vom Herzen Europas aus bis nach Afrika und Asien. Meisterlich ist es vom dreifachen Finaltorschützen im Frankfurter Titeljahr 1959 über den Torschützen des goldenen deutschen Tores im Finale der Weltmeisterschaft 2014 bis hin zum Lenker beim Eintracht-Triumph im DFB-Pokal 2018 und der Europa League 2022. Soziologisch reicht es von der Hitlerjugend über die enge, autoritäre Nachkriegszeit, die hedonistischen Achtzigerjahre, den allgegenwärtigen Rassismus in Stadien und Gesellschaft der Neunzigerjahre sowie eine auch im Fußball lange tief verankerte Frauenfeindlichkeit bis hin zum jüngsten Boom im Frauenfußball.

Unabhängig von Zeit und Raum steckt in jedem der zwölf Kapitel die unbändige Freude und Lust des Fußballs – die Kraft und die Faszination, mit der er Menschen seit Generationen verbindet und zusammenführt. Und so soll in *Stimmen der Eintracht* spürbar werden, was der Fußball für so viele Menschen oft ein Leben lang ist, nicht zuletzt bei Eintracht Frankfurt: eine Herzenssache, eine große Liebe.

1

BERND HÖLZENBEIN

Der Unvergessene

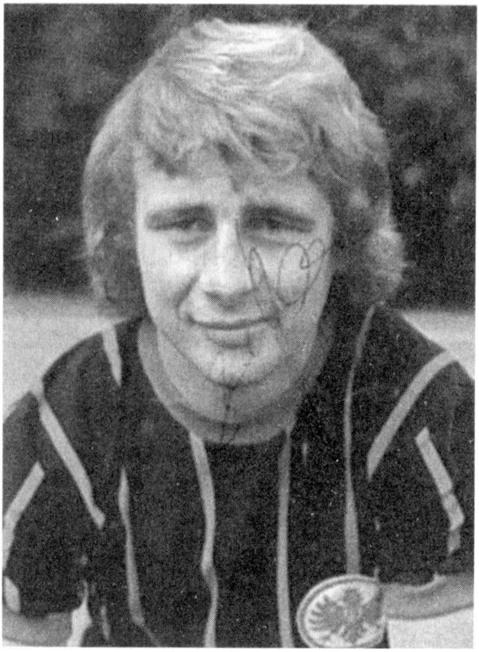

Es ist ein heißer Nachmittag im Sommer 2023. Bernd Hölzenbein steht im Halbdunkel und lächelt. Um die Hitze fernzuhalten, hat seine Frau die Rollläden zum Garten heruntergelassen. Das abgedunkelte Wohnzimmer ist angenehm kühl, im Hintergrund summt ein Ventilator. Bernd Hölzenbein trägt eine kurze Sporthose und ein Poloshirt. Körperlich wirkt er fit, fitter als viele Männer seines Alters. Sein Händedruck ist fest. Nach einer stummen Begrüßung setzt er sich an den Holztisch.

Auf dem Tisch steht eine Tasse, die von Eintracht Frankfurt zum Pokalfinale 2023 herausgebracht worden ist, mit dem Slogan: »Wir haben die Eintracht im Endspiel gesehen«. Man sieht darauf, wie Hölzenbein als Kapitän den DFB-Pokal in die Höhe reckt. Daneben liegen Autogrammkarten in einem Korb. Hölzenbein schiebt eine herüber. Auf der Vorderseite ist ein schönes Foto von ihm aus jüngster Vergangenheit: Er lächelt verschmitzt, die Augen strahlen. Auf der Rückseite eine Schwarz-Weiß-Aufnahme aus den Siebzigerjahren, auf der er den Ball eng am Fuß führt, im Eintracht-Trikot mit dem ersten Trikotsponsor »Remington«, dazu die Stationen seiner Karriere, seine Erfolge.

Die Autogrammkarte ist eines der wenigen Dinge, die in der Wohnung der Hölzenbeins an seine Karriere erinnern. An die rund fünfzig Jahre, in denen er bei Eintracht Frankfurt auf verschiedenen Positionen zur prägendsten Figur des Klubs wurde. »Bernd kann sie leider nicht mehr unterschreiben«, sagt seine Frau Jutta.

Bernd Hölzenbein steht unvermittelt vom Tisch auf, getrieben von innerer Unruhe. Er durchstreift die Wohnung. Unablässig. Immer wieder geht er an diesem Tag an einem antiken Eichenschrank mit verglasten Fenstern vorbei, in dem ein Weltmeister-Pokal in Miniaturformat steht, für den er keinen Blick mehr hat.

Mit Hölzenbeins Leben verknüpfen sich Erinnerungen, die ins kollektive Gedächtnis der Deutschen eingegangen sind: der

WM-Triumph 1974 gegen die Niederlande beim 2:1-Sieg im Finale mit dem umstrittenen Foulelfmeter, der durch Paul Breitner zum Ausgleich führte. Die unvergessene »Schwalbe«, von der Hölzenbein stets sagte, es sei keine gewesen. Im kollektiven Gedächtnis von Eintracht Frankfurt ist wiederum sein Sitzkopfballtor in letzter Sekunde gegen Dinamo Bukarest tief verankert. Ein Tor, das den Weg zum UEFA-Pokalsieg im Jahr 1980 erst möglich machte. Vermutlich das einzige Sitzkopfballtor, das jemals im internationalen Topfußball erzielt worden ist.

Es gibt aber auch die schmerzhaften Erinnerungen in seinem Leben, wie die am letzten Spieltag verspielte Deutsche Meisterschaft 1992 in Rostock, die zur Krönung von Hölzenbeins zweiter Karriere als Vizepräsident hätte führen sollen. Oder der erste Bundesliga-Abstieg in der Geschichte der Eintracht im Jahr 1996, für den Hölzenbein als Manager die größte Verantwortung zugeschrieben wurde. Und wenige Jahre später sein persönlicher Tiefpunkt, als er wegen eines unzulässigen Vertrags für Anthony Yeboah im Jahr 2001 zu sieben Monaten Haft auf Bewährung wegen Steuerhinterziehung verurteilt wurde, als vorbestraft galt und wegen horrender Anwaltskosten den Ruin fürchtete.

Wie sich diese Erinnerungen, die wunderbaren wie die schmerzhaften, über die Jahre für ihn veränderten, ein anderes Gewicht und neue Bedeutungen angenommen haben, kann Bernd Hölzenbein schon im Sommer 2023 nicht mehr in Worte fassen. Selbst die unvergesslichen Momente sind im großen Vergessen verschwunden. Doch in seinem Fall werden die Erinnerungen innerhalb der Familie weitergetragen, von Generation zu Generation, über seine Ehefrau, Kinder und Enkel. Neben dem Halbdunkel, das ihn umgibt, vollzieht sich gleichzeitig ein lebendiger Prozess, der mit der Biografie von Bernd Hölzenbein auf einzigartige Weise verknüpft ist und die Erinnerungen in die Zukunft trägt.

Jutta Hölzenbein, Ehefrau

Am Anfang, als das Vergessen begann, haben wir gedacht, es ist das »übliche« Vergessen. Das, was jeder kennt: Wo ist der Schlüssel? Wo ist das Portemonnaie? Dann habe ich irgendwann gespürt, dass es ein andersartiges Vergessen sein könnte. Das war 2017. Bernd hatte, wenn er etwas gesucht hat, plötzlich eine ungewöhnliche Unruhe in sich.

Bei einem Golfturnier haben wir im Hotel übernachtet. Bernd ist morgens um fünf aufgestanden. Er verließ das Zimmer und hat sich unten im Hotel in eine Ecke gesetzt. Dort hat er weitergeschlafen. Dass nächtliche Unruhe und Umherwandern ein Teil der Krankheit sind, wusste ich damals nicht.

Zwei Jahre später waren wir bei einer Versteigerung für einen guten Zweck. Da stand er mit dem Organisator auf der Bühne. Bernd sagte ihm, dass er nur das sagen werde, was er sagen wolle. Und nicht, was er gefragt werde. Er wollte da nicht mehr vor Publikum interviewt werden, das machte ihn unsicher. Da habe ich gemerkt, dass etwas nicht stimmen kann. Aber wir haben immer noch gehofft, dass es nicht so schlimm ist.

Im Jahr 2019 hat sich Bernd bereit erklärt, zum Neurologen zu gehen, um sich gründlich untersuchen zu lassen. Zu Ärzten wollte er grundsätzlich nicht. Nach dem Vorgespräch wollte er wieder gehen. Die Fragen haben ihm nicht gefallen. Welchen Tag haben wir? Welchen Monat? Fragen, die man Alzheimer-Patienten stellt. Er blieb dann aber zwei Tage zur Untersuchung. Als ich ging, bat ich ihn, mich am nächsten Morgen um sieben Uhr anzurufen. Punkt sieben klingelte das Telefon. Da dachte ich, wenn das funktioniert, fällt die Diagnose vielleicht doch nicht so schlecht aus.

Zu dieser Zeit hatte ich einen Artikel gelesen, dass Profifußballer wegen der vielen Kopfbälle in ihrer Karriere ein erhöhtes Risiko haben, an Alzheimer zu erkranken. Auch Bernd hatte in seiner Karriere eine schwere Gehirnerschütterung. Lothar Schämer hat ihm versehentlich, aber sehr hart an den Kopf geschossen. Bernd lag drei Tage im Krankenhaus.

Der Vorfall ereignet sich am 30. Januar 1971, am 19. Bundesliga-Spieltag gegen Hannover 96. Die Eintracht steht auf dem letzten Tabellenplatz – und gewinnt 2:1. Am letzten Spieltag rettet sich die Eintracht vor dem Abstieg. Nach dem 2:1 sagt Trainer Erich Ribbeck: »Das war vielleicht unser wichtigster Sieg. Schade nur, dass wir wieder einen Verletzten mehr haben. Hölzenbein musste wegen einer Gehirnerschütterung ins Krankenhaus. Er hat nicht mehr gewusst, wie der Spielstand war.«

Den Artikel über die Folgen der Kopfbälle hat Bernd auch gelesen. Wir haben ihn dem Arzt gezeigt. Der hat das anders gesehen. Dabei gibt es heute immer mehr Untersuchungen, die einen Zusammenhang zwischen Kopfbällen und Alzheimer zeigen. Die Bälle damals waren ja extrem schwer, vor allem wenn sie sich bei Regen vollgesogen hatten. Bernd war enttäuscht, dass der Arzt auf das Thema nicht eingegangen ist. Das wäre eine Erklärung für ihn gewesen.

In der Zeit, als Bernd Hölzenbein mit seiner Frau medizinische Hilfe sucht, informiert das Bundesministerium für Bildung und Forschung über die ansteigende Zahl an Demenzerkrankungen: »In Deutschland leben mehr als 1,5 Millionen Menschen mit einer Demenz. Viele von ihnen sind von Alzheimer betroffen. Diese neurodegenerative Erkrankung schädigt Zellen des Gehirns und lässt sie nach und nach absterben – ein schleichender Vorgang, der über Jahre unbemerkt bleiben kann. Ursache dafür ist die enorme Anpassungsfähigkeit des menschlichen Gehirns: Es kann den Verlust von Nervenzellen in einem gewissen Maße aus-

> gleichen. Erst wenn solche Ausfälle überhandnehmen, machen sich Gedächtnisprobleme oder andere Auffälligkeiten bemerkbar, die für Alzheimer typisch sind. Gehen die Betroffenen dann zum Arzt, hat die Erkrankung bereits umfangreiche Zerstörungen angerichtet.«[1]

Eine Untersuchung des Nervenwassers nach einer Punktion hat dann 2019 schließlich Gewissheit gebracht. Bernd saß auf der Bettkante, der Arzt sagte: »Ich muss Ihnen sagen: Sie haben Alzheimer.«

Wir haben uns angeschaut und gesagt: »So eine Scheiße.« Und uns entschlossen, einfach wie gewohnt weiterzuleben. Bernd hatte zu dieser Zeit noch einige Wochen Vertrag bei der Eintracht, der lief im Juli 2019 aus. Nach der Entlassung sind wir direkt ins Auto gestiegen und dann wie geplant zum Frankfurter Golf Club zu einem Turnier vom Deutschen Olympischen Sportbund gefahren. Alle haben sich gefreut, dass wir kamen. Wir haben zwei, drei Bierchen getrunken und sind nach Hause gefahren. Am nächsten Tag hatte Bernd einen Termin für eine Autogrammstunde mit den Eintracht-Oldies. Auch das hat er gemacht. Wir sind gemeinsam dorthin gefahren. Was sollten wir auch anderes tun?

Über die Krankheit und ihre Auswirkungen haben wir danach kaum gesprochen. Mit Bernd konnte man nicht über Krankheiten sprechen, das war schon früher so. Es klingt komisch, aber die Krankheit hat ihn nicht interessiert. Er hat das bestimmt auf seine Weise für sich verarbeitet, aber nicht nach außen.

Im folgenden Jahr habe ich versucht, dass er in eine Studie reinkommt, um vielleicht doch eine neue Möglichkeit zu finden, die Krankheit zu verlangsamen. Zu dem Professor hatte Bernd sofort einen guten Draht. Der begrüßte ihn mit dem Satz: »Herr Hölzenbein, ich sehe immer noch, wie Sie im Sitzen mit dem Kopf das Tor machen.«

Aus der Studienteilnahme wurde nichts. Bernd hatte dafür einen zu niedrigen Puls. Den hatte er ohnehin vom Sport, und dann kamen noch die Medikamente dazu. Wir wollten in dieser Zeit alle Möglichkeiten ausschöpfen, die es gab.

Im Juni 2022 war eine schlimme Phase, in der ist er oft weggelaufen. Da haben wir es mit TPS (Transkranielle Pulsstimulation) versucht. Man bekommt so eine Art Mütze auf den Kopf mit Drähten darunter. Über den Kopf werden Impulse per Ultraschall in die betroffenen Hirnregionen geschickt. Das soll die Krankheit verlangsamen. Ich hatte mir Hoffnungen gemacht, aber die Behandlung war nicht möglich. Bernd wollte das auf einmal nicht mehr. Er hat sich dagegen gewehrt – und dann hat er dort alle Türen abgeschlossen. Heute muss ich darüber fast lachen, aber damals haben mich die Ärzte gefragt: »Wie wollen Sie das alleine schaffen?«

Mir wurde vorgeschlagen, Bernd in eine psychiatrische Klinik zu bringen. Ich war fix und fertig, habe mich ins Auto gesetzt und gedacht: »Das mache ich nicht.« Ich bin froh, dass ich das so entschieden habe.

Nach der ersten Diagnose hat Bernd immer noch viel Fußball geschaut. Er ist auch weiter ins Stadion. Kurz danach brach Corona aus. Da hatten wir dann keine sozialen Kontakte mehr. Das war großes Pech. Es war gar nicht gut für ihn. Irgendwie kam in dieser Zeit alles zusammen: Drei Geschwister von Bernd sind gestorben, dann Nickel, dann Grabi. Wir waren nur auf Beerdigungen.

Als man dann wieder ins Stadion durfte, ist Bernd noch ein paar Mal mit zur Eintracht. Das letzte Spiel, das er gesehen hat, war 2022 das Finale in Sevilla. Danach war es wie abgeschnitten, es ging nicht mehr.

Meine stärkste Erinnerung an Bernd und den Fußball verbinde ich mit unserem Kennenlernen. Ich war 16. Er hat mich damals zu einem Spiel von ihm mitgenommen. Ich weiß noch, was ich anhatte. Er hat in dem Spiel sieben Tore für TuS Dehrn geschossen, so viel hat er nie mehr geschossen. Er wollte mir unbedingt zeigen, wie gut er ist.

Ich war nie Spielerfrau, also nicht in dem Sinne, was man heute unter Spielerfrau mit diesen Inszenierungen versteht. Ich hatte mich schon immer für Fußball interessiert, für Boxen, für jeden Sport. Ich war immer auf Sportplätzen gewesen.

Stark ist mir die Zeit in Erinnerung, als Bernd schon bei der Eintracht war und einen neuen Vertrag unterschrieben hat. Das muss 1971 oder 1972 unter Präsident Albert Zellekens gewesen sein. Bernd hat damals 1200 oder 1300 Mark bekommen, im Monat. Der Nickel war ja eine Plaudertasche, und so wusste ich, dass er mehr bekam. 200 Mark vielleicht, aber den genauen Betrag weiß ich nicht mehr. Ich habe dann jedenfalls bei Zellekens angerufen und gesagt, dass mein Mann das so nicht macht. Dass man da noch ein bisschen was drauflegen kann. Als Bernd vom Training kam, habe ich ihm erzählt, dass ich mit Zellekens gesprochen habe. Bernd war sauer. »Das geht dich alles nichts an«, hat er gesagt. Er konnte unglaublich stur sein. Dann hat er den Präsidenten angerufen: »Herr Zellekens, ich unterschreibe den Vertrag.«

Das war für mich das Ende als »Spielerberaterin«. Es war eine ganz andere Zeit.

Es gibt ja auch diese Geschichten mit den Spielerfrauen nach dem WM-Sieg 1974, dass angeblich keine zum Bankett durfte. Unsere Männer haben Helga (Ehefrau von Jürgen Grabowski) und mir am Tag des Endspiels in München aber gesagt: »Fahrt schon mal nach Frankfurt. Wir sehen uns dann beim Empfang im Römer.« Wir hatten mit dem DFB überhaupt keinen Stress. Es waren wohl nur Frauen von anderen Nationalspielern, die gewartet haben und nicht reindurften. Unsere Männer hatten uns ja schon gesagt, dass wir heimfahren sollen.

Nach dem Pokalsieg 1974 gegen den HSV war das bei der Eintracht das Gleiche. Da haben wir Frauen dann nach dem Endspiel in Düsseldorf in der Altstadt gesessen, während irgendwo anders das Eintracht-Bankett stattgefunden hat und die Spieler Party gemacht haben. So war das damals.

Am 18. Juni 1978 kam Sascha auf die Welt, während der Weltmeisterschaft in Argentinien. Nach der Geburt habe ich direkt aus der Uniklinik im Mannschaftsquartier in Ascochinga angerufen, um Bernd zu sagen, dass er einen Sohn bekommen hat. In Argentinien ist dieser Tag übrigens Vatertag – und das war der Tag des Spiels gegen Holland.

Da ist dann jemand im Quartier ans Telefon und sagte zu mir: »Wir müssen die Spieler schlafen lassen.« Ein paar Stunden später ist das Gespräch dann durchgestellt worden. Sepp Maier ist rangegangen. Irgendwann war dann auch Bernd dran.

Zwei, drei Jahre nach dem Ende seiner Karriere, als wir aus Amerika zurückgekommen sind, ist Bernd im November 1988 zur Jahreshauptversammlung der Eintracht. Nur so, wie er sagte. Dann hat mich in der Nacht ein befreundeter Journalist angerufen und gesagt: »Dein Mann ist gerade Vizepräsident geworden.« Und ich sagte: »Das kann doch nicht wahr sein.«

Es war diese berühmte Versammlung im Palmengarten mit dem Boxhieb. Ich saß mit Grabi hinten, plötzlich hat einer meinen Namen gerufen. Ich hab kurz gezuckt, die anderen haben gelacht, und dann habe ich die Hand gehoben. Der Versammlungsleiter hat mich auf die Bühne gebeten und gesagt: »Ihn muss ich ja nicht vorstellen.« War mir ganz recht, ich wollte eh keine große Rede halten. Ich habe keinen Ton gesagt und bin zum Vizepräsidenten gewählt worden (...): Alle haben die Hand gehoben.[2]

Bernd hat dann sofort mit der Arbeit begonnen und seine Vorstellungen entwickelt, was er bei der Eintracht verändern wollte. Das hat mir sehr gefallen. Er hat schnell Kontakt zu Jörg Berger und Uwe Bein aufgenommen, nach der gewonnenen Relegation gegen Saarbrücken im Sommer 1989 mit Anthony Yeboah. Für mich ist vor allem sein erstes Jahr als Vizepräsident in Erinnerung geblieben. Damals haben wir über alles gesprochen. Die Mannschaft wurde mit den neuen Spielern, die er geholt hat, immer besser. Die guten Dinge haben dann ihren Lauf genommen.

Ich werde nicht vergessen, wie sich Bernd reingehängt hat in die neue Aufgabe. Es war ja alles Neuland für ihn. Dass er überhaupt diese Verantwortung angenommen hat, fand ich bemerkenswert. Das hat ja kein anderer Spieler gemacht. Er selbst hatte das früher auch nicht getan. In der Nationalmannschaft waren andere Spieler in der Verantwortung, vor allem der Franz. Und bei der Eintracht hatte er zwar zusammen mit Grabi und Nickel eine besondere Rolle, aber das fand mehr hinter den Kulissen statt.

Es gab dann bei der Eintracht aber auch die andere Seite in der Präsidentschaft von Matthias Ohms, mit seiner Frau Barbara und der ganzen Entourage. Bernd hat sich über die Jahre verändert, andere auch. Ich habe das alles hautnah mitbekommen.

Nach Jörg Berger kam Stepi, das war im April 1991. Er hatte eine Supermannschaft: Stein, Binz, Falkenmayer, Weber, Bein, Yeboah, Möller. Doch irgendwann sind alle durchgedreht. Auch das Präsidium, einschließlich Bernd.

Schon in Rostock lief alles schief. Die ganze Delegation war am Vortag des Spiels voller Euphorie. Alle hatten nur die Meisterschaft im Kopf, die Feierlichkeiten. Aus der Geschäftsstelle kam Ute Hering auf mich zu und sagte, sie müsse sich um die Aktion mit den Rosen kümmern. »Ihr lauft nach dem Schlusspfiff auf das Spielfeld und überreicht den Männern eine Rose«, sagte sie. Ich sollte Uli Stein meine Rose geben, weil seine Frau nicht im Stadion war. Es ging nur um solche Sachen.

In den nächsten Jahren ging es sportlich gut weiter. Bernd hat Klaus Toppmöller geholt, die Mannschaft war lange Tabellenführer, die Meisterschaft schien wieder möglich. Insgesamt stand die Eintracht danach fünf Jahre nacheinander im Europapokal, dreimal wurde sie Dritter in der Bundesliga. So gut war die Eintracht danach nie mehr, es war ihre beste Zeit. Nach der Entlassung von Toppmöller hat Bernd zunächst auch große Hoffnungen in Jupp Heynckes gesetzt.

Aber es gab auch die andere Seite. Der Erfolg hatte seinen Preis, auch für Bernd. Er hat die Kontrolle verloren. Ich glaube, der Grund für seine Veränderung über die Jahre war, dass er Gefallen an einem neuen Lifestyle gefunden hat. Er hat damals für die Eintracht als Vizepräsident ja absolut ehrenamtlich gearbeitet, im Umfeld war aber immer mehr Geld. Es wurde auf großem Fuß gelebt: Party auf dem Oktoberfest in München, Nachtleben, Auslandstrips. Das ganze Tralala. Jupp Heynckes hat das auch alles nicht gepasst. Darum ist es gekippt, da bin ich mir sicher. Da hat sich Bernd verloren.

In dieser Zeit wurde auch der neue Vertrag mit Yeboah gemacht, der später zum Prozess führte. Bernd hatte die Verträge sonst nie unterschrieben. Das hat normalerweise Matthias Ohms gemacht, aber der war damals in Florida.

Bernd hat sich den Staranwalt Eckard Hild genommen, der auch den Milliarden-Pleitier Schneider vertreten hatte. »Warum nimmst du dir einen so teuren Anwalt?«, habe ich ihn gefragt. »Es ist bald vorbei«, hat Bernd immer wieder gesagt. Er hat geglaubt, dass der Fall schnell erledigt sein würde. Doch nach dem ersten Verhandlungstag war ich sicher: Dieser Prozess wird lange dauern. Der Richter hat die öffentliche Aufmerksamkeit genossen. Ich war an jedem Verhandlungstag bei Gericht, eine furchtbare Zeit. Das Urteil war schrecklich.

Als Bernd Hölzenbein am 28. Prozesstag den Verhandlungssaal I des Landgerichts in Frankfurt betritt, sieht er niedergeschlagen und ausgemergelt aus, wie der Prozessbeobachter der *Frankfurter Allgemeinen Zeitung* am Tag des Urteilspruchs am 14. Februar 2001 schreibt.

Der damals 54 Jahre alte Hölzenbein wird wegen Steuerhinterziehung zu einer Bewährungsstrafe von sieben Monaten sowie zur Ableistung von 300 Sozialstunden verurteilt. Er wirkt schockiert und aufgebracht.

Das Urteil ist ein Skandal. Ich habe es immer wieder gesagt, und ich sage es auch jetzt: Ich bin unschuldig. Ich fühle mich ungerecht behandelt und hätte nie geglaubt, dass ich verurteilt werde. Das Urteil ist schlimmer, als wenn wir 1974 das WM-Finale gegen Holland verloren hätten.

Hölzenbein ist der erste vorbestrafte Fußball-Weltmeister in Deutschland. Doch schon durch den Prozess, sagt Hölzenbein unmittelbar nach dem Urteil, sei er gestraft genug. Die Anwalts- und Gerichtskosten hätten sich auf fast 500 000 Mark summiert. Dass er vor dem finanziellen Ruin stehe, hatte er schon während des Verfahrens mehrfach eingeräumt. Der Richter hatte es nach einem Verfahren über 195 Tage als erwiesen angesehen, dass Hölzenbein 1993 in seiner damaligen Funktion als Vizepräsident einen Werbevertrag zwischen der Eintracht und Yeboah zum Schein abgeschlossen habe, um damit Lohnzahlungen zu verschleiern.

Der mitangeklagte ehemalige Schatzmeister Wolfgang Knispel wird zu 15 Monaten auf Bewährung und einer Geldstrafe von 100 000 Mark verurteilt. Das Gericht sieht es als strafverschärfend an, dass Knispel aufgrund seiner Kenntnis als Steuerberater in der Lage war, die Ausmaße der Steuerhinterziehung genau einzuschätzen. Yeboah war bereits am 2. Januar 2001 zu einer Geldstrafe von 360 000 Mark verurteilt worden.[3]

Bernd hat sich wegen des Abstiegs 1996 und des Prozesses 2001 für einige Jahre als Persona non grata bei der Eintracht gefühlt. Nach dem Abstieg war es ganz schlimm. Die Leute haben Stricke zu uns nach Hause geschickt, die haben Scheiße geschickt. Wir haben Personenschutz gebraucht. Bernd ist dann in Berufung gegen das Urteil gegangen.

Es fing wohl damit an, dass ich Ende 1994 eine Position des hauptamtlichen Angestellten ohne Sitz und Stimme im Präsidium übernahm. Wenn ich, zum Beispiel, damals kein Angestellter des Vereins gewesen wäre, sondern noch Vizepräsident, dann hätte ich Trainer Jupp Heynckes bei dieser unseligen Affäre um Anthony Yeboah kraft meines Amtes im Verein sagen können, der bekommt eine hohe Geldstrafe und damit Schluss.

Damals habe ich begonnen zu resignieren. Ich hätte härter sein müssen. Aber ich habe nicht genug dagegengehalten.

Ich war zermürbt von den vielen Krächen mit Möller, Gerster, Binz, Stein oder Bein.[4]

Das Urteil im Yeboah-Prozess hat für Bernd über die Jahre an Bedeutung verloren. Obwohl es ganz schlimm war in dieser Zeit. Den Vergleich mit dem WM-Finale hat er dann auch nie wieder gezogen. Das hatte sich verändert.

Das eine ist vergessen, das andere für die Ewigkeit.[5]

Finanziell bin ich da mit einem blauen Auge davongekommen. Auch die Eintracht hat sich großzügig verhalten und einen Teil dazu beigetragen, dass es nicht ganz so schlimm endete. Aber da habe ich auch gemerkt, wer zu mir steht und wer nicht.[6]

Diese Zeit hat sich für ihn wie ein Vakuum in seinem Leben angefühlt. Viele Menschen sagen, dass die Familie das Wichtigste im Leben ist, aber für Bernd war das Wichtigste tatsächlich immer die Eintracht.

Was ihn wieder glücklich gemacht hat, war der Moment, als ihn Heribert Bruchhagen (Vorstandsvorsitzender) und Herbert Becker (Aufsichtsratsvorsitzender) 2004 als Berater zurückgeholt haben, als er wieder in die Eintracht-Familie zurückkehren durfte, als er wieder Teil seiner Eintracht war. Das hat sich für Bernd wie eine Rehabilitierung angefühlt.

> *Zuvor hat es Diskussionen gegeben, ob ich wieder zurückdürfte. Viele waren dagegen, sie wollten mich nicht mehr. Nur der Herri wollte mich.*[7]

Als er dann in den nächsten Jahren praktisch jeden Tag mit Herri und Friedhelm Funkel zusammenarbeiten konnte, sie sich immer morgens zu dritt getroffen und geredet haben, da ist er jeden Morgen strahlend zur Eintracht gefahren. Strahlend. So gut gelaunt habe ich Bernd in seinem Leben selten erlebt. Dafür werde ich Herri immer dankbar sein.

Sabrina Wagner, Tochter

Geboren am 28. August 1968,
Gastwirtin in der Traditionsgaststätte Apfelwein Wagner in Frankfurt, gelernte Reiseverkehrskauffrau

Ich war immer wahnsinnig stolz auf meinen Vater. Das war schon in der Kindheit so. Wir haben damals in Gravenbruch gewohnt, das war zu jener Zeit der kinderreichste Stadtteil in Deutschland. Da haben wir immer irgendwo Fußball gespielt, und wenn die anderen dann Hölzenbein oder Grabowski sein wollten, war ich mächtig stolz, dass einer mein Vater war. Oder wenn Kinder an der Tür geklingelt haben und ein Autogramm wollten.

Meinen elften Geburtstag durfte ich im Waldstadion mit acht Kindern hinter dem Tor feiern, bei einem Bundesligaspiel. Wir sind auch im Mannschaftsbus zum Mannschaftshotel gefahren, da durfte ich öfter mitfahren.

Mein Vater war sehr technikaffin. Er hatte zu Hause immer die neuesten Sachen, die kleinsten Radios, den ersten Videorekorder, den ersten DVD-Player. Auf dem neuen Videorekorder habe ich mir mit ihm dann nach dem UEFA-Pokalsieg ungefähr hundert Mal das Tor gegen Bukarest angeschaut. Mein Vater hat immer zurückgespult und gesagt: »Guck doch mal, Sabrina, wie der Schiri im Hintergrund schon die Pfeife im Mund hat – und ihm dann die Pfeife aus dem Mund fällt.« Das musste ich mir immer wieder angucken.

(Das Tor ist) sehr präsent. Es wird ja überall immer wieder gezeigt. Ich werde ständig darauf angesprochen. Es ist der Wahnsinn. Ich weiß, dass es definitiv kein Zufall war. (...) Ich habe den Ball mit dem Kopf bewusst geköpft. Im Sitzen. Aber für mich ist diese Szene des Spiels gar nicht so sehr, dass der Ball über die Linie trudelte und der Torwart hinterherkrab-

belte, sondern die Sekunden zuvor sind für mich unvergessen. Denn es war so, dass Willi Neuberger den Schiri fragte, wie lange noch zu spielen sei. Er antwortete: twenty seconds. Der Willi hat den Ball nach vorne gehauen. Was man aus der Perspektive der Hintertorkamera sieht, ist, dass der Schiedsrichter schon abpfeifen wollte, weil die 20 Sekunden um waren. Es war also eigentlich schon vorbei. In der 21. Sekunde habe ich den Ball reingemacht. Unglaublich. In der Verlängerung hat Bernd Nickel das 3:0 gemacht, und wir waren weiter.

Wir hatten damals gegen Bukarest 20 000 Zuschauer. Die meisten waren schon gegangen, als ich dieses Sitzkopfballtor machte, da war das Stadion fast leer. Heute rennen uns die Leute die Bude ein, obwohl sie nicht wissen, wer der Gegner ist.[8]

Wir sind nach Amerika gezogen, als ich zwölf war. Das war ein riesiger Schritt. In Amerika wurde ich dann richtig zum Fußballfan. Wenn mein Vater da ein Tor geschossen hat, haben mir die Amerikaner gratuliert, crazy. Im Stadion hat eine Band gespielt, Cheerleader sind rumgehüpft, die Zuschauer haben vor dem Spiel auf dem Parkplatz gegrillt. Das war ein ganz anderes Leben, so easy.

Mein Vater hat in Amerika ja immer wieder verlängert. Erst waren wir ein paar Jahre in Fort Lauderdale, dann sind wir wieder nach Deutschland, ich war hier wieder in der Schule, dann hieß es auf einmal, er macht Indoor-Soccer in Memphis, dann sind wir von dort wieder zurück nach Deutschland – und dann noch mal ein Jahr nach Baltimore.

Ich verbinde so viele gute Erfahrungen mit dieser Zeit, nicht nur, dass ich dort perfekt Englisch gelernt und den Führerschein gemacht habe. Dass ich überhaupt die Möglichkeit hatte, vier Jahre im Ausland zu leben, hat mir sehr viel fürs Leben gegeben. Die Fähigkeit, über den Tellerrand hinauszuschauen, neue Freundeskreise in verschiedenen Städten aufzubauen, offener für andere und neue Dinge zu sein, nicht nur Schwarz oder Weiß zu sehen. Und dass mein Vater dort als Fußballer mit dieser Karriere war, das war natürlich auch toll. Es war von den Reaktionen etwas ganz anderes, wenn ich dort hätte sagen müssen: »My dad is in the army«, anstatt: »My dad is a soccer player.« Da hieß es immer wieder: »Oh, great!«, »Oh my god!« Die Amerikaner freuen sich mit dir. Das ist schon anders als mit Deutschen.

Als wir endgültig zurück nach Deutschland sind, hat mir meine ehemalige Schule ein Wirtschaftsgymnasium empfohlen. Das war in Offenbach. Da wurde ich richtig gemobbt: Hölzenbein verrecke, solche Sachen. Einige waren richtig fies. In Offenbach im Stadion wurden meine Mutter und ich auch bespuckt.

Ich fand es auch toll, dass mein Vater dann Vizepräsident wurde. Was ich aber nicht wusste: dass der Job ehrenamtlich war. Er hat jahrelang auch alle Telefonate privat bezahlt. Er wollte nicht, dass irgendetwas, was er tat, nicht ehrenamtlich ist. In dieser Zeit habe ich beim Reisebüro Euro-Lloyd als Reiseverkehrsfrau gearbeitet. Da haben wir einen Betriebsausflug gemacht, nach Turin. Ich bin in die Maschine eingestiegen, gehe durch die Business Class zu meinem Platz – und wer sitzt da: Andy Möller und sein Berater Klaus Gerster. Ich bin rausgerannt und bin an einen Telefonautomaten und habe sofort meinen Vater angerufen: »Der Möller sitzt im Flugzeug nach Turin.« Dahin ist er dann ja auch nach der verpassten Meisterschaft in Rostock gewechselt. Mein Vater war von Möller immer so begeistert, von seinen Spurts, von seiner Schnelligkeit.

Das Problem in diesem Geschäft ist doch, dass die guten Spieler alles bestimmen. Deswegen mussten wir fast alles akzeptieren, wie zum Beispiel bei Möller die vielen Optio-

> *nen, die vielen Klauseln und Klaus Gerster. Wir hatten eine Supermannschaft mit Supertypen, mit Weltklassespielern. (...) Im Interesse der Mannschaft habe ich versucht, mich da durchzujonglieren, musste den beruhigen, dann wieder einen anderen. Wenn Bein und Stein einmal ruhiggestellt waren, dann waren plötzlich wieder andere beleidigt. Es gab so viele Skandale, so viele Probleme und dabei immer die Angst, diese Superspieler zu verlieren.*[9]

Die Enttäuschung meines Vaters nach Rostock war für mich die prägendste Erinnerung an seine Zeit im Fußball. Er war so unendlich traurig. Ich war selbst nicht in Rostock, weil mein Bruder an diesem Wochenende Firmung hatte und einer aus der Familie bei ihm bleiben sollte. Nachts bin ich dann zum Flughafen gefahren. Die Spieler kamen die Rolltreppe hoch, waren schon wieder fröhlich und haben gelacht. Und dann habe ich meinen Vater gesehen: seine Traurigkeit, wie fertig er war. Er war sich so sicher, dass sie gewinnen. Wir haben in der Nacht darüber gesprochen. Er konnte es überhaupt nicht fassen, dass sie es aus der Hand gegeben haben. Er hat die Niederlage niemandem in die Schuhe geschoben, hat auch nicht auf den Schiri geschimpft. Das stärkere Gefühl war, dass sie selbst daran schuld waren. Dass sie die Meisterschaft schon vorher hätten klarmachen müssen, nicht erst am letzten Spieltag.

Als ich mich das erste Mal auf eine Ausbildung beim Reisebüro DER beworben habe, hat der Chef zu mir gesagt: »Nur weil Sie Hölzenbein heißen, bekommen Sie hier keine Lehrstelle.« Bei Euro-Lloyd wurde ich dann genommen, weil ich Hölzenbein heiße. Einmal wurde ich wegen meines Vaters abgelehnt, das andere Mal eingestellt. Nichts ging davon auf mein Konto. Bei Euro-Lloyd gab es ein Direkttelefon zum DFB. Wenn man in der Gruppenleitung war, ist man einfach an dieses Telefon gegangen. Ich bin ran:

»Hölzenbein.«

»Egidius Braun. Ich glaube, ich habe mich verwählt.«

Alle haben dort immer vor dem DFB-Präsidenten Egidius Braun strammgestanden. Die Vorteile mit meinem Namen haben klar überwogen.

Dass mein Vater Weltmeister ist, darauf bin ich unheimlich stolz. Darauf werde ich auch heute noch am meisten angesprochen. Ich weiß noch, wie ich mich als Kind gefreut habe, wenn ich zu meiner Oma bin, die alle Trikots von den WM-Spielen aufgehoben hat, und ich mir anschauen durfte, wie da die Trikots aus den verschiedenen Ländern hingen.

Ein niederländischer Journalist erzählte mir vor der WM 2006 auf einem Termin, auf dem ich als deutscher WM-Botschafter in Amsterdam aufgetreten bin, Suurbier habe mein Trikot irgendwann in die Mülltonne geworfen. Ich habe nachgeforscht. Es stimmte. Da hätte er das Trikot besser mir zurückgeschickt. Ich habe seins noch im Schrank hängen.

Ich hatte nie ein schlechtes Verhältnis zu Holland. Ich war oft in Scheveningen im Urlaub. Und auch wenn man später mal einen von den Spielern getroffen hat, dann wurde viel gelacht und geflachst.

Ich habe den Holländern schon oft gesagt: Ihr habt doch nicht wegen des Elfmeters verloren, sondern deshalb, weil ihr viel zu arrogant ins Spiel gegangen seid.

Wir waren taktisch und auch psychologisch sehr gut eingestellt. Im Training hat Günter Netzer die Rolle von Johan Cruyff eingenommen, und der Berti Vogts hat ihn gedeckt. Schön hat uns vorher gesagt: »Schaut denen im Kabinengang tief in die Augen, weicht nicht aus.« Wir sollten zeigen, dass wir uns auf Augenhöhe befinden. Aber bei mir war es mit dem Selbstvertrauen nicht so toll, ich war ja erst spät in die Stammelf gerutscht. Da habe ich im Kabinengang dem Holländer rechts von mir krampfhaft in die Augen geschaut, bis der irgendwann nur noch den Kopf geschüttelt und sich abgedreht hat. Der wusste gar nicht, was los war.

In der Bild am Sonntag *stand jedenfalls am Spieltag noch, dass Jupp Heynckes aus Mönchengladbach stürmt und ich nicht. Dabei hatte Schön schon am Samstag mitgeteilt, dass ich spielen werde. Ich habe später gehört, dass Gladbachs damaliger Trainer Hennes Weisweiler Einfluss für Heynckes nehmen wollte, aber Schön hat sich nicht beirren lassen.*[10]

Für meinen Vater war der Abstieg mit der Eintracht 1996 ganz schlimm. Der hatte auch viel gravierendere Folgen für ihn als die verpasste Meisterschaft. Er hat danach seinen Vertrag als Manager von sich aus gekündigt. Er hatte Angebote von anderen Vereinen, aber er wollte nirgendwo anders hin. Mit dem Rücktritt hat er auch auf Gehalt verzichtet. Er wollte sich nie nachsagen lassen, dass er Geld von der Eintracht bekommt, für das er nichts geleistet hat. Mein Vater war da extrem.

Nach dem Abstieg wurden auch wir bedroht. Zwei Jahre zuvor wurde unsere Tochter Pia geboren, da kam dann zweimal am Tag eine Polizeistreife vorbei, weil in einem Brief an meinen Vater stand, dass er aufpassen soll, dass bei seinem Schwiegersohn keine Autobombe hochgeht. Das waren die negativen Erinnerungen, aber die positiven überwiegen eindeutig.

Das Schlimmste war sportlich der Abstieg. Es war das Spiel gegen Schalke und die Ergebnisse der anderen, als feststand: das war's. Vorher war ja theoretisch noch alles drin. Aber mit einem Schlag war alles weg, woran ich geglaubt hatte.[11]

Ich hatte noch prognostiziert, dass wir zwischen Platz sieben und neun abschneiden. Ich habe das völlig falsch eingeschätzt. Der Kader war nicht gut genug. (...) Es gab die ganze Saison über Grabenkämpfe, es gab kaum Geld. Ich habe dann von mir aus gekündigt.[12]

Menschlich das Schlimmste waren die üblen Anfeindungen nach diesem Abstieg, die bis zur Bedrohung der ganzen Familie führten.[13]

Dass etwas mit meinem Vater nicht stimmt, habe ich 2017 gemerkt, als meine Eltern aus Gravenbruch wegziehen wollten und wir uns auf eine kleinere Wohnung auf Eigenbedarf angemeldet hatten und die Sache vor Gericht ging. Er war so nervös, weil er wieder vor Gericht stand. Auf die Frage der Richterin, ob er ausziehen wolle, hat er mit Nein geantwortet. Und als die Richterin ihn fragte, wo er denn jetzt wohne, hat mein Vater gesagt: »In Gravenbruch – mit meiner Frau und meiner Tochter.« Da merkten die Richterin und auch der Prozessgegner, dass da etwas nicht in Ordnung war, wir haben uns dann schnell geeinigt.

Es war ein Schock für mich, meinen Papa so zu erleben. Er war früher immer so souverän und auch lustig bei seinen Interviews und öffentlichen Auftritten. Das war der erste Schub, den ich erlebt habe. Danach ging es wieder. Mein Vater konnte sich den Blackout damals auch nicht erklären.

Im Juni 2022 haben wir seine Alzheimer-Erkrankung gegenüber der Eintracht öffentlich gemacht. Axel Hellmann und Peter Fischer haben wunderbar reagiert. Es war für alle gut, dass die Krankheit meines Vaters kein Geheimnis mehr war, dass ich seitdem mit jedem darüber sprechen kann, wie es meinem Vater geht.

Sascha Hölzenbein, Sohn

Geboren am 18. Juni 1978,
Teamleiter Pflegekasse bei der Salus Betriebskrankenkasse,
gelernter Sozialversicherungsfachangestellter

Wenn ich an den Fußball und meinen Vater denke, dann ist die erste Erinnerung, die ich damit verbinde, der Hallenfußball in Baltimore. Ich war vier oder fünf. Das sind die ersten Erlebnisse, die ich wahrgenommen habe. Mein Vater war vom Namen her zwar ein Star, aber in Amerika wurde er auf der Straße nicht erkannt. Der Fußball war dort längst nicht so populär wie hier.

Die Dimension habe ich erst in der Pubertät mitbekommen. Da war mein Vater schon Vizepräsident bei der Eintracht. Am Tag der Niederlage in Rostock hatte ich Firmung, da habe ich erstmals gespürt, was der Fußball und die Eintracht bedeuten. Zu dieser Zeit war es aber noch so, wenn ich mal ein Eintracht-Trikot in der Schule getragen habe, dass ich eher gehänselt wurde. Nach dem Motto: »Der muss Eintracht-Sachen tragen.« Damals hat das niemand in der Schule gemacht, und ich habe das Trikot auch nur getragen, weil es da war. Auch wenn die Meisterschaft verspielt wurde, war in diesen Jahren im Grunde alles positiv, die Mannschaft wurde da sogar als »wahrer Meister« gefeiert.

Beim Abstieg 1996 wurde ich 18 Jahre alt. Den Geburtstag habe ich im Jugendzentrum Gravenbruch unter Polizeischutz gefeiert. Es gab Morddrohungen: »Sascha wird den Weg von der Schule nach Hause nicht schaffen.« In dem Alter willst du ja Party machen. Das war belastend. Ich durfte nie alleine nach Hause. Wenn ich mit Kumpels Bier trinken war, dann mussten die mich immer bis zur Haustür bringen. In der Phase durfte ich auch nicht woanders übernachten. Als die Polizei bei uns regelmäßig vorgefahren ist und dann Briefe kamen, in denen meine Schwester und ich namentlich erwähnt wurden, da habe ich schon geschluckt. Drei, vier Monate waren echt heftig.

In der neuen Zweitliga-Saison war der Vertrag meines Vaters als Manager nach ein paar Monaten beendet. Als er weg war, wurde ich zum krassen Eintracht-Fan, aber erst dann. Ob das Zufall war, keine Ahnung. Ich hatte auch Karten für Block 8, die Ehrentribüne, aber ich wollte in den G-Block – und da bin ich die nächsten fünf, sechs Jahre immer hin. Als Fjørtofts Tor 1999 den Abstieg verhindert hat, war ich auch beim Platzsturm dabei. Das war für mich die schönste Phase als Eintracht-Fan.

Mit meinem Vater bin ich selten ins Stadion. Er hat mich zwar immer gefragt, aber mehr als zwei, drei Spiele pro Saison waren es nicht. Er hat mich auch gefragt, ob ich mal auf den Platz möchte, in die Kabine oder jemand kennenlernen will. Ich wollte nicht. Andy Möller und Uwe Bein waren die Einzigen, mit denen ich dann manchmal etwas zu tun hatte. Mein Vater hat sich mit ihnen auch privat gut verstanden, die kamen dann auch zu uns nach Hause. Aber ich habe mich immer zurückgehalten.

> *(Der schönste Augenblick war) vielleicht das Relegationsspiel gegen Saarbrücken, als wir nicht abstiegen und Uwe Bein schon verpflichtet war und mit mir auf der Tribüne saß. (...) Am meisten happy war ich allerdings bei der Verpflichtung von Andreas Möller, damals in Bologna. Es war eine Nacht- und Nebelaktion. Das war ein Jahr bevor er überhaupt zu uns kam. Damals hatten wir die Weichen für eine tolle Zukunft gestellt. Nur: Wir mussten es für uns behalten.*[14]

Ich schaue heute noch jedes Eintracht-Spiel, egal, wo ich gerade bin auf der Welt.

Es gibt ein Bild von mir, da war ich noch keine drei Jahre alt, da habe ich den UEFA-Pokal in der Hand. Den Pokal hatte mein Vater ja nach der Feier mit nach Hause genommen. Für mich ist es heute wirklich besonders, wenn ich sehe, wie sich die Menschen heute überall mit dem Pokal fotografieren lassen. Gefühlt hat jeder zweite Frankfurter ein Bild von sich mit dem Pokal – und ich hatte den schon vor vierzig Jahren zu Hause.

Selbst das Finale war aus Sicht von Hölzenbein eine eher trübe Angelegenheit: *Gladbach war kein Knüller, und beim Hinspiel war auch nicht so richtig was los, wenn ich mich richtig erinnere.* So war es wirklich, denn der Bökelberg war nicht ausverkauft, nur 25 000 sahen den 3:2-Sieg der Borussen – im Endspiel des UEFA-Cups! Hölzenbein erzielte dabei die zwischenzeitliche 2:1-Führung für Frankfurt. Auch das Waldstadion war beim Rückspiel nicht bis auf den letzten Platz besetzt, allerdings sahen immerhin 59 000 Zuschauer den einzigen Treffer durch Fred Schaub und bejubelten, sofern sie Eintracht die Daumen drückten, den größten internationalen Erfolg der Frankfurter.

Die Mannschaft allerdings feierte nicht so richtig, weil bei der Eintracht jener Tage wenig stimmte. In der Bundesliga geriet sie zwischendurch sogar in Abstiegsgefahr, und das Team war mit ihrem Trainer zerstritten. *Wir hatten Zoff mit Friedel Rausch*, sagt Hölzenbein. Entsprechend unenthusiastisch fiel die Siegesfeier aus. *Die Stimmung war kaputt.* Als sich die Besucher der freudlosen Party zerstreuten, blieben schließlich nur noch Hölzenbein und der UEFA-Cup übrig. Also packte der Stürmer die Trophäe in sein Auto und fuhr nach Hause. Am nächsten Morgen erreichten ihn aufgeregte Anrufe der Vereinsführung, ob er wisse, wo der Pokal abgeblieben sei. *Aber da habe ich sie erst mal zwei Stunden lang zappeln lassen.*[15]

Das Sitzkopfballtor gegen Bukarest auf dem Weg zum Sieg im UEFA-Pokal war immer mein Lieblingstor – und seins auch, das Schlitzohr-Tor. Wenn ich gespielt habe, haben mich die Leute nach cleveren Aktionen auch Schlitzohr genannt. Und dann ist mir noch ein Heber meines Vaters gegen Kaiserslautern in Erinnerung, da war Hellström im Tor. Genau dasselbe Tor habe ich dann eine Woche später auch gemacht.

Mein Vater war fast immer dabei, wenn ich gespielt habe. Er hat sich gerne im Hintergrund gehalten, vor allem als ich in der Jugend gespielt habe. Oft hat er sich das Spiel aus dem Auto angeschaut, wenn das möglich war. Oder er hat sich irgendwo an die Seite gestellt. Bei Jugendturnieren oder wenn ich Hessenauswahl gespielt habe, hat der Hallen- oder Stadionsprecher sonst gesagt: »Wir begrüßen auch Bernd Hölzenbein.« Das war damals blöd für mich. Da hieß es dann: »Der spielt ja nur Hessenauswahl, weil er Hölzenbein heißt.« Solche Sprüche.

Als ich im Erwachsenenbereich mein erstes Spiel in der Landesliga gemacht hatte, waren in der *FAZ* noch die Aufstellungen abgedruckt. Er hat mich aus Mallorca angerufen und gesagt, dass er gelesen hat, dass ich eingewechselt worden bin. Und dass er sehr stolz auf mich ist. Das war schön.

Für meinen Vater war der Abstieg 1996 das Schlimmste, das war auch für mich krass. Auf einmal haben meine Freunde im G-Block geschrien: »Holz, du Sau!« Ich wusste ja, wie wichtig ihm Eintracht über die Jahrzehnte immer war – und dass das gar keine Rolle gespielt hat, konnte ich nicht verstehen. Die Eintracht war sein Leben.

Als mein Vater vor Gericht stand, war ich in der Ausbildung. Ich habe einmal gefragt, ob ich mitgehen kann. Das habe ich nicht ertragen. Es war für mich, als ob gegen einen Schwerverbrecher verhandelt wird. In der Familie wurde das Urteil schnell ausgeblendet. Seine 300 Sozialstunden hat er als Jugendtrainer in Gravenbruch abgeleistet, das war okay. Damals war das in der Öffentlichkeit schon bald kein Thema mehr, heute taucht es gar nicht mehr auf.

Dass sich mein Vater veränderte, habe ich 2014 oder 2015 gemerkt, als er mich fragte, ob ich für ihn Flüge buchen kann. Das hatte er früher immer selbst gemacht. Er ist ja, um der Eintracht 1000 Euro zu sparen, erst mit dem Auto nach Luxemburg gefahren, weil der Flug von dort billiger war. Dass er seine Flüge dann nicht mehr selbst buchen wollte oder konnte, hatte ich aber nicht mit Alzheimer in Verbindung gebracht. In den nächsten Jahren kamen immer mehr Dinge zusammen, schleichend: Handy verloren, Schlüssel verloren – und dann auch den Schlüssel-Finder verloren, den wir gekauft hatten. Ich arbeitete damals schon für die Pflegekasse. Jeden Tag habe ich Alzheimer-Gutachten auf dem Tisch. Aber bei meinem Vater habe ich das ausgeblendet: Ist schon okay, er wird halt älter. Wirklich realisiert habe ich es erst 2018, als die Folgen der Krankheit nicht mehr zu übersehen waren.

Wegen meines Nachnamens wurde ich vor zehn Jahren noch ständig auf meinen Vater angesprochen. Mittlerweile ist es weniger geworden, kommt aber noch immer vor. Im letzten Jahr war das selbst in Lissabon so. Beim Check-in sagte der Hotelangestellte:

»Hölzenbein – das war doch einer wie Beckenbauer?«

»Ja, das ist mein Vater.«

Meistens laufen die Gespräche über meinen Namen, vor allem wenn ich bei der Krankenkasse mit den Leuten telefoniere, die dort meinen Namen wissen wollen.

»Wie heißen Sie?«

»Hölzenbein.«

»Wie der Fußballer?«

»Ja, genau, wie der Fußballer.«

Mehr sage ich dann nicht mehr. Solche Gespräche passieren heute noch ziemlich oft, und das ist schön.

Pia Wagner, Enkelin

Geboren am 2. April 1994,
Assistentin der Geschäftsführung im Apfelwein Wagner,
Studium Internationales Hotel-Management

Es war für mich immer besonders, mit meinem Opa ins Stadion zu gehen. Er wurde von so vielen Leuten angesprochen, aber für mich war es immer nur der Opa. Auf Klassenfahrten in der Grundschule war er immer wieder *special guest* und hat mit allen Fußballtraining gemacht.

Ich hatte gar keine Wahl, nicht Eintracht-Fan zu werden. Das erste Mal im Stadion war ich mit neun Monaten, das sagt zumindest meine Mutter. Meine erste bewusste Erinnerung war das 6:3 gegen Reutlingen, der Aufstieg im Jahr 2003. Wie mein Opa neben mir saß mit dem Radio am Ohr, um zu hören, wie es bei Mainz stand. Und wie dann alle nach dem letzten Tor in der letzten Minute auf den Platz gerannt sind.

Tatsächlich war ich wohl schon am Tag meiner Geburt Thema bei der Eintracht. Die Eintracht hat an diesem Tag in der Bundesliga 0:1 beim VfB Leipzig verloren. Mein Opa hat dann im Fernsehen gesagt: »Ich bin heute Opa geworden. Aber die Spieler haben gespielt, als wären sie alle Opa geworden.« Das wird zumindest in der Familie erzählt.

Mein Opa soll jedenfalls gar nicht so begeistert gewesen sein, dass er vor dem Spiel noch zu mir ins Krankenhaus »musste«. Die Enkeltochter zu besuchen, hatte für ihn noch Zeit. Aber Oma hat nicht lockergelassen. Bis ich 16, 17 war, bin ich eigentlich auf jedes Heimspiel, habe nach den Spielen Autogramme gesammelt und alles in ein Büchlein eingeklebt. Nach dem Abi und mit dem Studium und Arbeitsstellen in anderen Städten wurde es weniger. Aber jetzt, da ich seit Oktober 2022 nach rund acht Jahren wieder in Frankfurt bin, gehe ich immer mit Oma ins Stadion.

Von Leuten, die mich nicht so gut kennen, bin ich oft gefragt worden, warum ich so ein Eintracht-Fan bin, zumal als Frau. »Das ist mir ein bisschen in die Wiege gelegt worden, wegen meines Opas, der hat bei der Eintracht gespielt.« Wegen meines Namens Wagner hat da natürlich erst mal keiner meinen Opa mit mir verbunden. »Nein, nicht Wagner. Hölzenbein«, habe ich dann gesagt. Da war alles klar.

Als Opa Chefscout bei der Eintracht war, hat er meine Schwester und mich oft zum Sport gefahren. Einmal ging das Telefon. Ein Spielerberater war dran. Mein Opa sagte: »Die Polizei fährt hinter mir, ich muss auflegen.« Dann sagte er zu mir: »Den Spieler habe ich mir doch schon zehnmal angeguckt. Der kann nix, der ist nix für uns.«

Opas Einfluss auf die gesamte Familie war enorm groß, es drehte sich alles um Eintracht und den Fußball. Klar war zum Beispiel, dass kein Familienfest an einem Tag stattfinden durfte, an dem die Eintracht spielt.

Negative Erfahrungen, was Opa und die Eintracht angeht, hatte ich nie. Das haben nur meine Mutter und Oma erlebt. Das ist komplett an mir vorbeigegangen. Als seine Krankheit begonnen hat, kamen aber manchmal Worte in ihm hoch, die mit dem Prozess zusammenhingen.

Angesprochen werde ich heute vor allem darauf, ob es im WM-Finale eine Schwalbe von Opa war. Da heißt es dann: »Dir hat er doch bestimmt gesagt, wie es wirklich war.« Zu mir hat er aber auch immer gesagt, dass es ein Foul war.

Es kam dieser Pass von Overath aus dem Mittelfeld, ich habe zwei, drei Mann überspielt, bin – wie es der Reporter so schön gesagt hat – in den Strafraum eingedrungen und habe ein paar Haken geschlagen. Und dann kam Jansen, ist reingegrätscht und hat mich am Bein getroffen. Ich wollte gerade ins leere Tor schießen (grinst)

Wenn ich alleine auf das Tor zulaufe, ein Tor schießen

kann, dabei gefoult werde und den Ball nicht mehr kontrollieren kann – muss man sich da krampfhaft auf den Beinen halten? Ein Foul bleibt ein Foul. Aber sagen wir so: Ich habe mich dann nicht mehr gegen die Erdanziehungskraft gewehrt.

Die Diskussionen begannen erst einige Monate nach der WM. Ich habe der Bild-*Zeitung dummerweise ein Interview gegeben, und dann stand dort: »Jawohl, ich habe mich fallen lassen.«*

Gegen diese Version bin ich mit einem Anwalt vorgegangen und habe eine eidesstattliche Erklärung abgegeben, dass ich keine Schwalbe zugegeben habe. Bild *brachte eine Gegendarstellung. Doch durch diese Geschichte kam die Sache erst ins Rollen. Direkt nach dem Finale war davon weder etwas zu hören noch zu lesen. Es gibt keinen Artikel, den ich nach dem Endspiel gelesen habe, in dem behauptet wird, dass der Elfmeter nicht sauber war. Im Gegenteil: Die haben doch alle geschrieben, dass es in einer späteren Szene noch einen klareren Elfmeter für mich hätte geben müssen.*

Die Sache wurde ein Selbstläufer. Aber gegen die Rolle des Schlitzohrs habe ich mich auch nicht gewehrt. Wenn gesagt wurde, er hat sich clever fallen lassen, dann habe ich eben gegrinst und die Sache im Raum stehen lassen. Das mache ich jetzt seit 25 Jahren. Der Elfmeter blieb immer ein Thema: Ob ich später in den USA gespielt habe oder mich mit Holländern im Urlaub getroffen habe. Jeder Holländer hat mich darauf angesprochen. Und es ist tatsächlich kein Nachteil, wenn man auch nach 25 Jahren noch populär ist.

Tatsache ist, dass ich vor der WM nie als Schwalben-König galt. Es wurden in 420 Bundesligaspielen nur sehr wenige Elfmeter für mich gepfiffen. Aber wenige Wochen vor der WM haben wir mit der Eintracht die Bayern durch einen Elfmeter in der letzten Minute 3:2 geschlagen. Die Bayern haben wie verrückt geschimpft und den Schieds-

richter beleidigt – genau wie heute. Als ich mit den Bayern wenige Wochen später bei der Nationalelf zusammen war, war der Elfer immer noch Thema. Da sagten sie aber: »Mach das mal bei uns.«[16]

Mama, meine Schwester und ich haben viele Trikots von Opa. Aber die stärksten Erinnerungen sind die, wenn wir mit Opa im Stadion waren. Da hatten meine Schwester und ich das Gefühl, dass Opa wirklich stolz ist, mit uns dort zu sein. Dass wir die Dinge, die ihm wichtig waren, mit ihm teilen konnten.

Lena Wagner, Enkelin

Geboren am 29. April 1997, Zahnarzthelferin,
Studium Unternehmenskommunikation und Marketing

Ich hätte meinen Opa selbst so gerne spielen sehen, am liebsten beim Finale 1974. Das habe ich ihm auch immer gesagt. Das war ja für ihn und für Fußball-Deutschland eines der bedeutsamsten Spiele, bei dem er auch noch sehr im Mittelpunkt stand. Und dazu möchte ich sein Lächeln sehen, das er immer hatte, wenn er später gefragt wurde, ob es wirklich ein Elfmeter oder eine Schwalbe war. Das ist es, woran ich immer denken muss, wenn ich an Opa und Fußball denke.

Es war immer ein bisschen schwierig, mit ihm über Fußball zu sprechen. Opa war ja ohnehin ein bisschen wortkarg, beim Telefonieren hat er manchmal aufgelegt, ohne Tschüss zu sagen. Aber je älter er wurde, desto mehr hat er dann mit mir auch über Fußball gesprochen. Und je mehr ich selbst mit Fußball zu tun hatte, desto mehr wollte ich auch von ihm wissen.

Zwei- oder dreimal war ich mit Opa für ein paar Tage auf Mallorca in der Rudi-Völler-Fußballschule. Rudi war nicht da, aber ein paar andere Ex-Spieler wie Michael Kutzop. Es hat total Spaß gemacht. Es waren fast nur Jungs da – und Opa mit der Ballschuss-Maschine war das Highlight. Da durfte jeder draufschießen und schauen, ob er härter als Opa schießt.

Ganz extrem wurde es bei mir, als ich mit 16 unbedingt eine Dauer-Stehplatzkarte bei der Eintracht wollte. Die hat mir Opa dann über Heribert Bruchhagen besorgt. Das war und ist mein größtes Glück. Wirklich. Ich werde die Karte nie mehr abgeben.

Ich gehe jetzt seit Jahren auf die Stehtribüne, in die Fankurve. Ich will Fußball auch gar nicht mehr anders schauen. Mittlerweile sind wir bestimmt 15 Leute, die zu jedem Heimspiel gehen, in den 38er. Die meisten Ultras sind ja im 40er, ich bin nebendran im Block.

Das ist schon mein größtes Hobby: die Eintracht. Es ist pure Freude. Ich hätte selbst auch schon echt gerne Fußball gespielt, aber meine Eltern haben mich mehr in Richtung Tennis und Hockey gebracht.

Meine Stimmung hängt heute auch von Eintracht-Ergebnissen ab. Ich bin nach den Spielen extrem oft total heiser. Ich freue mich auf jedes Spiel, ganz egal, wie schlecht die Eintracht spielt. Ich bin dann zwar sauer und genervt, aber es macht mir jedes Mal so viel Spaß.

Mit Opa und Oma bin ich früher oft auf Auswärtsspiele. Als ich dann die Stehplatzkarte wollte, hat Opa nur mit dem Kopf geschüttelt: »Mit den Verrückten! Das will ich nicht!« Aber weil er wusste, was das für ein großer Wunsch von mir war, hat er ihn natürlich erfüllt.

Ich habe in den letzten Jahren fast kein Spiel verpasst, wirklich nur ganz, ganz selten. Ich bin mit Mama auch in Sevilla gewesen, in Barcelona war ich auch. Ich habe auch alles versucht, die großen Spiele trotz Arbeit und allem anderen mitzukriegen.

Mit Opa habe ich immer die DVD geschaut, auf der alle Tore von ihm sind. Das ist total beeindruckend, sich das anzuschauen und zu denken: »Das ist mein Opa.«

Frage: Sie werden ja nächste Woche siebzig Jahre alt. An welche Ereignisse denken Sie zurück, welche bleiben bei Ihnen haften?

Hölzenbein: Ich möchte Ihnen da eine kleine Anekdote erzählen. Ich habe mir von der DFL vor zwei Jahren eine DVD mit all meinen 160 Toren zusammenstellen lassen. Okay, die DFL hat nur 130 gefunden, die anderen waren auch im Archiv nicht mehr aufzutreiben. Und als ich mir die DVD das erste Mal angesehen habe, da war ich so was von stolz, das können Sie sich nicht vorstellen.

> Ich hatte viele Tore gar nicht mehr in Erinnerung, da waren tolle, wunderbare Treffer dabei, viele Kopfballtore auch. Und auch die Tore gegen Bayern München … Wenn du dann auf dem Video siehst, wie Franz Beckenbauer auf Sepp Maier geschimpft hat – herrlich (lacht). Diese DVD hat mir noch mal Aufwind gegeben.[17]

Ich war auch mal Schülerpraktikantin bei der Eintracht, natürlich war ich da auch in der Abteilung von Opa. Da war er Chefscout, da habe ich ihn auch mal arbeiten gesehen. Er hat mir ein paar Sachen gezeigt, wie er Spieler sucht und analysiert, das war total interessant mit den ganzen Systemen, die es dafür gibt. Was ich hauptsächlich für ihn gemacht habe, war die Fanpost. Da kam echt unfassbar viel, auch jetzt noch nach Hause. Er hat das aber nie bearbeitet. Dann hat Oma gesagt, ich soll das jetzt auch mal mit ihm machen. Früher hat es immer Oma gemacht. Es ist schön, dass jetzt noch viele Leute an ihn denken und sagen: Das war ein toller Spieler.

> **Aber diese Geschichte mit dem fehlenden Selbstvertrauen, die hat sich nie so ganz gelegt bei Ihnen?**
> *Hölzenbein:* Ihr früherer Kollege Dieter Hochgesand hat damals mal einen Bericht über mich geschrieben, der mich so beschrieben hat, wie ich wirklich bin. Das war für mich nicht unbedingt vorteilhaft, aber die Wahrheit.
>
> **Was war denn die Kernbotschaft des Artikels?**
> *Hölzenbein:* Einmal Versager, dann wieder Weltklasse. Jemand, den keiner greifen kann, der sich einen Kopf macht und sensibel war, der mal überragend und dann von der Rolle war. Ich war manchmal erschrocken über mich selbst, aber ich konnte es nicht ändern.[18]

Ich war jetzt alleine auf Reisen, drei Monate durch Süd- und Zentralamerika. Ich bin mit dem Segelboot von Kolumbien nach Panama gereist, da wurde es an Bord auch zum Thema, warum ich so ein Eintracht- und Fußballfan bin als Mädel. Ich war genervt, weil es kein Internet gab und ich das Spiel nicht schauen konnte. Dann habe ich von meinem Opa erzählt, die waren total geflasht.

Jetzt, wo ich älter bin, würde ich gerne mit Opa noch mal über die Zeit von früher sprechen. Dann würde er mir vielleicht auch mehr erzählen. Ich würde gerne alles wissen: was sie früher nach den Spielen gemacht haben, ob sie einfach nach Hause sind, wie er das alles damals gelebt hat. Opa hat das früher immer mal angerissen. Aber er hat nie so richtig erzählt, wie es wirklich war.

Am 15. April 2024 ist Bernd Hölzenbein gestorben.

Zu seiner Beerdigung scheint zehn Tage später die Sonne sanft durch das Kirchenfenster, am Grab fallen Regentropfen und Graupelkörner.

Heribert Bruchhagen, der langjährige Vorstandsvorsitzende der Eintracht, der Hölzenbein im Jahr 2004 zur Eintracht zurückgeholt hat, sagt vor dem Sarg: »Ich betrachte mich als seinen Freund, ob ich auch seiner war, habe ich nie erfahren.«

2

ANTHONY YEBOAH

Der schwarze Kapitän

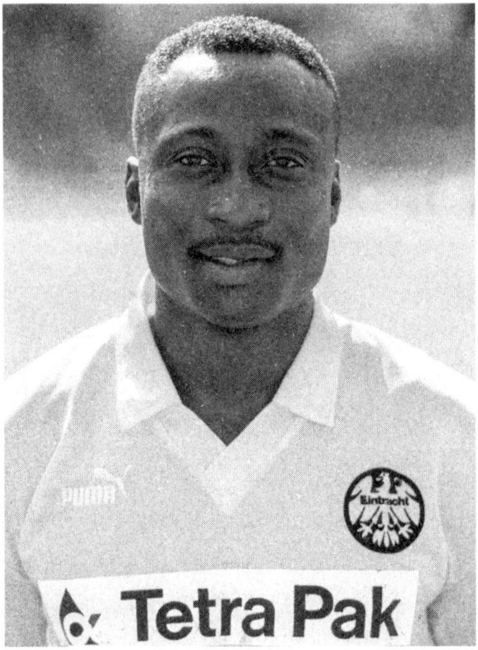
PUMA
Eintracht
Tetra Pak

Soll ich ein
Lagerfeuer im
Wohnzimmer machen?

Yeboah im Jahr 1992
auf die Feststellung des Spiegel,
er lebe wie ein deutscher Musterbürger

Stadionsprecher: 0:2 in der 83. Minute. Torschütze erneut: Anthony Sabini.

Herbert: Oh Mann, so 'ne Scheiße du, schießt uns der Drecksack jetzt schon des zweite Tor nei, du!
Walter: Ich hab den eh gefresse, den Bimbo! Dass die überhaupt hier kicke dürfe, die Halbaffe, du, echt!
Herbert: Mannomannomann, du! Erst mit de Brotrinde aus'm Busch gelockt, und jetzt versaun se uns die Meisterschaft.
Walter: Hähä, vielleicht solle mer dem mal e Banan' runnerschmeiße?
Herbert: Eija, so wie der leeft, der Gorilla, möcht er bestimmt aach ma e Banan' esse! (lacht)
Beide: Uhuhuhuhuhuhuh!
Walter: Komm Nescher, Banänche!
Beide: Uhuhuhuhuhuhuh!
Walter: Wie der schon leeft mit seine dicke Schenkel! Komm!
Beide: Uhuhuhuhuhuhuh!

Typ von hinten: Eyhh, samma, seid ihr blöd, oder was?!
Walter: Was willst dann du, du Studentekopp, he?

Typ: Wisst ihr net, dass der Sabini ab der nächste Saison für uns spielt?
Walter: Was? Der Bimbo bei uns? Nächste Saison? Des glaubste ja wohl im Ernst net.
Typ: Ja, lest ihr denn kei Zeitung, oder was? Der hat doch gestern unnerschribbe. Zweieinhalb Millione Ablöse!
Herbert: Was? Zweieinhalb Millione Mark Ablöse? Hohohohoho.
Walter: Zweieinhalb. Ich mein, annererseits des isser irschendwo aach wert, oder?
Herbert: Des glaubst du aber, du! Der trifft wenigstens mal es Tor, ne!
Walter: Genau! Und überhaupt, guck ma, wie der sich bewescht, wie eine Gazelle, du.
Herbert: Oh, des is doch e ganz anner Athletik da drübbe, wo die herkomme. Weisste, da wo unsern schlappmache, da laufe die noch weiter, die Bimbosche (lacht).
Walter: Des sind die doch gar net anners gewöhnt, sach ich dir, des is denen ihr Nadur. Weißte, wenn man erstma so 'n Zebra mit de Hand gefange hat, ne, da biste fit, ne!

Stadionsprecher: 0:3 in der 87. Minute. Torschütze Anthony Sabini.

Herbert: Klasse, hoho, Wahnsinn! Was en Schuss, hier was en Schuss.
Walter: Supär!
Herbert: Hier, des macht richtisch hungrig, weißte des hier. Gib doch ma e Banänche rübber, Walter!
Walter: Ach, des geb ich dir gerne. Warte ma, ah, lass dir's schmecke. Hmm! (mit vollem Mund): Da spielt der Sabini nächste Saison für uns, des find ich ja klasse!
Herbert (auch mit vollem Mund): De Sabini, du, für zweieinhalb Millione Mark spielt der.
Walter: Des isser aber aach werd, oder?

Herbert: Des is der echt wert, der Sabini!
Walter: Da freu' ich mich schon rischtisch uf die nächste Saison, du!
Herbert: Wie er leeft, des Bimbosche.
Walter: Guck dir des mal an! Lauf, Sabini, lauf, supär!
Herbert: Sabini ...

Der Sketch »Anthony Sabini« aus dem Jahr 1991 von Henni Nachtsheim und Gerd Knebel, dem hessischen Comedy-Duo Badesalz, nimmt Bezug auf die rassistischen Anfeindungen, die Anthony Yeboah mit dem Zweitligisten 1. FC Saarbrücken in den Relegationsspielen 1989 gegen Eintracht Frankfurt erlebte, wo er nach seinem Wechsel 1990 zum Publikumsliebling wurde.

Ich komme aus einer armen Familie. Und wenn ich arm sage, dann meine ich arm.

Ich weiß, was Hunger ist. Es war schwer für meine Eltern, dafür zu sorgen, dass wir genug zu essen hatten. Wir waren acht Kinder. Fünf Mädchen, drei Jungs.

Wenn ich hungrig war, musste ich einen Weg finden, an Essen zu kommen. Ich kam manchmal zwei, drei Tage nicht nach Hause, weil ich bei Freunden war. Da gab es etwas für mich.

Wenn ich Fußball gespielt habe, habe ich den Hunger vergessen.

Ich fand das normal. Wenn ich mich heute daran erinnere, kommen starke Gefühle in mir hoch. Als Familienvater kann ich begreifen, was es für meine Eltern bedeutete, dass sie kämpfen mussten, um die Familie zu ernähren.

Ich hatte keine andere Wahl, als diesen Verhältnissen zu entkommen. Meine Eltern haben mich als Kind oft mit in die Kirche genommen. Ich habe zu Gott gebetet, dass ich eines Tages meiner Familie helfen kann. Ob ich wollte oder nicht: Ich musste meiner Familie helfen, für sie kämpfen. Das war meine Bestimmung, meine Vision.

Ich habe sie zum ersten Mal gespürt, als ich 15 Jahre alt war.

Ich habe damals nur für einen niedrigklassigen Klub gespielt. Aber in mir war so eine starke innere Kraft, ein Leben zu führen, in dem ich es schaffe, meiner Familie zu helfen. Ich sagte mir: Dafür werde ich sterben.

Ich habe ungefähr mit sechs Jahren angefangen mit dem Fußball. Bis ich zehn war, habe ich barfuß gespielt. Auch für Schuhe hatten wir kein Geld. Wenn ich auf der Straße mit meinen Freunden gespielt habe, brauchte ich die auch nicht.

Später hat mein Verein die ersten Fußballschuhe für mich gekauft. Ich war total stolz. Aber ich habe eine gewisse Zeit gebraucht, um mich an Schuhe zu gewöhnen.

Mein Vater hat mein Talent früh erkannt und mich stark gefördert. Es gab für mich nur einen Weg: Fußball, nicht die Schule.

Ich wurde einer der besten Spieler in Ghana. Ich hatte einige Möglichkeiten, in Liga eins oder in Liga zwei. Das war das, was ich in Ghana damals tun konnte.

Ich traf einen Deutschen, der mich im Stadion für Okwawu United spielen sah, Harald Dubberke. Das war mein Glück. Er sah, dass ich stark war. Und hat sich entschlossen, mich nach Deutschland zu bringen.

Dubberke hat Kontakt mit meinem Trainer aufgenommen und ihn überzeugt, dass er in Deutschland einen Klub für mich finden würde. Damit war die Sache entschieden.

Ich hatte keine Ahnung von Deutschland. Ich wusste nichts.

Es war schwer für mich zu gehen. Zu dieser Zeit hatte ich ein Angebot von einem afrikanischen Klub. Ich dachte, das sei einfacher für mich. Keine Kälte, keine Fremde.

Aber mein bester Freund in Ghana – mein Godfather, mein Pate –, derjenige, der sich am meisten um mich gekümmert hat, sagte: »Tony, du musst gehen! Das ist deine Chance!« Ich entgegnete: »Ich kenne Deutschland doch gar nicht. Ich kenne niemanden dort.« Doch ich habe auf ihn gehört.

Bevor ich ins Flugzeug gestiegen bin, hatte ich Panik. Ich habe zu meinem Gott gebetet: »Hilf mir! Hilf mir!«

Ich landete im Schnee. Es war November oder Dezember. Kalt. Dunkel. Ich habe bei einigen Klubs vorgespielt, bei Borussia Dortmund und dann bei Kickers Offenbach, die damals in der zweiten Liga gespielt haben. Niemand zeigte Interesse an mir. Ich hatte ja auch große Schwierigkeiten: Die Ernährung. Die Sprache. Das Wetter. Die Menschen. Alles war anders. Ich habe Monate gebraucht, um mich halbwegs zurechtzufinden.

Meine Familie hat immer wieder für mich gebetet.

Ich kam Ende 1987 nach Deutschland. Die Zeiten waren andere. Es gab damals kaum afrikanische Spieler in Deutschland, kaum schwarze Spieler im Profifußball. Es gab enorm viele Spannungen. Es ging nicht nur um meine Performance auf dem Platz. Es war schwer.

Aber ich hatte eine Bestimmung: meine Familie zu retten. Das hat mir die Kraft gegeben. Sonst hätte ich es nicht geschafft. Es war immer in meinem Kopf: Ich gebe mein Leben, um meinen Eltern und Geschwistern in der Not zu helfen.

Es gab auch gute Erfahrungen. Die Unterstützung durch andere Spieler. Als ich in Dortmund vorgespielt habe, war dort Andy Möller. Er hat mich immer unterstützt, motiviert, geholfen, mich vom Hotel zum Training abgeholt. Das habe ich nie vergessen.

Auf der Suche nach einem Verein bin ich in Saarbrücken auf Werner Fuchs getroffen. Der Trainer sagte den Leuten aus dem Klub: »Gebt dem Jungen eine Chance.« Ich bekam eine Woche, um zu zeigen, was ich kann. Ich war so entschlossen, mich zu beweisen. Ich wollte nicht zurück nach Afrika, zurück in die Armut. Ich musste kämpfen, ich wollte kämpfen.

Alles, was der Trainer gesagt hat, habe ich gemacht. Alles, was die Leute im Klub gesagt haben, habe ich gemacht. Ich war sehr bescheiden. Denn ich kannte ganz genau den Grund, weshalb ich nach Deutschland gekommen war. Deswegen war ich besser als die anderen.

Ich bin ruhig und diszipliniert. Und ich bin schnell in der Lage, mich anzupassen. Wenn ich mich für einen Weg entscheide, dann gehe ich diesen Weg. In Deutschland habe ich mich selbst diszipliniert. Ich habe früh gelernt, immer pünktlich zu sein, weil ich begriffen habe, dass den Deutschen das wichtig ist. Ich bin heute noch pünktlich, immer.

In jener Zeit war es so: Wenn du schlecht spielst, haben mich die Deutschen behandelt wie einen Ghanaer, wie einen Afrikaner. Wenn ich gut spielte, sagten sie: Du bist Deutscher.

Ich musste deswegen immer gut spielen. Die Leute haben so den Druck auf mich gelegt. Es war für mich nicht wichtig, ob Bananen aufs Spielfeld geworfen oder üble Sachen gerufen wurden. Affenlaute. Weil ich eine besondere Gabe hatte: Ich wusste um mein Ziel.

Mit Saarbrücken habe ich im Sommer 1989 gegen die Eintracht in den Relegationsspielen den Aufstieg verpasst. Ein, zwei Stunden nach dem zweiten Relegationsspiel habe ich dann meinen Vertrag mit der Eintracht unterschrieben, allerdings nicht für die nächste, sondern erst für die darauffolgende Saison.

Ich war glücklich, dass ich von der Zweiten in die Erste Liga wechseln konnte.

In Saarbrücken bin ich zum besten Sportler des Saarlands gewählt worden. Weil ich erfolgreich war, waren die Leute gut zu mir. Sie haben mich gemocht. Ich hatte engen Kontakt zu Oskar Lafontaine. Er war damals Ministerpräsident im Saarland. Lafontaine hat mich im Stadion gesehen und mich ermutigt. Ich hatte das Gefühl, er mochte meine bescheidene Art. Er hat mich in sein Haus zum Frühstück eingeladen. Darauf war ich stolz.

Ich war überzeugt: Wenn du bescheiden bist, wird Gott dir helfen. Ich habe viel hingenommen in Deutschland. Als ich gegen die Eintracht in der Relegation gespielt habe, riefen Frankfurter Fans: »Neger raus! Neger raus! Nigger! Nigger!« Schrecklich.

Als nach dem Spiel bekannt wurde, dass ich zur Eintracht Frankfurt wechsle, haben die gleichen Leute, die »Neger raus« gerufen haben, in Frankfurt den Fanklub »Zeugen Yeboahs« gegründet. Die Leute, die mich beschimpften, haben mich später geliebt.

Das hat mir zwei Dinge klargemacht. Einerseits, dass die Leute mich nicht persönlich hassen. Sie wollen mich auf dem Platz nervös machen, weil sie wissen, dass ich ein sehr guter Spieler bin. Und andererseits, dass ich mich in meinem Leben nicht auf die Spannungen konzentrieren darf, die es für mich als schwarzen Spieler gibt, sondern dass ich mich auf mein Leben fokussieren muss, auf meine Ziele – auf das, wofür ich leben will.

Im Dezember 1990 haben Anthony Baffoe, Souleymane Sané und ich einen offenen Brief in der *Bild*-Zeitung geschrieben. Es ging um Solidarität im Kampf gegen Rassismus, unter dem Titel: »Helft uns, wir wollen kein Freiwild sein.«

Auf diesem Weg brauchst du Geduld. Ich hatte Geduld. Diese Dinge zu verstehen und entsprechend zu leben, ist nicht einfach. Doch wenn du das nicht begreifst, machst du Fehler in deinem Leben.

Ich habe damals, es war im Jahr 1992, auf die Fragen des *Spiegel*, was ich fühle, wenn ich brennende Asylunterkünfte sehe, und wann ich das letzte Mal angepöbelt wurde, zwei Dinge in einem Interview gesagt:

> *Solche Bilder kenne ich nur aus dem Fernsehen, für mich ist das weit weg. Zum Glück schieße ich Tore, die Leute kommen meinetwegen ins Stadion. Trotzdem habe ich ein komisches Gefühl: Wäre ich kein Star, müsste ich mich auch verprügeln lassen. Ich möchte in Deutschland nicht um Asyl bitten müssen.*
>
> *Die Deutschen mögen Leute, die Leistung bringen, egal woher sie kommen. Solange ich gut spiele, werde ich keine Probleme haben: Fußball gut, alles gut.*

Ich hatte damals tatsächlich keine Probleme in der Stadt, wenn ich dort unterwegs war. Ich hatte genug Geld, um auszugehen und ein gutes Leben zu leben. Die Fans liebten mich, weil ich Tore geschossen habe. Sie wollten Autogramme. Ich habe sie gerne gegeben. Manchmal war es sogar eher so, dass es schwierig für sie war, an mich heranzukommen, weil ich ruhig und zurückhaltend war.

Wenn ich heute mit meiner Tochter durch Frankfurt gehe, bin ich stolz darauf, dass mich die Leute in Frankfurt auch dreißig Jahre nach meiner Karriere mögen. Da merkt man: Sie mögen mich als Mensch.

Ende des Jahres 2023 ist Bundeskanzler Olaf Scholz nach Ghana gereist. Er hat Anthony Baffoe, Ibrahim Tanko und mich eingeladen. Der Kanzler war großartig. Es war fantastisch. Wenn ich daran denke, aus was für einer armen Familie ich stamme und dass mich dann der deutsche Bundeskanzler in meiner Heimat einlädt, ist das nicht nur eine große Ehre. Es ist ein Wunder.

Ich habe Tore nie für mich selbst geschossen. Ich wusste immer: Meine Schwestern, meine Brüder und meine Eltern haben für mich gebetet. Ich glaube, dass Gott mich in meinem Leben viele Dinge machen ließ, weil ich daher kam, woher ich kam.

Tore schießen war meine Bestimmung. In jedem Spiel wusste ich: Die Fans erwarten das von mir. Sie haben von mir mehr erwartet als von anderen. »Wenn Tony spielt, machen wir ein Tor.« Das haben sie oft gesagt. Ich hatte bei jedem Spiel bis zum Schlusspfiff im Kopf: Ich muss ein Tor machen. Vor jedem Spiel kam Rudi Bommer zu mir. Und er sagte immer lachend wegen der Prämie: »Tony, denke an meine fünf Mille, die will ich haben. Schieße ein Tor!«

Manchmal habe ich auf dem Platz etwas gemacht, von dem mir später klar wurde: Das war nicht ich. Ich konnte manchmal selbst nicht glauben, was ich auf dem Platz gemacht habe. Als ich einmal ein wunderbares Tor geschossen habe, haben mich die Reporter gefragt, wie ich es erzielt habe. Ich konnte es nicht erklären. Ich weiß nicht, wo das herkam. Es war einfach da. Vielleicht ist es wie bei Künstlern: eine Gabe, die von Gott kommt, zumindest bei mir.

Wir hatten fantastische Spieler in unserer Mannschaft: Uli Stein, Uwe Bein, Andy Möller, das waren echte Qualitätsspieler. Tore schießen ist schwer, aber mit solchen Spielern ist es manchmal leicht. Wenn Uwe Bein seinen schönen, tödlichen Pass spielt, dann habe ich getroffen. Ein solcher Spieler muss dein Freund sein. Wie kann er nicht dein Freund sein, wenn er solche Pässe spielt?

Ich war zweimal der beste Torjäger der Bundesliga. Das war kein Zufall. Manchmal war ich für einige Wochen verletzt wegen der vielen Spiele, trotzdem wurde ich Torschützenkönig. Meine Performance war stark. Das Team war top. Ich war glücklich. Doch in Rostock, beim entscheidenden Spiel um die Meisterschaft 1992, habe ich nicht getroffen. Meine Leistung war nicht so, wie sie hätte sein können. Ich hatte noch mit den Folgen einer Verletzung zu kämpfen.

Ich glaube, es waren gar nicht so viele Fehler, die wir in diesem entscheidenden Spiel gemacht haben. Wir haben gar nicht so schlecht gespielt. Es gab einige Missverständnisse, das passiert. Was mir aber klar wurde: Am Ende der Saison hat es innerhalb der Mannschaft nicht mehr gestimmt. Deswegen haben wir in Rostock nicht gewonnen, deswegen haben wir die Deutsche Meisterschaft verspielt.

Fußball ist Teamwork. Fußball ist harte Arbeit. Unter normalen Umständen hätten wir mit den tollen Spielern, die wir hatten, viele Pokale gewinnen müssen. Das Team war fantastisch, die Fans perfekt, das Management stark. Es war schmerzhaft, dass wir das nicht geschafft haben. Aber das ist Teil des Lebens.

Ein Team ist wie eine Familie. Du musst als Trainer sicherstellen, dass alle miteinander auskommen. Dass sich das Team mag, dass man sich als Freunde versteht. Probleme kommen von ganz alleine. Kleine Spannungen muss man lösen, bevor sie zu einer großen Sache werden. Das ist bei uns leider manchmal passiert. Dann bringt das Team nicht die Leistung, die es bringen kann.

Mir haben Stepi und Klaus Toppmöller immer großes Vertrauen geschenkt. Sie standen hinter mir, sie stärkten mich. Sie sagten immer: »Wir müssen Tony nicht zu viel erzählen. Er weiß, was zu tun ist.« Das tat mir gut. Aber damit haben sie den Druck auch an mich weitergegeben. Ich musste immer zeigen, dass ich weiß, wie es geht.

Im Jahr 1994 wurde ich Kapitän von Eintracht Frankfurt. Ich war der erste Kapitän in der Bundesliga aus Afrika. In dieser Zeit war das absolut außergewöhnlich. Damit hatte ich nicht gerechnet. Das war eine große Verantwortung. Mir war klar, was das für ein Schritt von Eintracht Frankfurt war, mich Anfang der Neunzigerjahre in Deutschland als schwarzen Afrikaner zum Kapitän ihrer Mannschaft zu machen.

Als Jupp Heynckes nach Frankfurt kam, dachte ich: Es kommt ein Held. Er war ein großartiger Spieler bei Bayern München. Ich war happy, dass wir einen sehr guten Trainer bekommen. Ich habe mich gefreut, ihn kennenzulernen. Aber manchmal ist es so, dass man Menschen trifft und man bei der ersten Begegnung feststellt: Der mag mich nicht.

Ich war der Kapitän von Eintracht Frankfurt. Aber Heynckes sagte: »Wir brauchen einen neuen Kapitän.« Ich war schockiert. Alle anderen Spieler waren auch schockiert. Sie sagten: »Nein, wir wollen Tony als unseren Kapitän.«

Damit begannen die Probleme.

Mein Selbstbewusstsein ging runter. Ich versuchte mich zu beruhigen. Ich sagte mir: abwarten, hab Geduld. Es geschahen dann aber Dinge, über die ich nicht glücklich war. Im Training gab es Probleme, manchmal mit Jay-Jay Okocha, manchmal mit Maurizio Gaudino, manchmal mit mir. Wir wussten nicht, warum. Wir haben dem Management von den Spannungen mit Heynckes erzählt, dass wir mit der Situation nicht glücklich sind. Der Klub sagte, wir sollten geduldig sein.

Während eines Trainings hat Heynckes dann wieder rumgeschrien: »Macht dies! Macht das!«

Wir sagten: »Okay, wir nehmen uns unsere Zeit dafür. Wir machen es.«

Heynckes sagte: »Ihr seid nicht seriös.«

Er entschied, dass wir mit dem Mannschaftstraining aufhören und zwei Stunden laufen sollten. Doch am nächsten Tag hatte wir ein Spiel. Da kann man einen Tag vorher nicht zwei Stunden laufen.

Wir haben den Lauf trotzdem gemacht. Als Kapitän sagte ich zu Jay-Jay und Maurizio: »Let's go. Lasst uns trotzdem das Spiel spielen, auch wenn wir nicht unsere beste Leistung bringen können.«

Charly Körbel war bei dem Lauf dabei. Er sollte auf uns aufpassen. Nach einer Stunde sagte er: »Stopp, es ist genug.«

Wir haben bei dem Lauf natürlich darüber diskutiert, wie wir reagieren sollten. Zunächst war die Frage: Spielen oder nicht spielen? Uns war klar: Wenn wir spielen, dann akzeptieren wir auch künftig jede Entscheidung des Trainers, wie unfair sie auch sein mochte – oder wir finden unseren eigenen Weg aus dieser Situation.

Während des Laufs wurde uns klar: Wir spielen nicht. Es ging nicht nur um den Lauf. Es ging nicht nur um Müdigkeit. Es ging um die Art und Weise, wie der Trainer uns behandelt hat. Wir sagten zu Jupp Heynckes: »Wir werden nicht spielen.« Das war vielleicht unser Fehler.

Jupp Heynckes hat uns daraufhin suspendiert.

Aber wir konnten nicht anders. Ich konnte nicht anders. Wir waren die drei besten Spieler des Teams. Und wenn dann nur diese drei Spieler, die alle einen anderen Hintergrund haben, so unfair behandelt werden, dann ist man bei Rassismus. Vielleicht war es nicht rassistisch, aber so, wie der Trainer nur uns behandelt hat, hat damals jeder zu mir gesagt: Der Grund ist Rassismus.

Im Stadion habe ich Rassismus hingenommen. Das war ich gewohnt. Ich wusste, woher es kam. Es ist aber etwas anderes, wenn ich in meinem täglichen Leben das Gefühl habe, deswegen nicht korrekt behandelt zu werden.

Ist eine Handlung rassistisch oder nicht? Das ist kompliziert zu sagen. Wenn auch ein deutscher Spieler in dieser Gruppe gewesen wäre, dann wäre es nicht schwierig gewesen, diesen Vorfall zu beurteilen. Aber so war es nicht. Doch im Prinzip kann das trotzdem jedem Spieler passieren. Deswegen haben wir drei Spieler damals öffentlich auch nicht von Rassismus gesprochen.

Die Zeiten heute sind anders. Das Verständnis der Deutschen gegenüber Rassismus hat sich verändert. Vieles von dem, was früher passierte, ist verschwunden.

Ich war es gewohnt, auf dem Platz mein Bestes zu geben. Dafür musste ein Trainer hinter mir stehen. Wenn der Trainer nicht hinter mir steht, dann geht das nicht. Mein Problem war: Ich konnte nicht auf den Platz, wenn ich nicht das Gefühl hatte, mein Bestes geben zu können. Das war meine Verantwortung gegenüber den Fans und dem Verein.

Ich habe früh gespürt, dass Heynckes nicht hinter mir steht. Mein Herz war nicht mehr, wie mein Herz sein konnte. Deswegen habe ich gesagt: Ich muss gehen. Ich muss die Mannschaft verlassen, die Eintracht.

Tatsächlich war die Situation so, dass nicht ich die Entscheidung getroffen habe. Der Trainer hat gegenüber dem Verein gesagt: Die drei Spieler verlassen den Klub – oder ich. Und die Eintracht wollte, dass Heynckes bleibt. Ich war enttäuscht, dass wir das Problem nicht in einem gemeinsamen Gespräch lösen konnten. Aber dieses Gespräch gab es nicht.

Ich wollte dann zu Bayern München. Es war alles geklärt. Ich wollte den Vertrag nach meinem Urlaub im Winter in Ghana unterschreiben. Doch die Verantwortlichen von Eintracht Frankfurt kamen zu mir und sagten: »Tony, es ist schwer für uns, dich zum FC Bayern gehen zu lassen. Wenn wir das tun, bringen uns die Fans um. Sie werden nicht akzeptieren, dass du mit den Bayern nach Frankfurt kommst und gegen die Eintracht spielst. Wir können dir das nicht erlauben.«

Die Verantwortlichen hatten Angst vor der Wut der Fans. Das war der Grund, warum ich nicht zum FC Bayern ging. Nur ein Wechsel ins Ausland ging für die Eintracht in Ordnung.

Wenn du deine drei besten Spieler rauswirfst, kommst du als Verein in Schwierigkeiten. Die Fehler, die damals gemacht wurden, hatten Konsequenzen für den gesamten Verein. Die Eintracht hat später begriffen, dass sie die falsche Entscheidung getroffen hat. Wenig später ist die Eintracht abgestiegen und erlebte schwierige Jahre. Das war eine Lektion für den Klub, eine Strafe.

Die Dinge haben immer zwei Seiten. Wenn diese Situation in Frankfurt nicht entstanden wäre, hätte ich nicht die Möglichkeit gehabt, nach England zu gehen, die Welt weiter für mich zu entdecken.

Ich wusste damals nichts von Leeds United. Doch ich hatte keine andere Option, weil ich die Eintracht verlassen musste, die ich nie verlassen wollte. Ich hatte zuvor zahlreiche Angebote aus Italien, aus Spanien, aus der Türkei. Viele Klubs wollten mich. Doch ich habe immer abgelehnt, weil ich in Frankfurt bleiben wollte.

Was am Ende in Frankfurt passiert ist, war nicht gut. Aber wenn in der Konsequenz alles zu schlimm für mich gewesen wäre, hätte ich heute nicht eine so wunderbare Beziehung zur Eintracht. Es gab immer Menschen, mit denen ich in Kontakt geblieben bin. Rainer Falkenhain war in der Geschäftsstelle, als ich meinen ersten Vertrag in Frankfurt unterschrieben habe. Er wurde mein Freund. Die enge Beziehung besteht bis heute. Auch die Beziehung zu Charly Körbel ist nicht abgerissen.

Mit Jupp Heynckes hatte ich nie wieder Kontakt. Ich habe ihn nie wieder gesehen, nie wieder gesprochen. Ich bin ein Mensch, der vergeben kann. In meinem Kopf sind keine Rachegedanken. Wenn mich Jupp Heynckes in ein Restaurant einlädt, komme ich.

Jupp Heynckes ist nicht mein Feind. Vielleicht war es ein Missverständnis. Vielleicht hat er aber auch begriffen, dass er einen Fehler gemacht hat.

Als ich in England war und Heynckes die Eintracht ein paar Monate später verlassen hat, habe ich darüber nachgedacht, nach Frankfurt zurückzukehren. Mein Vertrag in Leeds lief über zwei Jahre. Es gab darin aber eine Option, in der Leeds nach sechs Monaten alleine darüber entscheiden konnte, ob ich weiter in Leeds bleibe oder ob ich nach Frankfurt zurückgehe. Frankfurt wollte mich nach dieser Frist zurück. Leeds sagte Nein.

In Frankfurt war meine Leistung herausragend. Ich war der Topscorer der Bundesliga. Die Fans haben hinter mir gestanden. Ich habe mich in Frankfurt schon damals zu Hause gefühlt. Auch wenn ich Erfolg in England hatte und danach über vier Jahre beim Hamburger SV gespielt habe: In Frankfurt hatte mein neues Leben begonnen. Das ist mein Ort, meine Heimat, meine zweite Heimat.

Nach meiner Karriere war es für mich keine Frage, nach Ghana zurückzugehen. Ich wollte dort den Menschen helfen, ihnen Jobs geben. Ich hatte das Gefühl: Das ist mein Auftrag, meine Verantwortung. Auch dieser Anfang war nicht leicht. Im Fußballgeschäft kannte ich mich aus, aber nicht im normalen Geschäftsleben.

Wir haben ein Hotel gegründet. Es ist kein großes Hotel von der Sorte, wie man sie in Europa kennt. 14 Zimmer. Wir haben rund 35 Leute, die dort arbeiten. Es ist wichtig für die Community, in der ich lebe. Ich bin stolz, dass ich das nach meiner Fußballkarriere ermöglichen konnte. Das Hotel heißt Yegola. Eine Verbindung aus meinem Namen und meinen Toren. Ein bekannter ghanaischer Kommentator hat diesen Begriff geprägt. Immer wenn ich in der Bundesliga getroffen habe, hat er ins Mikro gerufen: »Yeeegoooooooola«. Jeder in Ghana nennt mich Yegola.

Nach meiner Karriere hatte ich viele Möglichkeiten, eine Aufgabe im ghanaischen Fußball zu übernehmen, im Verband. Aber das wollte ich nicht. Mein Ruf in Ghana ist mir wichtig. Ich werde als diszipliniert und bescheiden angesehen. Als einer, der nicht zu viel über sich redet. Die Leute haben Respekt. Diesen Ruf möchte ich nicht verderben. Aber das hätte passieren können, wenn ich ein Teil des Fußballgeschäfts in Ghana geworden wäre. In Afrika gibt es viel Korruption, damit wollte ich auf keinen Fall in Verbindung gebracht werden.

Deine Lebensweise, dein Verhalten und dein Charakter sind genauso wichtig wie das, was du in deiner Karriere erreicht hast. Ich hatte in Frankfurt erlebt, was es bedeutet, wenn dein Ruf bedroht ist. Wegen eines Vertrags mit der Eintracht stand ich vor Gericht, auch die Verantwortlichen des Vereins. Ich habe Verantwortung übernommen vor Gericht. Das hat nicht jeder getan.

Ich hatte damals nicht alle Details des Vertrags verstanden, auch wegen der Sprache. Ich hatte demjenigen vertraut, der den Vertrag entwickelte. Er war mein Freund.

Er sagte: »Tony, unterschreibe dies, unterschreibe das. Es ist für die Steuer.«

Ich sagte: »Okay, kein Problem.«

Am Ende war es ein großes Problem. Ich war geschockt, als ich angeklagt wurde. Jetzt, da ich grau geworden bin, bin ich vorsichtig geworden, Dinge anzustreben, die ich nicht vollständig verstehe. Heute lege ich größten Wert darauf, dass ich in alle Dinge wirklich involviert und informiert bin. Ich bin verantwortlich für das, was ich mache. Nicht andere.

Ich will nichts mehr tun, was meinem Ruf schaden kann. Nach meiner aktiven Zeit sind viele Leute auf mich zugekommen. Jeder wollte etwas von mir: »Tony, mach dieses Geschäft. Tony, mach jenes Geschäft.« Ich habe entschieden: Nein, das mache ich nicht. Ich treibe mich nicht selbst an, um noch mehr Geld zu verdienen.

Das Geld, das ich habe, halte ich zusammen. Ich lebe ein ruhiges Leben. Ich habe Familie und Freunde, um die ich mich kümmere. Ich bin gesund. Das ist mehr als genug.

Ich begegne noch immer vielen Menschen, die kämpfen müssen. Die nicht genug zu essen haben.

Ich weiß genau, wie sich so ein Leben anfühlt. Ich werde es nie vergessen.

3

LAURA FREIGANG

Die Herzensfußballerin

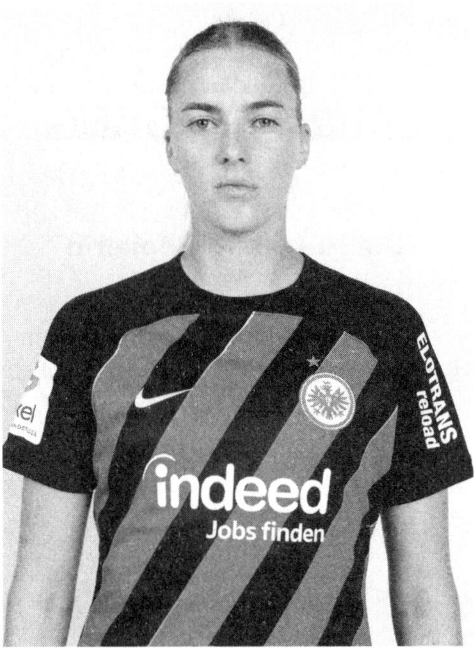
indeed
Jobs finden
ELOTRANS
reload

Im Kampf um den Ball
verschwindet die weibliche Anmut,
Körper und Seele erleiden
unweigerlich Schaden,
und das Zurschaustellen des Körpers
verletzt Schicklichkeit und Anstand.

Begründung für den am 30. Juli 1955
einstimmig gefassten Beschluss des
Deutschen Fußball-Bunds, der seinen Vereinen
»aus ästhetischen Gründen und grundsätzlichen
Erwägungen« und unter Androhung von Strafe
den Frauenfußball verbietet.
Das Verbot wird erst
am 31. Oktober 1970 zurückgenommen.

Wembley,
Digga!

Laura Freigang nach dem
Einzug der deutschen
Nationalmannschaft in das Finale
der Europameisterschaft 2022

Fußball hat sich für mich schon immer richtig angefühlt. Ich hatte immer Lust darauf. Diese Lust musste ich nie hinterfragen. Bei anderen Dingen im Leben bin ich mir da nicht so sicher.

Fußball war nie eine Phase. Fußball ist meine Konstante. Kindergarten. Grundschule. Gymnasium. Verein. Urlaub. Fußball war immer das, was mir am meisten Spaß gemacht hat.

Ich war immer aktiv und habe auch andere Sportarten gemacht, vor allem Tennis, Schwimmen. Diese Sportarten sind verschwunden, Fußball ist immer geblieben.

Im Fußball darf man Fehler machen. Im Tennis und Schwimmen muss man immer auf den Punkt da sein. Im Fußball kannst du im Laufe eines Spiels drei, vier Fehlpässe spielen – und dann versuchst du es mit der nächsten Aktion einfach wieder. Und was mir sehr wichtig ist: Man ordnet sich im Fußball in einem Mannschaftsgefüge ein, man erlebt die Dinge gemeinsam, nicht alleine. Und man wird aufgefangen. Das passt zu mir.

Ich liebe das Verbindende.

Fußball am Strand. Ich kenne manche der Jungs, mit denen ich im Urlaub zufällig am Strand gekickt habe, noch heute. Das ist cool, das macht nur der Fußball.

Ich habe die ersten neun Jahre nur mit Jungs gespielt, in meinem Dorfverein. In den umliegenden Dörfern haben überhaupt keine Mädchen gespielt. Auch am Strand von Föhr, bei den Strandfußballturnieren am Wochenende, war ich fast immer das einzige Mädchen, mehr als ein, zwei andere haben nie daran teilgenommen. Mir hat das gefallen. Seit ich vier war, habe ich mit Jungs gespielt. Irgendwann war der Fußball dann eng verbunden mit meiner Persönlichkeit.

Solange ich mich erinnern kann, war ich immer: *Laura, die Fußballerin*. Ich liebe diese Rolle.

Im Alltag war es keine große Nummer: allein unter Jungs. Die kannten mich ja. Ich war Teil des Teams und hatte meine Rolle. Ich wurde nicht hinterfragt, ich habe mich aufgehoben gefühlt. Aber wenn wir gegen andere Mannschaften gespielt haben, die mich nicht kannten, hat man den Jungs oft schon angemerkt, dass sie es merkwürdig fanden. Sie waren das nicht gewohnt. Ich fand diese Situationen eher lustig, sie haben mich auch nicht unter Druck gesetzt.

Fußball war mein Ding.

Ich wusste: Hier gehöre ich hin. Ich habe das nie hinterfragt. Ich musste das nie hinterfragen. Aber die Wahrheit ist auch: Dass ich so lange mit Jungs zusammengespielt habe, lag auch daran, weil ich gar keine andere Möglichkeit hatte. Ich musste mit ihnen spielen. Heute müssen sich die Mädchen keine Gedanken mehr machen, wo sie Fußball spielen können. Es gibt genügend Angebote, aber das ist noch immer kein Vergleich zu den vielen Möglichkeiten, die Jungs haben.

Zu einem größeren Thema wurde das Mädchen-Jungs-Ding in der B-Jugend. Mit 13 Jahren hatte ich das erste Mal in einer Mädchenmannschaft gespielt, ich bin dann aber noch mal zurückgekommen in das Jungs-Team. Da war ich 16, 17.

Als Kind war das für alle im Team normal. Als es in der Pubertät losging, dass Mädchen über Jungs und Jungs über Mädchen nachdenken, wurde es anders. Jetzt wollten sich die Jungs nicht blamieren. Es war für sie auf einmal peinlich, einen Zweikampf zu verlieren.

Körperlich habe ich es natürlich gemerkt. Wenn ich mir als Kind den Ball an einem Jungen vorbeigelegt habe, bin ich an ihm vorbeigekommen. Wenn ich ihn mir dann in der B-Jugend vorgelegt habe, hat mich der Verteidiger schon auf halbem Weg überholt.

Ich musste mein Spiel mit den Jungs verändern, es ging nicht mehr wie früher. Ich habe gemerkt: Unter jungen Männern habe ich als junge Frau keine Chance mehr. Ich habe dann zeitweilig in zwei Mannschaften gespielt, bei der Frauenmannschaft vom TSV Schott in der Regionalliga, da kam ich aber nicht an meine Leistungsgrenze. Und bei den Jungs, da kam ich an meine Leistungsgrenze. Das war extrem wichtig für mich. Und mein Spiel.

Viele meiner Kolleginnen aus der Nationalmannschaft wie Lena Oberdorf oder Sjoeke Nüsken haben früher auch lange mit Jungs zusammengespielt und davon ebenfalls enorm profitiert. Das ist eine total gute Sache. Für eine junge Frau ist es bereichernd, in einem Jungs-Team zu spielen. Und auch für einen jungen Mann ist es bereichernd, mit einer jungen Frau in einem Team zu spielen.

Ich habe mir immer Orte gesucht, an denen ich mich wohlgefühlt habe. Ich war nicht nur mit Jungs befreundet, aber auch die Mädels wussten: Ich spiele Fußball. Das macht nicht jedes Mädchen, klar, ist aber halt so, zumindest bei mir. Das war dann auch selbstverständlich.

Wenn man meine Eltern, Freundinnen und Freunde früher gefragt hätte, was aus Laura wird, wäre ganz klar gewesen: Laura und Fußball gehören zusammen. Darauf wird sie sich festlegen.

Wenn ich heute darüber nachdenke, was ich am Fußball am meisten mag, hat sich gar nicht viel verändert: Erlebnisse teilen – und im besten Fall Erfolge. Ich bin sicher: Wenn ich Einzelsportlerin geworden wäre, Tennisspielerin zum Beispiel, dann wäre ich heute eine andere Person.

Ich war neun Jahre alt, als die deutsche Mannschaft in China die Weltmeisterschaft gewonnen hat, das war im Jahr 2007. Damals habe ich den Frauenfußball noch relativ wenig verfolgt. Die erste und zugleich schmerzhafte Erinnerung im Frauenfußball war für mich vier Jahre später die Heim-Weltmeisterschaft 2011, die Niederlage gegen Japan. Ich war wie jeden Sommer auf Föhr und habe nach einem Strandfußballturnier abends in einer Bar das Spiel geschaut.

Ich habe geweint.

Ich weine nicht oft, echt nicht. Nicht wegen irgendwas. So Sachen wie ein Fußballspiel berühren mich emotional selten. Aber da hat es mich richtig gepackt. Mir war damals absolut bewusst, wie wichtig diese Weltmeisterschaft für den Frauenfußball in Deutschland war. Ich war nach dem Ausscheiden gegen Japan so traurig für den Frauenfußball, für meinen Fußball. Die Weltmeisterschaft im eigenen Land war so eine Riesenchance – und wir alle haben sie jetzt verpasst. Das war mein Gefühl. Das hat mich richtig mitgenommen.

Nach dem WM-Titel 2007 hatte man das Gefühl, dass der Frauenfußball gerade dabei war, sich in Deutschland den Respekt zu erkämpfen, der lange nicht da war. Die Heim-Weltmeisterschaft war dann wie ein Test.

Die Diskussion – wie ernst kann man den Frauenfußball nehmen? – gab es ja schon lange zu diesem Zeitpunkt. Und wenn dann besonders viele Leute draufschauen, und die Sache geht schief, dann fällt der Frauenfußball in Deutschland wieder hinten runter. Das war mein Gefühl, meine Angst. Deswegen ist mir das Scheitern bei der WM 2011 auch so nahegegangen. Ich war zwar erst 13, aber auch für mich ist da so etwas wie ein Traum zusammengebrochen.

Und so kam es ja auch. Wir haben danach jahrelang erlebt, wie schwer es der Frauenfußball in Deutschland wieder hatte, dass viele andere Länder an uns vorbeigezogen sind.

Mir lag immer am Herzen, eine positive Stimmung für den Frauenfußball herzustellen, weil ich früh gespürt habe, dass die Wahrnehmung lange nicht offen war. Das hat mich wirklich geärgert. Viele Fußballerinnen, die diese Zeiten noch mitbekommen haben, kennen den Frust, dass der Frauenfußball so belächelt wurde. Das ist wirklich noch nicht lange her, gerade mal zehn, 15 Jahre.

Diese Missachtung.

Ich wusste immer, dass ich Profifußballerin werden wollte. Auch als ich noch gar nicht wusste, was das bedeutet – und dass es den Beruf noch gar nicht gab. Ich habe mir das immer so sehr gewünscht.

Meine Vorstellung von Profifußball hatte wenig mit Öffentlichkeit und Ansehen zu tun. Meine Idee war: Ich mache das, was mir am meisten Spaß macht, zu meinem Beruf. Das, was ich am besten kann. Das, was ich liebe.

Es gab kein Vorbild für mich, aber in meinem Kopf gab es diesen Beruf immer. Ich habe »Fußballerin« schon in meinen Steckbrief zur Einschulung geschrieben. Ob man damit Geld verdienen kann, wusste ich nicht, war mir auch egal.

Fußball! Ich wollte nichts anderes machen, ich wollte den Hauptteil meines Lebens damit verbringen.

Als es mit 14, 15 Jahren bei mir losging mit den U-Nationalmannschaften, da wusste ich natürlich: Es gibt diesen Beruf, auch wenn damals vielleicht nur ein Prozent der Spielerinnen davon leben konnte. Aber darüber habe ich nicht weiter nachgedacht. Das war mein Ziel, fertig.

Mir war klar, dass ich einen Plan B brauche. Auch meine Eltern haben mich immer unterstützt in meinem Wunsch. Klar, es gab Diskussionen, dass ich noch was anderes brauche. Aber ich habe immer ihr Vertrauen gespürt, dass ich dann, wenn ich meine ganze Kraft in eine Sache stecke, das auch hinbekomme. Das hat mir eine Sicherheit gegeben, die sehr wichtig war, um meine Ziele zu erreichen. Um Erfolg zu haben. Dieser Weg ist alles andere als selbstverständlich.

Dass lange die Anerkennung für den Frauenfußball gefehlt hat, ist klar. Aber hatte ich das Gefühl, dass das eine ungerechte Sache ist? Das ist gar keine so einfache Frage. Dass immer wieder ein direkter Vergleich zwischen Frauen und Männern im Fußball gezogen wurde, war ja der Klassiker. Und zum Teil noch wird. Der Tenor: »Wenn die Frauen-Nationalmannschaft gegen eine Drittliga-Mannschaft spielt, wird sie abgeschossen.« Sachlich ist das richtig, es ist aber trotzdem absurd. Mich hat immer frustriert, wenn der Frauenfußball als allein stehende Sportart nicht akzeptiert wird. Warum müssen wir uns gegen jemanden beweisen, um ernst genommen zu werden?

Ich war selbst oft in Situationen, wo ich mir von Jungs und Männern anhören musste: »Im Eins-zu-eins nehme ich dich auseinander.« Ich habe auch gegen meinen Bruder im Garten verloren, und der spielt nicht Bundesliga. Ist so.

Fußball ist für mich Unterhaltung. Fußball ist ja nie einfach nur Leistung, auch nicht bei den Männern. Wenn es im Fußball einfach nur darum ginge, zu gewinnen und der Beste zu sein – dann würden neunzig Prozent der Fußballfans wegfallen. Denn die meisten Mannschaften werden nicht Meister am Ende der Saison. Die Männermannschaft der Eintracht ist das erste und letzte Mal vor 65 Jahren Meister geworden. Welcher Fan hat das noch erlebt?

Ich frage mich: Warum gibt man dem Frauenfußball nicht einfach die Möglichkeit, unterhaltsam zu sein? Wir sind auf unsere Weise unterhaltsam. Warum müssen wir irgendwelche imaginären Gegner besiegen? Wieso müssen wir besser als irgendwer sein? Der Vergleich zum Männerfußball ist das, was mich am meisten genervt hat – und am meisten nervt. Wir sind nicht der Männerfußball.

Und wollen wir überhaupt wie der Männerfußball sein? Nein!

Die Stimmung und Atmosphäre gegenüber dem Frauenfußball, die bis vor kurzer Zeit geherrscht haben, waren immer negativ. Manchmal konnte man sie ins Positive drehen, aber sie kamen eben stets aus dem Negativen.

Deswegen genieße ich den Fußball seit der Europameisterschaft 2022 in England jetzt auch so sehr. Das war das erste Mal, dass wir als eigenständige Mannschaft wahrgenommen worden sind. Das hat viel verändert. Aber wenn man ehrlich ist, hat der Vergleich mit den Männern auch da wieder eine Rolle gespielt, aber unter umgekehrten Vorzeichen, weil die Männer in den letzten Jahren nicht mehr so supererfolgreich waren. Es gab viel Frust im deutschen Fußball – und da waren wir das positive Licht, weil wir uns den Arsch aufgerissen haben, Spaß am Fußball hatten und das Finale erreicht haben. Das war eine wirklich erfrischend andere Wahrnehmung. Das kannte ich bis dahin überhaupt nicht. Das hat zumindest für den Moment etwas verändert, auch wenn wir dann bei der Weltmeisterschaft 2023 schon in der Gruppenphase ausgeschieden sind.

Man kann die Leute nicht zwingen, begeistert zu sein. Das muss sich entwickeln, auf natürliche Weise. Das ist bei uns passiert. Die Leute waren von der Europameisterschaft wirklich begeistert. Ich hatte mir bis dahin auch immer gedacht: Wenn ich mich darüber beschwere, dass die Anerkennung für den Frauenfußball nicht so da ist, wie ich sie mir wünsche, wird das auch niemanden überzeugen, anders zu denken. Eine gute Atmosphäre muss sich entwickeln. Und sie hat sich entwickelt. Wir haben unsere Zeit gebraucht.

Guten Fußball kann man nur spielen, wenn die Bedingungen dafür gegeben sind. Wenn genug Mädchen Fußball spielen. Wenn genug Entwicklungsmöglichkeiten vorhanden sind. Wenn die Bedingungen für Profifußball vorhanden sind, für eine erfolgreiche Bundesliga. Ich muss mir auch selbst immer wieder klarmachen: So lange gibt es uns noch gar nicht. Erst im Jahr 1970 wurde das Verbot für Frauenfußball aufgehoben. Unglaublich. Das muss ich mir auch immer wieder bewusst machen.

Noch eine entscheidende Sache: die Wahrnehmung von Weiblichkeit. Wie hat sich Weiblichkeit in den letzten Jahren und Jahrzehnten verändert?

Früher hat vielen Männern und auch vielen Frauen die Vorstellung nicht gefallen, dass Frauen so eine körperliche Sportart wie Fußball betreiben. Das habe ich selbst aus meinem nahen Umfeld gehört, von Leuten, die mich unterstützen. Von diesem Stigma ist immer noch etwas da. Fußball passt in diese Vorstellung von Weiblichkeit nicht rein. Um das Stigma direkt zu benennen: Frauen im Fußball wurden lange gleichgesetzt mit Mannweibern, mit Lesben.

Die Gesellschaft war aber schon vor einigen Jahren weiter als der Fußball. In manchen Feldern im Fußball ist das immer noch so, er hängt in der gesellschaftlichen Entwicklung zurück. Gerade in Deutschland ist die Fußballkultur stark männerdominiert, noch immer. Der Fußball ist wie eine Burg, die verteidigt wird. Alles verändert sich, nur der Fußball soll sich nicht verändern. Das hat es dem Frauenfußball immer schwer gemacht.

Wir wollten nur mitspielen und niemandem was wegnehmen. Aber viele Männer hatten oder haben immer noch das Gefühl, dass ihnen von Frauen etwas weggenommen wird. Langsam wird der deutsche Fußball offener. Aber nur langsam, sehr langsam.

Ich habe mich oft gefragt: Warum ist das so? Ich glaube, es liegt daran, dass mit dem Fußball gewisse Regeln einhergehen, wie man zu sein hat: als Fußballer, als Fan.

Als Fußballer hat man männlich zu sein.

Man darf keine Pussy sein.

Man muss sich zusammenreißen.

Und im Stadion wird gegrölt.

Das sind die ungeschriebenen Gesetze. Da ist nicht viel Raum für Individualität. Und da haben wir lange nicht reingepasst. Es ist über Jahrzehnte eine Fußballkultur entstanden, die niemand infrage gestellt hat. Erst jetzt fängt man damit an, manche dieser Mauern einzureißen, aber nur manche.

In meiner Generation spielt beispielsweise auch das Thema mentale Gesundheit eine große Rolle. Da wird sich dazu geäußert, wie sich Druck auswirkt. Wie schwierig das im Profifußball für einen Menschen sein kann. Das war schon immer so. Es wurde bisher aber nicht angesprochen. Schwäche hatte keinen Platz. Schwäche hat nicht existiert. Entweder man reißt sich zusammen oder halt nicht.

Ich finde es wichtig, dass Stigmata gebrochen werden, dass darüber gesprochen wird. Jeder weiß doch, dass Menschen keine Maschinen sind, auch Sportler sind keine Maschinen, auch wenn das mitunter buchstäblich genauso gesagt wird: Diese Mannschaft ist eine Maschine, dieser Spieler ist eine Maschine.

Für uns Frauen war und ist es in dieser Hinsicht einfacher als für Männer. Für uns gibt es nicht diese Schablonen. Der Frauenfußball ist eine Blase, aber eine, die immer sehr offen war, für jeden. Und zwischen unserer Wahrnehmung innerhalb der Blase und der Außenwahrnehmung hat es wenig Überschneidung gegeben. Das war auch ein Selbstschutz.

Wenn wir uns näher mit dem Bild befasst hätten, das vom Frauenfußball vorgeherrscht hat, dann wäre das nur frustrierend gewesen. So war es erfrischend: Es war uns einfach egal. Und wenn du das Gefühl hast, es ist egal, was andere sagen, dann kannst du so sein, wie du bist und wie du sein willst.

Das ist Freiheit.

Diese Freiheit habe ich am Frauenfußball immer genossen. Das geht natürlich viel leichter, wenn es nicht so viele Leute interessiert.

Diesen Kontrast, wenn man immer mehr in den Fokus kommt, habe ich in den letzten Jahren stark erlebt. Vor fünf Jahren hat sich kaum jemand für die Nationalmannschaft interessiert; für den Frauenfußball; für Spielerinnen; für mich. Das Interesse ist schön, aber ich merke natürlich, dass es immer schwieriger wird, dass die Seiten am Frauenfußball, die ich am meisten geschätzt habe, erhalten bleiben. Dass der Fußball unbelastet ist, dass wenig Druck drauf ist, dass man nicht so viel »muss«.

Wir sind gerade an einem Punkt, an dem sich das ändert: das Selbstverständnis. Und ich frage mich: In welche Richtung wollen wir gehen? In welche Richtung will ich gehen? Wie erhält man die Essenz unseres Fußballs?

Als ich angefangen habe, ging es nicht um Geld, Ruhm und Anerkennung. Doch je größer der Frauenfußball wird, desto größer werden diese Themen. Ich fürchte, das ist unvermeidlich. Wir stehen an einem Scheideweg. Und wir müssen uns fragen: Können wir es nicht doch anders machen?

Mit der Professionalität geht auch extremes Erfolgsstreben einher. Damit habe ich Schwierigkeiten. Ich hatte immer gewisse Probleme mit dem Leistungssport, weil man unter Leistungssport immer versteht: Erfolg maximieren. Ich weigere mich aber, mein ganzes Leben an Erfolgsmaximierung auszurichten.

Klar geht es im Fußball darum, ans Maximum zu gehen; jeder will immer gewinnen. Das ist wichtig. Aber das ist nicht alles. Es geht vieles verloren, wenn man alles auf den Erfolg ausrichtet. Denn im Fußball geht es primär nicht um maximalen Erfolg, sonst würde auch die Bundesliga nicht funktionieren. Es kann ja nur ein Verein Meister werden.

Ich versuche, eine Balance zu halten. Zwischen dem Grund, aus dem ich eigentlich Fußball spiele: Spaß. Und dem höchsten Ziel, das es in der Welt gibt, in der ich mich befinde: Erfolg. Dieses Streben ist natürlich auch in mir, aber das Erfolgsdenken darf den Spaß am Fußball nicht zerstören.

Ich kann es auch anders sagen: Ich spiele nicht nur aus Spaß. Aber ich spiele auch nicht nur, um Erfolg zu haben.

In vielen Interviews von erfolgreichen Fußballern höre ich immer wieder denselben Tenor, Patrice Evra hat das einmal in einem Podcast sehr gut auf den Punkt gebracht: »Wir haben die Champions League gewonnen, und schon auf dem Rückweg im Flieger hieß es: Im nächsten Jahr dann wieder ...«

Doch wie soll man jemals einen Triumph genießen, wenn maximaler Erfolg die Norm ist? So möchte ich nicht leben.

Ich habe noch nicht so viel gewonnen. Das Erreichen der Champions League mit Eintracht Frankfurt zuletzt ist für mich schon ein großer Erfolg. Ich kann das sehr genießen. Im Jahr zuvor waren wir knapp daran gescheitert. Ich weiß, wie sich Scheitern anfühlt. Und ich weiß, wie es sich anfühlt, wenn man das ganze Jahr gemeinsam hart dafür arbeitet, viele Jahre – und es dann schafft. Dieses Gefühl, dann gemeinsam etwas zu erreichen, ist für mich zentral.

Wenn ich einen solchen Erfolg als Einzelsportlerin erreicht hätte, würde mir das nicht so viel bedeuten. Das Gefühl, das in einer Mannschaft zu erreichen, ist viel intensiver für mich. Wenn man sieht, wie jeder dafür zum Teil über Jahre hart gearbeitet hat, dann kann man sich darüber gemeinsam extrem freuen.

Wir haben in Wembley das Finale der Europameisterschaft 2022 verloren. Wir haben keinen Titel gewonnen, aber wir haben *so* viel geschafft während dieses Turniers, im Verlauf dieses Jahres. Es ist wunderbar, wenn man darauf gemeinsam stolz sein kann; wenn man die Freude teilen kann mit denjenigen, denen das genauso viel bedeutet wie einem selbst. Mit denjenigen, die mit dir die gleichen Ziele teilen und die in gewisser Weise auch das gleiche Leben führen wie man selbst. Ich finde das extrem bereichernd.

Ich bin überzeugt, dass auch im Leistungssport der Weg das Ziel ist. Dass alles, was man in den Leistungssport investiert, für sich schon genug sein sollte, um diesen Aufwand zu rechtfertigen. Und dass nicht der Triumph am Ende die einzige Rechtfertigung für diesen jahrelangen Einsatz ist. Sondern der Weg selbst.

Wenn dann der Erfolg kommt, ist er etwas, was dazukommt. Eine Krönung. Aber nicht die alleinige Rechtfertigung für alles.

Ich werde häufig gefragt: »Wie motivierst du dich? Wie schaffst du es, jeden Tag aufzustehen, um zum Training zu gehen?« Ich konnte diese Fragen bisher noch nie richtig beantworten, weil ich mich nicht motivieren muss, zum Training zu gehen. Ich gehe gerne hin. Dafür muss ich mich nicht motivieren. Nie.

Wenn ich das Gefühl hätte, ich müsste viele Kompromisse eingehen, die ich nicht eingehen will, dann würde ich nicht das Richtige machen. Der Fußball erfüllt mich. Fußball ist für mich der Weg.

Für mich stellt sich weniger die Frage: Was ist Leistungssport? Für mich stellt sich eher die Frage: Was ist Erfolg?

Erfolg ist für mich nicht primär Titel. Man kann sich sehr gut entwickeln, viel lernen und weit vorankommen – ohne dass das von außen so wahrgenommen wird, dass man keinen Titel gewinnt. Das soll man nicht falsch verstehen: Ich möchte natürlich Titel gewinnen, mit Eintracht Frankfurt Deutscher Meister werden, den DFB-Pokal holen, Champions League spielen. Ich bin aber überzeugt, wenn man sich nicht auf Titel fokussiert, sondern in allen anderen Bereichen wächst und aus Rückschlägen neue Kraft zieht – dann kommt Erfolg von ganz alleine.

Jeder muss für sich wissen, wie er Erfolg definiert. Ich suche noch meine Erfolgsdefinition.

Das ist ehrlich gesagt eine Frage, die ich für mich selbst noch nicht abschließend beantwortet habe. Und von der ich auch nicht weiß, ob ich sie jemals beantworten kann.

Aber was ich weiß: dass ich in Frankfurt am richtigen Ort in meinem Leben bin. Im Jahr 2022 habe ich mir 069 auf den Arm stechen lassen, die Vorwahl von Frankfurt. Das war in der Euphorie, als die Männer das Finale der Europa League erreicht haben. Wir sind mit der Frauenmannschaft in jener Saison auch zum Viertelfinale nach Barcelona gereist, zu dem legendären 3:2-Sieg im Rückspiel. Ich wusste da schon, dass diese Stadt, egal, wo ich den Rest meines Lebens sein werde, immer einen Platz in meinem Herzen haben wird.

Das mit dem Tattoo hatte ich mir schon länger überlegt. In der Begeisterung habe ich es mir dann ziemlich spontan machen lassen. Und dann haben wir sogar noch die Europa League gewonnen, sind erstmals in die Champions League eingezogen. Ich sage bewusst »wir«. Ein Jahr später haben wir als Frauenteam dann auch erstmals die Champions League erreicht und gegen den FC Barcelona gespielt. Da hat sich für mich auch ein Kreis geschlossen.

Zu Beginn meiner Karriere habe ich jeden Monat auf null Euro runtergelebt, weil mir neben Fußball und Uni keine Zeit für einen Nebenjob geblieben ist. Für mich hat Geld lange auch nicht so eine Rolle gespielt. Das liegt auch an meiner privilegierten Position, weil mich meine Eltern immer unterstützt haben. Ich musste mir nie existenzielle Gedanken machen, als ich noch nichts oder nicht so viel verdient habe. Heute kann ich vom Fußball gut leben.

Ich mache das, was ich liebe. Dafür bin ich dankbar.

Ich habe mein Studium abgebrochen, weil es mir keinen Spaß gemacht hat. Über ein Stipendium habe ich zunächst an der Pennsylvania State University studiert, Kommunikation und dann Psychologie, später in Frankfurt Sportwissenschaften. Ich konnte es mir leisten, die Uni abzubrechen. Ich muss keine Angst haben, wenn meine Karriere in zwei Jahren vorbei wäre, dass ich dann auf der Straße sitze. Ich kann mir dank des Fußballs etwas beiseitelegen.

Seit ich den Punkt erreicht hatte, dass ich mir nicht mehr so viele Sorgen um Geld machen musste, ist es so, dass alles, was oben draufkommt, mir gar nicht so viel bedeutet. Das ist kein zusätzlicher Freiheitsgewinn. Ich freue mich tatsächlich mehr über die gute Entwicklung des Frauenfußballs – und das spiegelt sich wiederum finanziell. Wie man so sagt: *nice to have.* Aber dafür mache ich das alles nicht. Ich würde auch weiterspielen, wenn ich noch immer das gleiche Geld wie bei meinem ersten Vertrag bekommen würde.

Ich war zwischen 2016 und 2018 in den Vereinigten Staaten. Da habe ich erlebt, dass der Frauenfußball wirklich ernst genommen wird. Ich will Amerika dafür nicht zu sehr loben, weil das nicht zuletzt an der Gesamtstruktur des amerikanischen Profisports liegt. Dort ist der Fußball eben nicht der Männersport Nummer eins. Die klassischen Männersportarten dort sind Baseball, Football und Basketball. Da stellt sich gesellschaftlich gar nicht die Frage, ob Fußball ein Frauending ist oder nicht. Zumal die Frauen-Nationalmannschaft dort schon länger sehr erfolgreich ist, erfolgreicher als die Männer-Nationalmannschaft.

Ich habe es sehr genossen, dass in dem, was wir gemacht haben, eine große Selbstverständlichkeit lag: im Frauenfußball. Das war anders als in Deutschland.

Im Vergleich zur 2. Bundesliga, in der ich vor meinem Wechsel gespielt hatte, waren auch die Rahmenbedingungen nicht vergleichbar. In Amerika haben wir im Winter, wenn es geschneit hat, in einer Kunstrasenhalle trainiert. Wir hatten einen eigenen Trainingsplatz, um den sich gekümmert wurde. Das war ein Luxus, den ich vorher nicht kannte. Es herrschte eine ganz andere Atmosphäre.

Das war erfrischend, eine ganz neue Erfahrung.

Auch diese extrem amerikanische Art, dieser übertriebene Hype in der Mannschaft, das gegenseitige Anfeuern, dieser Zirkus, dieses Halligalli. Wenn wir zu den Spielen gefahren sind, waren wir immer zusammen im Bus, und du musstest einfach die ganze Zeit rumschreien. Immer, wenn wir ein Heimspiel hatten, waren wir in diesem *Blue Bus*. In dem sind wir von der Kabine bis zum Spielfeld gefahren, das war ein Ritual. Es lief keine Musik. Aber das ganze Team hat diese ganzen zehn Minuten eine Liste von Liedern runtergeschrien. Geschrien!

Das war manchmal überhaupt nicht angebracht. Aber wir haben es gemacht, weil es gemacht wurde – und wir haben danach teilweise trotzdem total schlecht gespielt. Ich habe mir gedacht: Vielleicht wäre es ganz gut, wenn wir uns vor dem Spiel auch mal nur in Ruhe hinsetzen würden und uns konzentrieren, anstatt rumzubrüllen.

Alles, was den Fußball betrifft, war jedenfalls das komplette Gegenteil von Deutschland, von 2. Bundesliga: zehn Zuschauer, davon neun Eltern. Beim ersten Spiel in Amerika waren fast 5000 Zuschauer.

Was ich aus dieser Zeit vom Frauenfußball mitgenommen habe, ist vor allem das Wissen, dass es anders geht.

In der Zeit, als das Fußballverbot für Frauen vom DFB aufgehoben wurde, lagen die Ablösesummen für einen Topspieler wie Klaus Fischer bei rund 100 000 D-Mark. Das war Anfang der Siebzigerjahre. Mein Transferwert, wenn man auf einschlägige Portale schaut, liegt heute bei rund 200 000 Euro. Der Frauenfußball vollzieht die Entwicklung des Männer-Profifußballs im Turbo nach. Der Markt Frauenfußball ist zwar neu, doch den Markt Profifußball gibt es schon lange. Die professionellen Strukturen sind schon gelegt. Deswegen läuft das bei uns jetzt auch in diesem Tempo. Nur deswegen.

Wir sind immer noch ein Investment. Wir können uns als Frauenfußball noch nicht selbst finanzieren, auch nicht bei Bundesligaklubs. Das geht noch nicht. Stimmt. Doch wenn man die Einschaltquoten der vergangenen Weltmeisterschaft 2023 und der Europameisterschaft 2022 nimmt, dann sieht man, was für ein großes Interesse am Frauenfußball existiert. Größer, als die meisten Leute lange vermutet haben.

Der Frauenfußball kommt gerade extrem in Schwung. Neue Investoren. Neue Fernsehverträge. Alles passiert sehr schnell. Vor allem in den vergangenen vier Jahren ist eine enorme Dynamik entstanden. Dabei stellen sich viele Leute eine Frage: Wie abhängig ist diese Entwicklung vom sportlichen Erfolg? Wenn ich mir die globale Entwicklung anschaue, dann komme ich zu dem Schluss: Sie ist nicht erfolgsabhängig von einer Nationalmannschaft oder von einer Liga. Es findet eine vom Erfolg unabhängige Entwicklung statt. Es gibt ein generelles Interesse am Frauenfußball. Und das ist groß.

In Deutschland haben wir gemerkt, dass das Interesse auch nach unserem frühen Aus in der WM-Vorrunde nicht abgebrochen ist. In der Bundesliga sind die Zuschauerzahlen in der Saison danach gestiegen. Das ist ein Novum.

Auch das Interesse an der Frauen-Nationalmannschaft hat Bestand. Im Jahr 2023 hatten wir vor der Männer-Nationalmannschaft wieder die Top-Quote bei Länderspielen, wie schon 2022. Natürlich, das sind einzelne Spiele. Aber dass es überhaupt möglich ist, dass die Top-Quote von der Frauen-Nationalmannschaft erreicht wird, hätte doch vor einigen Jahren kaum jemand für möglich gehalten. Das ist extrem positiv für uns.

Es würde mich massiv überraschen, wenn diese gute Entwicklung, national und international, in den kommenden Jahren abbricht. Es spricht viel für eine langfristige Entwicklung. Das als Spielerin erleben zu können, ist wirklich schön.

Die rasante Entwicklung hat auch mein Leben verändert, meinen Alltag. Mit dem wachsenden Interesse sind die Verpflichtungen gestiegen. Ich habe viele Termine, die ich wahrnehmen muss. Und die ich wahrnehmen will. Trotzdem muss ich das alles für mich erst mal einordnen, mich in Balance halten.

Die Veränderungen fangen mit ganz offensichtlichen, scheinbar banalen Dingen an: mit der größeren Wahrnehmung.

Vorher war ich einfach ich.

Wer mich kannte, der kannte mich. Und wer nicht, nicht. Plötzlich begegne ich so vielen Leuten, die mich wahrnehmen, aber nicht kennen. Das führt für mich zu skurrilen Situationen. Ich habe das Gefühl: Es gibt mich. Die Laura, die ich immer war. Und es gibt die Laura Freigang, die in der Öffentlichkeit steht. Die meisten Leute, die dieser Laura Freigang begegnen, kennen mich gar nicht. Sie sind mir zuvor noch nie begegnet, haben noch nie mit mir gesprochen. Trotzdem kennen sie diese Laura Freigang.

Ich frage mich selbst: Wer ist diese Laura Freigang?

Ich versuche, ich selbst zu sein. Immer, in allem, was ich tue. Ich verstelle mich nicht. Ich bin ich. Wenn ich Interviews gebe. Wenn ich auf den Platz gehe. Es ist für mich trotzdem eine andere Situation, wenn ich auf den Platz gehe – und die Leute sehen die öffentliche Laura Freigang. Die haben dann andere Erwartungen. Es ist etwas anderes, als wenn man nur Fußball spielt und Leute dabei zuschauen, die einen nicht als Figur kennen.

Mit 18 oder zwanzig Jahren wusste in der Öffentlichkeit noch niemand, wer ich bin. Das ist anders als bei den Jungs, die in diesem Alter in der Bundesliga spielen oder sogar in der Nationalmannschaft. Ich bin froh, dass der Umgang mit der öffentlichen Wahrnehmung für mich ein Prozess gewesen ist, dass ich es noch anders erlebt habe.

Ich kann den Zustand, wie er heute im Frauenfußball ist, daher bewusst wahrnehmen. Weil er eben nicht selbstverständlich ist. Das ist bestimmt etwas anders, wenn man es nicht anders kennt – und diesen Zustand als Normalität nimmt.

Ich befinde mich ehrlich gesagt noch immer in diesem Prozess. Ich weiß immer noch nicht genau, wie ich mit der

Außenwahrnehmung und dem gesteigerten Interesse umgehen soll. Ich möchte nichts machen, was sich für mich nicht echt und richtig anfühlt. Mir ist aber schon klar, dass wir in einem kapitalistischen System leben und der Fußball ein Teil davon ist. Doch ich habe mit dem Fußball nicht wegen Geld angefangen. Oder damit ich im Fernsehen bin. Trotzdem muss ich akzeptieren, ein Teil des kapitalistischen Fußballsystems zu sein, eine öffentliche Person. Ich nehme Werbeverträge an und profitiere davon. Doch gleichzeitig möchte ich nichts machen, nur um Geld zu verdienen. Da sind Fragen, die ich mir stelle, ethische, moralische.

Ich weiß, dass ich für einige Mädchen ein Vorbild bin. Ich möchte auch als Vorbild leben. Ich will aber gleichzeitig nicht in allem, was ich tue, Vorbild sein müssen. Ich versuche mir über alles, was ich tue, Gedanken zu machen. Das ist anstrengend. Das merke ich seit der Europameisterschaft, seit die Veränderungen so stark geworden sind.

Als Vorbild wahrgenommen zu werden, empfinde ich als riesige Verantwortung. Mit der muss ich umgehen, jonglieren. Die Verantwortung ist jetzt immer da. Das ist eine mentale Belastung für mich. Ich kann mich davon nicht immer frei machen. In den letzten beiden Jahren ging es für mich stark darum, wie ich dafür sorge, dass mir nicht alles zu viel wird, dass ich noch einen Tag in der Woche abschalten kann.

Häufig ist es mir aber schon zu viel geworden. Und wenn mir die Dinge außerhalb des Fußballplatzes zu viel werden, dann leidet auch der Fußball. Umgekehrt ist es allerdings genauso: Wenn mir der Fußball zu viel wird, dann leidet der andere Teil von mir. Ich bin ja nicht die Fußballerin – und dann noch eine Person außerhalb des Fußballs. Ich bin ein Mensch, nicht zwei.

Vielleicht mache ich mir zu viele Gedanken. Im Fußball hilft mir das nicht so oft. Auf dem Platz ist es jedenfalls nicht die einfachste Art und Weise, an die Dinge ranzugehen. Ich glaube trotzdem, dass es gut für mich ist, wenn ich mich nie daran gewöhne, eine öffentliche Person zu sein.

Ich brauche Hilfe. Ich kann nicht alles alleine regeln. Das ist bei mir in jedem Lebensbereich so. Im Privaten brauche ich Familie, Freundinnen und Freunde, die für mich da sind. Und für das Fußballgeschäft brauche ich mein Management, für den Fußball meinen Sportpsychologen. Diese Hilfen tun mir extrem gut.

Wenn es eine Hürde in meiner Karriere gibt, dann bin ich diese Hürde selbst. Ich bin sehr selbstkritisch, oft auch zu hart mit mir selbst. Das ist eine Kultur, die im Leistungssport einfach herrscht. Viele Leistungssportler sind nicht gut darin, nett zu sich selbst zu sein. Damit lebt es sich gar nicht so einfach.

Druck habe ich schon in den Jugend-Nationalmannschaften gespürt. Zu dieser Zeit habe ich mir den größten Druck in meiner Karriere gemacht. Weil ich wusste, dass ich diese Stufen schaffen muss, um meine großen Ziele zu erreichen: Profifußballerin, Nationalspielerin. Als ich mit zwanzig in die Bundesliga kam, habe ich mir zu Anfang unfassbar viel Druck gemacht. Jedes Spiel war für mich wie eine Klausur, die ich bestehen musste. Da habe ich mir oft im Weg gestanden.

Bei Eintracht Frankfurt bin ich jetzt sechs Jahre, bin hier Co-Kapitänin, Führungsspielerin und habe meinen Vertrag bis 2027 verlängert. Ich habe jetzt einen Namen im deutschen Frauenfußball. Ich muss mich beweisen in diesen Rollen. Das ist der Druck, den ich mir heute mache. Ich habe nicht das Gefühl, dass ich dieses Thema jemals in meiner Karriere abschließen kann, dass der Druck irgendwann weg ist. Der Druck ist immer da, nur in anderen Formen, ein ständiger Prozess.

Es ist paradox: Ich habe das Gefühl, dass die grundsätzliche Wahrnehmung mir gegenüber sehr positiv ist. Eigentlich kann ich gar nicht verlieren. Ob ich gut oder schlecht spiele:

Die Unterstützung von außen ist groß, die Frauenfußball-Community ist sehr unterstützend. Ich will das aber zurückzahlen. Über den Druck von außen habe ich mir nie Gedanken gemacht, das bin nur ich selbst.

Ich selbst habe mich nicht so sehr verändert, mein Leben hat sich stark verändert. Ich denke vor allem darüber nach: Wer bin ich? Ich frage mich das, um bei mir bleiben zu können, bei meinem Wesen. Ich habe nur ein Leben.

Wenn ich mich selbst beschreiben soll, würde ich sagen: Ich bin eine offene, humorvolle Person, die sagt und macht, was sie denkt. Ich war schon immer ein selbstsicherer Mensch, der Spaß haben will. Und das will ich bleiben.

Was ich am Fußball so liebe, ist die echte Emotion, die echte Leidenschaft. Ich bin glücklich, dass ich aus einer Zeit des Frauenfußballs komme, in der die Faktoren Geld und Aufmerksamkeit noch keine Rolle gespielt haben. Ich wollte nur in die Bundesliga, um auf höchstem Niveau zu spielen. So ging es mir – und allen anderen Spielerinnen um mich herum. Alles andere war kein Thema.

Den Vorteil, der in dieser Motivation liegt, merkt man den Spielerinnen, die aus dieser Zeit kommen, an. Und ihrem Spiel. Es ist die Leidenschaft, die diesen Fußball ausmacht. Je mehr Geld im Frauenfußball drin ist und je mehr Druck drauf ist, desto mehr verändert sich der Frauenfußball in eine andere Richtung. Diese Entwicklung lässt Fragen offen.

Für mich ist es immer noch ein großes Ding, dass ich mit dem Fußball mein Leben finanzieren kann. Doch wenn Geld zu einer Selbstverständlichkeit wird, schafft das eine gewisse Distanz, auch zu den Fans. Das erleben wir jetzt auch im Frauenfußball. Die Fans haben ein gutes Gefühl dafür, wenn auch andere Aspekte als Leidenschaft und Lust auf dem Platz eine Rolle spielen. Da müssen wir aufpassen.

Junge Spielerinnen, die jetzt bei uns hochkommen, sind unter ganz anderen Bedingungen im Fußball groß geworden als meine Generation. Dafür kann niemand was, aber ich merke: Je größer die Stadien werden, desto weniger kann man den Fans nahe sein. Du kannst nicht mehr an der Seitenlinie entlanggehen und Fotos machen. 30 000 Zuschauer im Stadion sind super, aber nicht dafür.

Es ist unmöglich geworden, jedem Fan noch gerecht zu werden. Ich muss jetzt auch Distanz aufbauen, es geht nicht anders. Ich fürchte, dass der Frauenfußball in eine Phase eintritt, in der es für Spielerinnen, die von jungen Fans angehimmelt werden, gefährlich wird. Und dass sie die Aufmerksamkeit, die sie von der Öffentlichkeit bekommen, für selbstverständlich nehmen. Im Männerfußball sieht man, wohin das führen kann.

Wir sind in einem Dilemma. Auf der einen Seite wollen wir, dass gleiche Voraussetzungen im Frauenfußball geschaffen werden, damit wir uns weiterentwickeln. Aber wir haben auch gemerkt, dass viele Zuschauer bei der Europameisterschaft unsere Mannschaft so gut fanden, weil viele Spielerinnen anders gesprochen und sich anders verhalten haben, als sie das aus dem Männerfußball kennen. Wenn wir aber eine immer stärkere Angleichung der Verhältnisse haben, kann es natürlich sein, dass Nationalspielerinnen in einigen Jahren genau die Attribute verloren gehen, die vielen Leuten bei der EM 2022 so gut gefallen haben.

Im Grunde ist klar: Jeder kann sein, wie er ist. Immer. Aber das verändert sich in dem Moment, wenn man Teil eines Systems wird. Und dann das Gefühl hat: Es geht gar nicht mehr anders. Jeder Fan freut sich heute über einen erfrischend ehrlichen Toni Kroos oder Thomas Müller. Auch gerade nach einem verlorenen Spiel oder in einer schwierigen Situation, wenn sie auch dann noch geradeheraus sagen, was sie denken. Aber je mehr Druck, Geld und Politik im Spiel sind, desto weniger Spieler können das noch. Und desto distanzierter ist der Fußball auch geworden.

Ich glaube, jeder Trend erzeugt auch einen Gegentrend. Was die Fans an uns so schätzen, ist genau das, was vielen gefehlt hat. Ich bin überzeugt, dass es auch im Männerfußball eine Gegenentwicklung in diese Richtung geben wird. Deswegen finde ich es auch cool, wenn Klubs wie Union Berlin oder Heidenheim mit ihrer Art und Weise, wie sie Fußball spielen und als Verein agieren, auf hohem Niveau erfolgreich sind und frischen Wind reinbringen.

Mir ist schon klar: Man kann nicht in jedem Interview alles sagen. Ich will aber nicht vor mich hinfloskeln.

Ich bin mir der Rolle der Medien in meiner Karriere und im Fußball bewusst. Fußball ist für mich Unterhaltung – und nicht nur, wie viele Spiele man gewinnt und wie viele Tore man schießt. Unterhaltung im Fußball findet immer statt: während des Spiels, davor und danach. Das nehme ich an. Wie wichtig das für den Frauenfußball ist, war mir schon vor der Europameisterschaft 2022 klar, bevor der Boom kam.

Ich habe mich zu dieser Zeit in der Nationalmannschaft umgeschaut und dachte mir: Wir haben hier so viele tolle Charaktere! Und wenn die Leute diese Menschen besser kennenlernen und verstehen, was hier geleistet wird, dann ist das für sie interessant – unabhängig davon, was auf dem Platz passiert.

Wir sind in der Nationalmannschaft mit vielen gesellschaftlichen Themen nach außen gegangen: offen lesbisch zu leben, Vielfalt, Menstruation im Sport, künstliche Befruchtung.

Intern wird bei uns mit diesen Themen sehr selbstverständlich umgegangen. Da muss nicht viel darüber gesprochen und diskutiert werden. Wir leben das. Auf der anderen Seite kann ich auch verstehen, wenn wir mit diesen Themen in den Fokus gerückt werden, weil das gesamtgesellschaftlich und auch im Fußball nicht so selbstverständlich ist wie für uns. Wir haben viele Spielerinnen, die sich für bestimmte

Themen bewusst einsetzen. Damit wird das natürlich zu einem größeren Thema, als es das für uns im Alltag ist.

Wir müssen eine Balance finden, klar. Es kann nicht sein, wenn wir in manchen Situationen den Eindruck vermitteln, dass alles nur darauf ausgerichtet ist, dass wir eine gesellschaftspolitisch gewünschte Aussage produzieren. Es kann nicht darum gehen, Aufmerksamkeit für bestimmte Themen zu generieren, nur weil wir es können. Wir nutzen unsere Stimmen vielmehr für aus unserer Sicht positive gesellschaftliche Veränderungen, was etwas ist, was man sonst aus dem Fußball und von einzelnen Spielern nicht unbedingt kennt. Aber wir müssen aufpassen, nicht über das Ziel hinauszuschießen.

Ich bemerke, dass damit auch eine gesellschaftliche Rollenerwartung an uns Frauen einhergeht, dass wir uns zu diesen Themen stärker äußern sollen, als sie in unserem täglichen Leben tatsächlich eine Rolle spielen. Aber diese Themen spielen für uns *tatsächlich* eine größere Rolle, für uns sind diese Themen wichtiger. Da steckt ein großes Stück Wahrheit drin, auch wenn manche gesellschaftspolitischen Themen bei uns medial extrem aufgeblasen werden. Aber damit kann ich leben.

Es ist absolut positiv, dass wir überhaupt die Möglichkeit haben, uns öffentlich zu gesellschaftlichen Themen zu äußern, dass wir gehört werden. Oft ist im Fußball doch der Tenor: »Verschont mich mit diesen Themen! Darüber will ich mir keine Gedanken machen! Ich will euch kicken sehen!« Wir haben aber Spielerinnen, die Kinder ausgetragen haben und zurück in die Nationalmannschaft kommen. Wir haben Spielerinnen, die gleichgeschlechtliche Ehen führen. Das sind alltagsnahe Themen, die uns wirklich am Herzen liegen. Wir sind einfach diverser als zum Beispiel die Männer-Nationalmannschaft.

Wir wollen für die Zukunft etwas Positives hinterlassen.

Jede von uns hat schon Stigmata mitbekommen und Situationen erlebt, die unangenehm waren. Die unangenehmen Momente, über die ich eben abstrakt gesprochen habe, habe ich konkret selbst erlebt. Aber diese Erlebnisse habe ich nicht geteilt. Ich teile, woran ich glaube. Gewisse private Dinge behalte ich für mich.

Wenn man ein Turnier gewinnt, ist im Fußball danach immer alles perfekt. So heißt es immer, aber natürlich ist es nicht so. Das extremste Beispiel ist vielleicht die spanische Mannschaft bei der Weltmeisterschaft. Die Frauen haben den Titel gewonnen, und danach beherrschen nur das unangemessene Verhalten des Präsidenten und die eigentlich noch unangemessenen Reaktionen der Verantwortlichen auf die Kritik die Schlagzeilen.

Der spanische Frauenfußball ist im Moment der beste der Welt. Wenn dieser Vorfall bei der Siegerehrung nicht passiert wäre, dann wäre im spanischen Verband vermutlich alles so weitergelaufen, wie es vorher schon falsch gelaufen war. Ich hoffe sehr für die Spanierinnen, dass sich ihre Verbandswelt nachhaltig verändert. Denn wenn du die Weltmeisterschaft gewinnst und fährst danach zum nächsten Lehrgang und fühlst dich gleich wieder unwohl, ist es mit der Freude über den Titel schnell vorbei. Es geht nicht nur um Fußball.

Wann passt mal alles? Es gibt diese Märchen, auch im Fußball. Aber sie sind selten, sehr selten.

Auch bei unserem großen Erfolg bei der Europameisterschaft 2022 hatten wir unsere Themen. Da hat auf einer anderen Ebene auch nicht alles gepasst. Das Verhältnis von Mannschaft zum Trainerteam war nicht perfekt, das war es auch schon vor der Europameisterschaft nicht. Doch wenn man einen Weg findet, erfolgreich zu arbeiten, dann kann es trotzdem funktionieren. Und das war bei uns so.

Nach dem Turnier begann es dann wieder zu bröckeln. Das hat mich weder schockiert noch überrascht.

Die Spielerinnen haben versucht, ihr Bestes hinzubekommen. Das Trainerteam hat versucht, sein Bestes hinzubekommen. Martina (Voss-Tecklenburg) hat versucht, ihr Bestes hinzubekommen.

Doch es hat leider nicht so gut funktioniert, wie wir uns das alle gewünscht hatten. Aber deshalb nachtreten? Wir hatten auf dem Platz genug Möglichkeiten, es selbst zu regeln. Wir haben auch versagt.

Was bleibt für mich als Erkenntnis? Wir waren in dieser Konstellation einmal erfolgreich. Und wir waren in dieser Konstellation einmal nicht erfolgreich. Und dazwischen liegt gar nicht so viel, wie man manchmal denkt.

In der Vergangenheit konnten wir bei solchen Konflikten im Frauenfußball ein bisschen unter dem Radar fliegen. Das ist jetzt kaum mehr möglich, in Zukunft wird es gar nicht mehr möglich sein.

Im Fußball nervt mich das Reden und Denken in Extremen. Wenn es läuft, ist alles perfekt. Wenn es nicht läuft, ist alles scheiße. Das entspricht natürlich nicht der Wahrheit. Mir ist schon klar: Viele Leute lesen am liebsten Märchen. Oder Tragödien. Alles dazwischen ist nicht interessant. Ich finde, da liegt aber meistens die Wahrheit.

Doch was soll man da machen? Einerseits will man ehrlich sein. Andererseits will man keine große Geschichte daraus machen, wenn ein paar Dinge nicht gut laufen, wenn man weiß, dass daraus ein Drama gemacht wird. Im Fußball ist das schwierig. Was aus dem gemacht wird, was man sagt, hat man nicht in der Hand. Die Frage heißt für mich: Wie viel Einblick gibt man, was behält man für sich? Das ist eine Gratwanderung.

Nach der vermurksten Weltmeisterschaft haben wir gesehen, wie es nicht laufen sollte. Niemand aus dem Team wusste, was er sagen konnte. Und was er nicht sagen konnte. Das sollte man vorher intern klären.

Wir hatten extrem wenige Informationen, was die Zukunftsplanung für die Nationalmannschaft anging, nachdem die Bundestrainerin nach der Weltmeisterschaft für mehrere Wochen krankgeschrieben war. Wir hatten keinen Ausblick, keinen Plan. Eine Aufarbeitung der Weltmeisterschaft hat auch nicht stattgefunden. Jede ehrliche Frustration, die wir als Spielerinnen geäußert haben, wurde dann als Angriff auf Martina gewertet. Die interne Kommunikation muss in solchen Fällen viel klarer sein. Da müssen wir dazulernen. Das wäre bei der Männer-Nationalmannschaft in dieser Form nicht passiert.

Wir Spielerinnen haben die schwierige Gesamtsituation nach der Weltmeisterschaft verstanden. Wir haben die schwierige Situation von Martina verstanden, ihr ging es nicht gut. Und wir als Mannschaft standen direkt wieder vor der Olympia-Qualifikation. Wir hätten eine klare und schnelle Lösung gebraucht.

Wenn man als Mannschaft erfolgreich sein will, kann man mit dem Kopf nicht ständig woanders sein. Doch wir mussten diese Themen monatelang mit uns rumschleppen. Wir haben das hingenommen. Und versucht, damit zu arbeiten. Doch wenn man uns gefragt hätte, wie es uns damit geht, wäre die Antwort einfach gewesen: schwierig.

Das sind Lernprozesse, die wir im Frauenfußball durchmachen müssen. Ich begrüße die Professionalisierung sehr, die wir erleben, vor allem in Frankfurt.

Ich bin den Weg vom 1. FFC Frankfurt zur Eintracht von Beginn an mitgegangen. Wie sich unsere Bedingungen verändert haben, wie sich unser Staff rund um das Team verändert, wie sich die gesamte Infrastruktur verändert hat und weiter verändert – das ist für uns Spielerinnen total schön. Seit ich Bundesliga spiele, habe ich einen einzigen Trainer: Niko Arnautis.

Als Spielerin wächst man mit den Jahren. Und das geschieht auch mit dem Trainer, mit dem Staff. Niko ist heute ein anderer Trainer, als er es vor sechs Jahren war. Das ist absolut positiv gemeint. Zusammen mit anderen Menschen zu wachsen – mit Spielerinnen, mit dem Trainer, mit dem Staff –, ist erfüllend für mich. Manche Spielerinnen sind seit sieben, acht, neun Jahren da. Erfolg bedeutet so viel mehr, wenn man diesen Weg gemeinsam gegangen ist.

Beim DFB erleben wir auch, wie sich Strukturen verändern und neue Positionen rund um die Nationalmannschaft entstehen, weil der Fokus auf uns immer stärker geworden ist. Das ist die coole Seite der Professionalisierung.

Ich bin jetzt 26 Jahre alt, vermutlich stehe ich in der Mitte meiner Karriere als Profifußballerin. Wenn ich in die Zukunft schaue, dann glaube ich, dass sich der Frauenfußball in Deutschland in fünf, sechs Jahren immer mehr an der kapitalistischen Leistungsgesellschaft ausrichten wird, das scheint mir bei der zunehmenden Professionalisierung eine unumgängliche Entwicklung zu sein. Es wird immer mehr ums Gewinnen gehen, für die großen Klubs wird es immer wichtiger sein, am Ende der Saison oben zu stehen, einen Pokal präsentieren zu können. Die Spielerinnen folgen dieser Entwicklung, sie gehen dahin, wo sie glauben, extrem erfolgreich sein zu können. Es wird immer kompetitiver, es kommt immer mehr Druck drauf.

Wir kennen das alles aus dem Männerfußball.

Der Frauenfußball war aber lange etwas anderes: *happy family*. Das wird in Zukunft nur noch in wenigen Klubs so sein, wenn überhaupt.

Dieser Prozess ist schwer aufzuhalten. Mir ist es wichtig, dass ich weiter Freude habe an dem, was ich tue. Das ist vor allem dann gegeben, wenn ich mehr als nur für mich selbst spiele. So gut kenne ich mich mittlerweile: Mir geht es nicht nur um meine eigene Entwicklung.

Wenn ich mich darauf zu sehr verkopfe und fokussiere, verliere ich das aus den Augen, was mir am meisten Spaß macht:

mit Menschen auf dem Platz zu stehen, die mir was bedeuten. Und für einen Verein zu spielen, der mir etwas bedeutet.

Ich muss wissen, wo ich in diesem immer größeren Zirkus stehe, wo ich stehen will. Jeder muss seinen Weg finden. Da gibt es kein Richtig oder Falsch. Es gibt Spielerinnen, die wollen das Potenzial, das sie haben, bis zum Maximum nutzen. Das erfüllt sie. Und es gibt Spielerinnen wie mich, die das Potenzial an dem Ort nutzen wollen, wo sie sich am wohlsten fühlen.

Ich bin am besten, wenn ich mit dem ganzen Herzen auf dem Platz bin. Und das ist es, was ich für die Zukunft möchte: in einem Verein spielen, für den ich brenne, für den ich wirklich brenne. Deswegen bin ich auch schon so lange bei Eintracht Frankfurt, und deswegen werde ich auch in Frankfurt bleiben.

Tief drinnen weiß ich: Der Verein bedeutet mir viel mehr als gewinnen und verlieren. Die Menschen, mit denen ich jeden Tag in Frankfurt zusammenarbeite, mit denen ich meine Lebenszeit verbringe, sind mir extrem wichtig. Das geht bei mir über die Dinge hinaus, die im Leistungssport eigentlich an erster Stelle stehen. So ehrlich bin ich auch zu mir selbst, dass ich da gewisse Kompromisse eingehen muss, um am Ende des Tages ein glücklicher Mensch zu sein.

Um nicht falsch verstanden zu werden: Ich gehe für Eintracht Frankfurt an mein absolutes Maximum für einen Sieg. Das ist extrem wichtig. Aber das reicht vielleicht trotzdem nicht jedes Jahr für das Finale in der Champions League. Doch dieses Ziel vielleicht nicht zu erreichen, macht mich nicht weniger glücklich.

Meine größte Belohnung ist ein brennendes Herz. Und in Frankfurt brennt mein Herz.

4

MARIO GÖTZE

Der ewige Torschütze

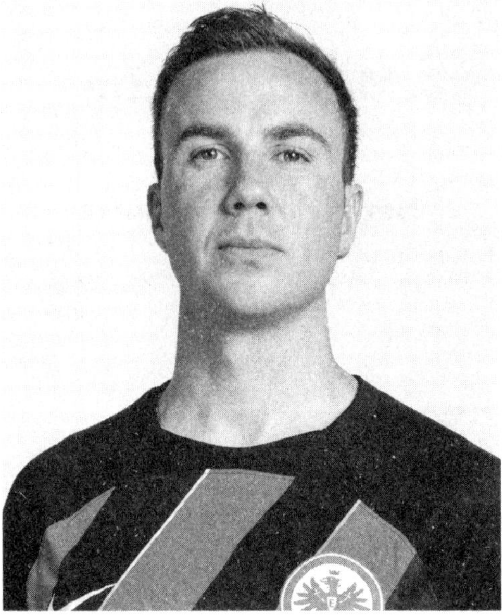

Aus dem Hintergrund
müsste Rahn schießen.
Rahn schießt – Tor. Tor. Tor.

Radio-Reporter Herbert Zimmermann am
7. Juli 1954 in seiner Live-Reportage
über das Tor von Helmut Rahn, der
mit seinem 3:2 im Finale
gegen Ungarn für den ersten deutschen Triumph
bei einer Weltmeisterschaft sorgte – und damit
Fußball-Geschichte geschrieben hat

Mach ihn!
Mach ihn!
Er macht ihn!
Mario Götze.
Das ist doch Wahnsinn.
Und da ist er gekommen,
dieser eine Moment für Mario Götze.
Da ist alles andere egal.

Fernsehkommentator Tom Bartels in seiner
Live-Reportage über das Tor von
Mario Götze zum 1:0 im WM-Finale
am 13. Juli 2014 gegen Argentinien,
das Deutschland seinen
vierten und bisher letzten
Weltmeister-Titel beschert hat

Brief an mein jüngeres Ich

3. Juni 2024

Lieber Mario,

wenn Du diesen Brief liest, bist Du 17 Jahre und 171 Tage alt. Es ist der 21. November 2009, der Tag Deines ersten Bundesligaspiels. Es ist ein Tag, an den Du Dich lange erinnerst, vermutlich für immer, weil es der Moment ist, von dem Du später sagen wirst: So hat alles angefangen.

Es ist ein Tag, den aber nur Du nicht vergisst.

Ich sage es Dir lieber gleich: Vor Dir liegt ein Leben, von dem Du heute noch keine Ahnung hast, von dem Du auch keine Ahnung haben kannst. Es ist ein Leben, von dem Du nicht glaubst, dass Du es jemals führen wirst. Aber so wird es sein.

Denn es kommt noch ein anderer Tag. Einer, den Du auch nicht vergisst. Aber den auch Millionen andere Menschen nicht vergessen werden.

Es ist der Tag, an dem Dein neues Leben beginnt.

Aber dazu später.

Ich schreibe Dir diesen Brief am 3. Juni 2024. Ich werde heute 32 Jahre alt, bin verheiratet und habe zwei Kinder. Und ich habe gerade meine 14. Saison als Profifußballer beendet. Du wunderst Dich vielleicht, weil das bei Eintracht Frankfurt passiert ist, denn bisher kennst Du nur Dortmund und seine Borussia. Sei ehrlich: Frankfurt, das hättest Du nicht gedacht.

Ich habe hier meine zweite Saison gespielt und fühle mich superwohl mit meiner Familie. So wohl, wie ich mich lange nicht gefühlt habe in meiner Karriere. Irre, wo einen das Leben hinführt, oder?

Ich will Dir keine großen Ratschläge geben für Dein Leben, lieber Mario. Der Zeitgeist heute ist ein ganz anderer als zu der Zeit, als ich 17 war. Und auch Dein Mindset ist ein ganz anderes, als ich es heute als Familienvater habe. Ist mir klar. Und mit Ratschlägen, die man bekommt, ist es immer schwierig, weiß ich selbst.

Ich will Dir lieber sagen, was auf Dich zukommt. Damit Du damit vielleicht besser umgehen kannst, vielleicht auch besser, als ich es konnte. Wenn das überhaupt geht.

Wir haben jetzt 2024, und ins Jahr 2009 zurückzugehen ist eine Zeitreise. Im Profifußball sind 15 Jahre eine halbe Ewigkeit. Dein Leben fühlt sich in dieser Zeit an, als würdest Du es im Zeitraffer leben.

Bisher hat sich für Dich alles im Normaltempo entwickelt. Du bist mit Deinen Eltern und Deinen Brüdern aus dem Allgäu nach Dortmund gezogen. Du bist mit nicht einmal zehn Jahren zum BVB, hast zunächst in der E1 gespielt und dort dann alle Jugendmannschaften durchlaufen. Alles normal. Aber wer will das, auf Dauer?

Dir ist zunächst gar nicht bewusst, dass Du herausragst. Du gehst zur Schule, siehst Fußball als Hobby, willst eigentlich nur ein bisschen »zocken«, wie Du es nennst. Du weißt gar nicht, was es wirklich bedeutet, dass Du in den Jugend-Nationalmannschaften spielst, dass Du in der A-Jugend zwei Jahre jünger bist als alle anderen, weil Du so gut bist.

Dass Dir das nicht ganz klar ist, liegt vielleicht auch daran, dass Deine Welt noch nicht digital ist. Das schützt Dich, noch. Es gibt im Jahr 2009 keine Social Media, wie wir sie heute kennen. Wo alles für alle präsent ist, immer. Aber das ist noch mal ein Thema für sich.

Dein erstes U15-Länderspiel wurde live im Fernsehen übertragen. Da hast Du schon ein bisschen die Aufmerksamkeit gespürt, aber im Grunde sind Dir die Dimensionen nicht klar. Du fühlst Dich weiter als ein ganz normaler Junge, der gerne Fußball spielt. That's it. Reicht ja auch.

Du bist glücklich. Und Du willst immer nur weiter Fußball spielen. Du weißt, dass Du Talent hast. Alles entwickelt sich wie von selbst. Aber trotzdem ist da schon früh noch ein anderes Gefühl. Du sagst Dir: »Ich muss mehr machen als andere, mehr trainieren, mehr arbeiten.«

Deine Vorbilder sind Zidane und Iniesta, und die sprechen auch immer von harter Arbeit, wenn sie vom Fußball und ihrer Karriere sprechen. Sie sagen, dass man harte Arbeit und Talent miteinander verbinden muss. Dass es nicht anders geht, wenn man erfolgreich sein will. Du glaubst das. Und wächst in diesem Bewusstsein auf, das für Dich selbstverständlich wird:

Mehr trainieren!

Mehr trainieren!

Mehr trainieren!

Dein erstes Training bei den Profis hast Du in Dortmund unter Thomas Doll gemacht. In einer Länderspielpause durftest Du mittrainieren, Du bist 15 Jahre alt.

Und heute, am 21. November 2009, wechselt Dich Jürgen Klopp gegen Mainz 05 kurz vor Schluss ein. Jetzt bist Du 17 – und Bundesligaspieler, die Profikarriere liegt vor Dir. Aber Du bist überhaupt nicht darauf vorbereitet, was auf Dich zukommt. Das geht auch gar nicht.

Du kannst Dich auf das, was Du erleben wirst, nicht vorbereiten. Sei froh!

Eine Crux bei guten Ratschlägen gibt es immer: Jeder hat seine eigenen Gefühle, seine eigenen Emotionen. Da kann man nichts machen. Was für den einen passt, muss für den anderen nicht passen. Aber es gibt Dinge, die gelten immer, zumindest gelten sie für mich:

Du musst Deine eigenen Erfahrungen machen.

Du musst es fühlen.

Du musst es spüren.

Und Du musst verstehen, was das alles mit Dir macht.

Das ist eine Aufgabe, die kann Dir niemand abnehmen. Auch ich nicht. Aber ich kann Dir von meinen Erfahrungen erzählen. Und davon, was ich mir in Deinem Alter gewünscht hätte. Damals wusste ich noch nicht, was meine Wünsche waren.

Gelassenheit, mehr Ruhe.

Das wär's gewesen …

Doch Ruhe und Gelassenheit habe ich mir nicht gestattet, das waren meine Gegner. In mir herrschte ein anderes Gefühl:

Jetzt!

Alles muss jetzt sein!

Alles muss perfekt funktionieren.

Und zwar jetzt, jetzt, jetzt!

Aber so ist der Fußball nicht. So ist der Sport nicht. So ist das Leben nicht.

Ich kann Dir aus Erfahrung sagen: Gib Dir Zeit! Du fragst Dich jetzt: »Warum? Was will der Typ mir jetzt erzählen? Der ist über dreißig und hat keine Ahnung von meinem Leben.« Doch, ein bisschen schon. Und mir ist schon klar, dass Du so denkst. So habe ich auch gedacht.

Ich sage es Dir trotzdem, damit Du die Dinge, die auf Dich einstürzen werden, durchleben kannst. Ich meine wirklich durchleben. Damit Du sie verarbeiten kannst, damit sie Dir nicht einfach nur passieren, sondern Du Deine Schlüsse daraus ziehen kannst.

Warum?

Um gute Entscheidungen zu treffen.

Du musst von Dir nicht erwarten, dass Du mit 17 Jahren alles weißt. Auch nicht, dass Du jetzt schon zu wissen meinst, was Dir in drei, vier Jahren passiert. Und welche Entscheidungen Du dafür treffen musst. Ich weiß, dass Du so denkst. Aber glaube es mir: Das ist unmöglich. Für jeden!

Ich bin sicher, dass ich die Ratschläge, die ich Dir gebe, auch nicht angenommen hätte. Selbst dann nicht, wenn sie mir jemand gegeben hätte, der mit 22 Jahren das entscheidende Tor im WM-Finale geschossen hat. Ich hätte mich gefragt: Was soll das mit mir zu tun haben, mit meinem Leben?

Ich habe damals viele Ratschläge bekommen, von meinem Vater, von meiner jetzigen Frau, von meinem Berater. Alle gut gemeint. Manche hatten mehr Lebenserfahrung, manche weniger. Im Nachhinein muss ich sagen: Ich hätte den ein oder anderen Rat annehmen sollen, wäre nicht verkehrt gewesen. Aber am Ende bleibt Dir nichts anderes übrig: Du musst alles selbst durchstehen. Nur Du kannst in Dich selbst hineinhorchen und herausfinden, was es für Dich bedeutet. Dein Leben kann Dir niemand abnehmen, geht nicht.

Im Rückblick kann ich Dir sagen: Du weißt erst später, welche Entscheidung richtig war – und welche falsch. Sehr schlau, ich weiß. Aber Du weißt es nicht in dem Moment, in dem Du Dich entscheiden musst. Ganz egal, was die Menschen um Dich herum sagen.

Heute bin ich ein großer Fan von der Einstellung, dass alles, was passiert, aus einem bestimmten Grund passiert. Vorhersehung.

Meine Entscheidungen sind immer einhergegangen mit meinen Lebenssituationen. Ich habe mit 17 Jahren mein Debüt in einem übervollen Stadion gegeben, voll mit Menschen und überschäumenden Emotionen. Dann fängt es an: Was macht es mit Dir, vor so einer Kulisse zu spielen? Was macht es mit Dir, die Aufmerksamkeit und Emotionen auf Dich zu ziehen?

Ich bin da noch zur Schule gegangen, wie jeder andere auch. Am Anfang war die Aufmerksamkeit schön. In den ersten Jahren in Dortmund lief es auch nur gut, ich habe nur die positiven Seiten gespürt. Mit 18, 19 wurde ich zweimal Deutscher Meister, wir haben das Double gewonnen. Mit 18 Jahren habe ich mein Debüt in der Nationalmannschaft gegeben. Ich hatte überall das Gefühl: Jeder mag mich. Das hat sich gut angefühlt. Und genau dafür habe ich immer gearbeitet, genauso hatte ich mir das vorgestellt.

Was meine Popularität für meine Freundschaften und meine Familie bedeutet, ist mir nicht bewusst gewesen. Ich habe am Anfang auch nicht richtig wahrgenommen, ob die Menschen, die um mich herum waren, es ehrlich mit mir meinen. Oder mir schmeicheln. Es lief ja immer gut.

Zunächst waren alles gute und bejahende Lebenserfahrungen. Ich hatte das Gefühl, dass ich intuitiv alles richtig mache. Und dass ich intuitiv auch weiter alles richtig machen werde. Ich war unbekümmert. Ich habe die Dinge genommen, wie sie kamen, habe ein bisschen gezockt, ganz entspannt. Ich habe gedacht, das geht immer so weiter. Das hört nie auf. Ganz einfach.

Ich konnte nicht einordnen, was es für ein Glück war, mit Jürgen Klopp zusammenzuarbeiten. Er war der erste Trainer in meiner Profikarriere. Und ich habe gedacht: Alle Trainer sind so wie Jürgen. Jetzt, wo ich Dir das schreibe, muss ich selber darüber lachen. Nach ein paar Jahren musste ich feststellen: Das ist definitiv nicht der Fall. Keiner sonst ist so.

Auch in dem Fall kann ich Dir nur sagen: Woher willst Du das mit 17 Jahren wissen? Das kannst Du nicht. Du brauchst einige Jahre, um auch das richtig einordnen zu können. Heute kann ich wertschätzen, wie gut und wichtig es für mich als junger Spieler gewesen ist, dass Jürgen zu Beginn meiner Karriere mein Trainer war. Am Anfang von allem.

Er hat mir auf dem Platz geholfen. Er hat mir neben dem Platz geholfen. Er hat mich als Spieler und als junger Mensch gecoacht. Er hat ein ganz besonderes Gespür für Menschen, ob jung, ob alt. Er hat ein Gespür für den Verein. Ein Gespür für alles, was wichtig ist, um Erfolg zu haben.

Für mich war das aber ganz normal, ich habe das für nichts Besonderes gehalten. Ich wusste es nicht besser, ich hatte ja keine andere Erfahrung. Nur diese gute.

Daher sage ich Dir: Es sind scheinbar ganz banale Dinge, die große Wirkung haben. Wir haben uns jeden Tag beim Training gesehen, wir hatten ständig Kontakt. Alles hatte eine große Selbstverständlichkeit. Dass er im Training nach einem guten Spiel dafür gesorgt hat, dass ich genau an diesen Dingen weiterarbeite, die ich gut gemacht habe. Dass er mich, auch wenn ich zehn Spiele gut gespielt habe, beim elften Spiel auf die Bank gesetzt hat. Dass er mich angemeckert, mich angebrüllt hat: »Du musst alles geben, brennen!« Und mich dann in den Arm genommen hat. Dass er sich mit mir über Themen außerhalb des Fußballplatzes unterhalten hat, über meine Eltern, über Privates. Dass er fragte, wie es mir geht, wie es meinen Eltern geht. So normal. So wichtig.

In einem Spiel in Fürth, da war ich 18, habe ich einen Hackentrick gemacht. Jürgen hat mich an die Seitenlinie geholt und gesagt: »Mach das nicht noch mal, sonst wechsle ich dich aus. Du musst Respekt auch für den Gegner haben.« Er hat mir Werte vermittelt, nicht nur für das Spiel, auch fürs Leben. Bis heute.

Wenn Du so einen Trainer hast, dann ist das eine große Hilfe, die ich in Deinem Alter noch nicht richtig einschätzen konnte. Du wirst im Sommer Deine erste Profisaison spielen. Du wirst das erste Mal in der ersten Mannschaft spielen, mit erwachsenen Männern, die teilweise über zehn Jahre älter sind als Du selbst. Das ist echt ein Schritt.

Jürgen ist ein besonderer Trainer, ein besonderer Mensch. Das weißt Du natürlich, steht ja heute überall. Im Nachhinein hätte ich länger bei ihm bleiben sollen. Es wäre besser für mich gewesen, wenn ich die Reise, die er mit mir im Alter von

17, 18 Jahren begonnen hat, noch ein paar Jahre länger mit ihm gemacht hätte. Dann hätte ich auch alles, was ich von ihm bekommen habe, mehr wertschätzen können.

Ich kann Dir sagen, dass ich den negativen Dingen, die es auch in sehr guten Zeiten für mich gegeben hat, eine zu große Bedeutung beigemessen habe. Als ich ein paar Monate verletzt war, hat mich Jürgen, als ich wieder fit war, nicht spielen lassen. Das hat mir nicht gefallen. Ich wollte natürlich spielen, ich wollte immer spielen. Warum tut er das? Ich habe gehadert.

Wenn Du einmal einen besonderen Trainer wie Jürgen bekommst, dann zieh Dir die positiven Seiten in vollen Zügen rein. Auch wenn Du sie für alltäglich hältst. Kannst Du Dir wirklich merken.

In der Zeit, als ich mich entschieden habe, zum FC Bayern zu wechseln, zu Pep Guardiola, gab es einige Leute, die mir davon abgeraten haben. Auch mein Berater Volker Struth hat zu diesen Leuten gehört. Er sagte, dass ich bei Jürgen bleiben soll, beim BVB, in meiner Heimat. Auch einige Freunde haben das so gesehen. Ich habe gehört, was sie alle gesagt haben, doch ich habe meine eigene Entscheidung getroffen. Es ist mein Leben. Hab ich gedacht. Stimmt ja auch.

Wir waren erfolgreich mit der Borussia. Ich hatte schon zehn Jahre in dem Verein gespielt. Ich bin in Dortmund groß geworden und habe mit 21 Jahren noch immer bei meinen Eltern gewohnt. Ich hatte nie alleine gewohnt. Ich hatte nicht die Chance, auf die Uni zu gehen. Das waren meine Lebensumstände, meine Gedanken mit 21 Jahren. Und am Ende waren die Gefühle, die diese Umstände bei mir erzeugt haben, die Basis für meine Entscheidung: Ich gehe.

Meine inneren Antriebskräfte haben für mich die entscheidende Rolle gespielt. Nicht, was meine Freunde gesagt haben, schon gar nicht, was die Leute gesagt haben. Du weißt genau, wovon ich spreche. Das muss auch so sein.

Du kennst mich. Und ich kenne Dich.

Ich wollte als Athlet immer mehr. Ich wollte so hoch hinaus, wie es nur geht. Und das so schnell wie möglich, am besten: sofort. Ich habe Herausforderungen gebraucht wie die Luft zum Atmen, ich wollte immer neue Challenges. Seit meiner Kindheit wollte ich nur eins: mich mit den Besten messen. Und zeigen, dass ich mithalten kann, dass ich besser bin.

Als Pep nach München ging und ich im Winter 2012 wieder eine Anfrage von den Bayern bekam, ist bei meiner Entscheidung auch meine Faszination zum FC Barcelona hinzugekommen, die ich seit meiner Jugend hatte. Ich habe den Barca-Fußball geliebt. Diesen Fußball wollte ich auch spielen. Mit Pep. Und auch die Erinnerungen an meine frühe Kindheit haben eine Rolle gespielt, mein Aufwachsen im Allgäu, meine Nähe zum FC Bayern, meinem damaligen Lieblingsklub. Alle möglichen Vereine wollten mich damals. Barcelona, Bayern, ich hätte überall hingehen können.

Ich weiß, Du gibst nicht viel darauf, wenn ich Dir sage: Bleibe noch ein bisschen länger in Dortmund. Es wird Dir und Deiner Entwicklung guttun.

Ich habe auf diesen Rat auch nicht gehört.

Ich war verbohrt.

Ich war ehrgeizig.

Ich hatte feste Vorstellungen von dem, was ich erreichen wollte.

Wir hatten mit dem BVB zweimal die Meisterschaft gewonnen, einmal das Double. Aber das hat nichts geändert. Ich hatte mir den Wechsel in den Kopf gesetzt, ich konnte nicht anders. Ich weiß auch nicht, wer mich davon hätte überzeugen können, meine Entscheidung zu ändern. Diesen Menschen gab es nicht, vermutlich konnte es ihn nicht geben. Wenn ich es nicht selbst bin.

Was Du noch nicht ahnst: Die Entscheidungen, die Du für

Dich triffst, werden anderen Menschen wehtun. Viel mehr, als Du Dir vorstellen kannst.

Du siehst Dich selbst.

Deinen eigenen Weg.

Deine Karriere.

Und bisher hast Du noch keine Widerstände und Schmerzen erlebt. Alles ist super gelaufen, immer nur super. Hatten wir schon.

Aber die entscheidende Tatsache ist, dass Dir der Überblick fehlt. Woher soll er auch kommen? Du hast nur Deine Überzeugungen.

Nach meiner Entscheidung in Dortmund habe ich dann ein Gespräch mit Jürgen geführt, auch mit Aki Watzke und mit Michael Zorc. Das war echt schwierig.

Auch wenn Du wahnsinnig viel Talent hast: Es gibt in Deiner Karriere immer Leute, die Dir etwas ermöglichen. Jürgen, Aki und Zorci waren diese Leute. Ich bin ihnen heute noch dankbar. Und dann musst Du ausgerechnet diesen Menschen Dinge sagen, die ihnen wirklich wehtun. Was macht meine Entscheidung mit Jürgen? Was macht sie mit Aki? Was macht sie mit Zorci? Das hat nichts mit dem Geschäft zu tun, das sind menschliche Gefühle.

Und trotzdem sage ich Dir: Du lernst nur durch diese Entscheidungen und Erfahrungen. Es gibt keine Abkürzungen.

Ich sage Dir auch: Für mich war es ein Schock, mit welchen Konsequenzen ich durch meine Entscheidung konfrontiert worden bin. Bis dahin war alles easy. Wie gesagt: Ich habe ein bisschen gezockt: Titel, Endspiele, alles gut. Doch dann habe ich es zu spüren bekommen, die andere Seite: Wenn Du machst, was Du willst. Aber nicht mehr, was andere wollen. Meine Entscheidung war für alle in Dortmund ein Stich ins Herz.

Alles, was danach passiert ist, hat sich mir eingebrannt: die Gespräche mit den engsten Leuten beim BVB. Die Reak-

tionen der Mannschaft, der Medien, der Fans. Und die Reaktionen aus meinem engsten Umfeld. Selbst die Beziehung zu meinem Berater ging mit Verzögerung in die Brüche, zumindest für eine lange Zeit.

Aber ist es nicht tief in Dir genau das, was Du willst? Veränderung von Grund auf, eine echte Challenge?

Ich habe als Athlet gar nicht richtig wahrgenommen, was um mich herum passierte: wie verletzt, wütend und fertig manche Leute nach meiner Entscheidung waren. Ich habe im Grunde nur mitbekommen, was in den Medien dazu lief. Und dass Mitschüler meinen jüngeren Bruder, der damals 14 Jahre alt war, in der Schule zur Rede gestellt haben, dass meine Familie bedroht wurde. Unfassbar.

Auch das Zwischenmenschliche, nicht zuletzt mit Jürgen, ist mir nicht wirklich bewusst gewesen, diese emotionalen Konsequenzen habe ich erst später begriffen. Ich konnte das damals nicht sehen. Vielleicht wollte ich es auch nicht.

Ich habe mir immer gesagt: Ich verhalte mich korrekt, ich habe eine Ausstiegsklausel, der Verein verdient viel Geld mit mir, ich kann den nächsten Schritt machen, ich treffe meine eigene Entscheidung für mein Leben.

Ich habe als Athlet gedacht.

Höher.

Weiter.

Schneller.

Diese Gier war stark in mir. Das ist die andere Seite, Mario.

Heute kann ich das Dilemma spüren und beschreiben, in dem ich mich damals befand. Das konnte ich zu der Zeit nicht. Ich dachte, ich mache alles richtig. Und alles wird gut laufen, es ist ja immer alles gut gelaufen. Fertig.

Ich war noch nicht so weit, mein Leben war schneller.

Ich weiß, wie wichtig Dir Deine eigene Entscheidung ist. Doch wenn mir damals in der Drastik jemand geschildert hätte, was meine Entscheidung für mich, aber auch für andere bedeutet, hätte ich vermutlich darauf gehört. Deine Entscheidung macht auch was mit Deinem Trainer, mit den führenden Leuten im Verein, mit den Fans. Für viele geht ein Traum kaputt, wenn der Junge aus dieser Stadt geht. Wenn das Märchen endet, den FC Bayern vielleicht als Nummer eins abzulösen und den Europapokal zu holen. Undenkbare Konsequenzen.

Du kannst das alles zwei, drei Jahre später machen. Du verlierst nichts. Es gibt nichts, was genau zu diesem Zeitpunkt passieren muss. Außer dass Du es willst. Nur das.

Befrage Dich ganz genau!

Nun, ich habe mich überschätzt. Ich habe geglaubt, alles hinzubekommen beim FC Bayern. Wie gesagt: Ich hatte bisher ja auch alles hinbekommen. So habe ich gedacht. Die Titel mit dem BVB, mein Aufstieg, das war normal für mich. Aber das ist nicht normal. Auch nicht, wenn es Dein Leben ist. Das Problem ist nur: Du kennst kein anderes.

Ich habe zum Wechsel alles gesagt. Wenn Du dich trotzdem entscheidest zu gehen, dann sagst Du Dir: »Bayern ist meine neue Herausforderung, die nehme ich an.« Super, habe ich auch so gemacht. Aber es gibt in München auch andere Leute mit ihren eigenen Zielen, Topleute. Und die sehen auch nur sich selbst, haargenau wie Du.

Pep Guardiola.

Heute weiß ich, dass es für ihn eine Riesenherausforderung war, als Katalane vom FC Barcelona nach München zu kommen, zu einem Verein, der mit Jupp Heynckes gerade alles gewonnen hatte.

Pep hatte seine Herausforderungen.

Und ich hatte meine Herausforderungen.

Die Gesamtsituation war nicht ideal, doch das habe ich in dem Moment nicht wahrgenommen. Dass Pep in dieser Situation für mich auf der menschlichen Seite das erfüllt, was mir Jürgen in den drei, vier Jahren gegeben hatte, war unglaublich schwierig für ihn. Damit hatte ich auch nicht gerechnet.

Aber was erzähle ich Dir? Wenn man vorher wüsste, wie es wirklich mit Trainer und Mannschaft passt, wäre alles supereinfach. So ist es aber nicht. Doch das weißt Du erst, wenn Du es selbst erlebt hast, mit jeder Faser Deines Lebens.

In dem Moment.

An diesem Ort.

Leibhaftig.

Ich weiß, es wird Dir nicht helfen, wenn ich Dir sage: Du kannst nicht noch genauer hinschauen bei den Entscheidungen, als Du es ohnehin tust. Leider. Und zum Glück. Es gibt kein Mikroskop, unter dem Du Deine künftigen Erfahrungen betrachten kannst. Dir bleibt nur eins: Triff Deine Entscheidungen – und bereue nichts!

Ich habe die Konsequenz meines Handelns zum ersten Mal im Halbfinale der Champions League gespürt. Am Tag vor dem Spiel wurde mein Wechsel nach München öffentlich. Zum ersten Mal haben mich nicht mehr alle gemocht. Vorsichtig ausgedrückt.

Doch selbst in diesem Moment gibt es eine Kraft, auf die Du immer vertrauen kannst. Es sind diese neunzig Minuten. In denen ist alles so wie immer, egal, was passiert. Ich nehme dann das Außen nicht mehr wahr. Ich bin dann ganz bei mir, bei der Sache, die ich liebe. Und die ich am besten kann. Fußball gibt mir Kraft. Das hat der Fußball immer getan. Bis heute. Ganz aufrichtig.

Real war an diesem Abend der große Favorit, sie hatten Ronaldo, Modrić, Ramos und Alonso in ihrer Mannschaft. Aber wir haben gewonnen, spektakulär, 4:1. Eines unserer ganz großen Spiele. Robert Lewandowski hat alle vier Tore gemacht, die frühe 1:0-Führung habe ich vorbereitet. Als ob nichts wäre. Das Stadion ist explodiert. Es war, als hätten die

Fans ihre Wut auf mich, die gerade noch so groß war, plötzlich wieder vergessen.

Doch nach neunzig Minuten ist das Spiel vorbei. Du kannst nicht ewig weiter Fußball spielen. Wäre auch zu schön. Irgendwann musst Du vom Platz. Irgendwann ist die Realität wieder da. Kannst Du nichts machen. Abpfiff.

Du musst sensibel sein, um über dich hinauszuwachsen, um Außergewöhnliches zu leisten. Ich bin zu hundert Prozent überzeugt: Ohne Sensibilität hast Du nicht das Gefühl für besondere Situationen, die auf Dich zukommen: im Sport, aber auch im Leben. Doch wenn Du sensibel bist, bist Du auch verletzlich. Es ist eine Kunst und auch eine der größten Herausforderungen in Deiner Karriere: dass Du sensibel bleibst, um die besonderen Momente zu spüren, aber Deine Verletzlichkeit nicht die Oberhand gewinnen lässt.

Ich habe über die Jahre einen Filter aufgebaut, der mich klarer auf meine Stärken und Schwächen blicken lässt. Unabhängig davon, was andere sagen, was andere kritisieren. Du musst wissen, wer Du bist. Und wer nicht.

Genauso musst Du Dir klarmachen, was Du auf dem Platz leisten kannst. Und was nicht. Und Du musst wissen, wer Du außerhalb des Platzes bist. Dann kannst Du Dich unabhängig machen von öffentlichen Urteilen, ohne sie zu ignorieren, zumindest streckenweise. Dann kannst Du die Waage halten.

Du fragst Dich, was ich damit meine? Es gab Momente, wo ich die Waage nicht gehalten habe, wo ich die Balance verloren habe. Im Halbfinal-Rückspiel in Madrid habe ich mich verletzt. Diese Verletzung habe ich mir auch deswegen zugezogen, weil so viel auf mich eingeprasselt ist. Das hat eine körperliche Reaktion hervorgerufen. Da spürst Du Deine Entscheidung am eigenen Leib, sie macht etwas mit Dir. Aber auch da gilt: Du musst das erleben, Du musst selbst diese Erfahrung machen, Du musst es spüren – und daraus die richtigen Schlüsse ziehen. Ich habe in diesem Moment vielleicht zum ersten Mal meine Verletzlichkeit gespürt.

Es klingt paradox, aber es ist so: Als ich um diese Seite wusste, um meine Verletzlichkeit, hat mich das stärker gemacht. Ich hatte ein vollständigeres Bild von mir. Ich wusste dann, wie ich mit solchen Situationen umgehen kann. Denn eines ist auch klar: Es gibt immer Zeiten in einer Karriere, in denen es einem nicht so gut geht. Und im Leben. Das wirst Du erleben, da kommt keiner drum herum. Ich bin sicher: Ob du zwanzig, dreißig oder vierzig bist – das kommt vor, immer wieder. Du kannst Dich nicht vor dem Leben verstecken. Und etwas Positives gibt es auch da: Aus den schwierigen Situationen habe ich am meisten gelernt.

Ich benutze gerne das Wort Filter für etwas, was ich mir zugelegt habe, um mich zu entwickeln, aber auch, um mich zu schützen. Der Filter ist dazu da, um ein paar Dinge zu erkennen:

Was passt zu mir?
Was passt nicht zu mir?
Wohin will ich?
Wer bin ich?

Ich habe in den nun 14 Jahren meiner Profikarriere einige wichtige Erfahrungen gemacht. Auf den ersten Blick wirken manche wie rein negative Erfahrungen, vor allem was die Gesundheit angeht. Ich hatte eine fiese Schambeinentzündung, die mir lange zu schaffen gemacht hat. Ich hatte einen Adduktorenabriss, auch das keine einfache Sache. Vor allem aber hatte ich mit einer Stoffwechselstörung zu kämpfen, von der einige Leuten sagten, sie könnte das Ende meiner Karriere bedeuten. Ich hatte deswegen echte Probleme mit meiner Fitness, über mehrere Jahre.

Ich habe zeitweilig extrem hart trainiert, wegen der hohen Erwartungen. Ich hatte große Schmerzen. Ich war unendlich müde. Mein Körper fühlte sich an, als würde er zu-

sammenbrechen. Ich habe nicht verstanden, was los ist, bis ich die Diagnose bekam. Ich musste monatelang in eine Reha, zurückschalten. Nur so konnte ich mich erholen. Da brauchst Du Reife.

Nun zu Dir:

Du machst heute Dein erstes Bundesligaspiel, und Du solltest wissen, dass Du einen Gedanken vergessen kannst, auch wenn er genau dem widerspricht, was Du bisher erlebt hast: dass es für Dich nur nach oben geht. Dass die Dinge so nicht laufen, war vielleicht die wichtigste Lehre, die ich in meiner Karriere gemacht habe.

Viele Leute können nicht verstehen, dass ich meine Zeit beim FC Bayern als positiv bewerte. Fußballerisch hat mich Pep extrem weitergebracht. Ich habe von ihm unglaublich viel über Fußball gelernt. Ich konnte stundenlang mit ihm über Taktiken sprechen. Ich habe gelernt, das Spiel aus einer neuen Perspektive zu sehen. Das Training war das intensivste und akribischste, das ich je erlebt habe. Und auch die Mentalität in München, alles dem maximalen Erfolg unterzuordnen, hat mich weitergebracht.

Aber ich will ehrlich zu Dir sein: In dieser Zeit war ich noch getrieben. Extrem getrieben. Ich habe in dieser Zeit so sehr an mir gearbeitet, um meine Ziele und Erwartungen zu erfüllen, mental und physisch. Der Druck, den ich mir selbst gemacht habe, die Erwartung, die ich an mich hatte – das kam von mir, das kam von innen. Da kannst Du nichts machen.

Ich muss. Ich muss. Ich muss.

Am Ende der ersten Saison in München stand die Weltmeisterschaft in Brasilien. Bei der Europameisterschaft zwei Jahre zuvor hatte ich keine Rolle gespielt, die Schambeinverletzung hatte mich zurückgeworfen. Ich wurde nur im Viertelfinale gegen Griechenland kurz vor Schluss eingewechselt. Bei der Weltmeisterschaft 2014 bin ich gut gestartet. Ich habe zum Auftakt in der Anfangsformation gestanden, immer wieder, auch im Achtelfinale gegen Algerien. In dem Spiel wurde ich zur Halbzeit ausgewechselt, danach habe ich gar keine Rolle mehr gespielt. Ich war raus, richtig raus.

Es gibt einen Moment bei dieser Weltmeisterschaft, über den habe ich immer wieder mit André Schürrle gesprochen. Er hat in Brasilien nie von Anfang an gespielt, ich dann ab dem Achtelfinale auch nicht mehr, wenn es eigentlich richtig losgeht. Nach den Spielen haben wir immer noch mal zusammen trainiert, auch nach dem 7:1 im Halbfinale gegen Brasilien. Da wurde André eingewechselt und hat auch noch zwei Tore gemacht. Ich nicht.

Wir waren beide Getriebene, aber wir wussten vor den Spielen nie, ob wir bei der WM noch mal spielen würden. Wir haben uns immer gesagt: »Wir bleiben dran, bis zur letzten Sekunde.« Wir wollten es unbedingt.

Wenn ich zurückschaue, sehe ich die Dinge heute anders, als ich sie bei der WM gesehen habe. Ich war superjung, ich war der zweitjüngste Spieler im Kader, gerade 22 Jahre alt geworden – und was hatten wir für eine Mannschaft!

Im Grunde sind alle, die in der K.-o.-Runde in Brasilien in der Stammformation gestanden haben, über fünf, sechs Jahre in der Nationalmannschaft gewachsen. Mindestens. Und für viele dieser Spieler war es die letzte Chance auf einen Titel: für Philipp, für Basti, für Miro.

Heute kann ich sagen: Wenn ich Bundestrainer gewesen wäre, dann hätte ich wahrscheinlich genau die gleiche Entscheidung getroffen wie Jogi Löw. Ich hätte mich auch auf die Bank gesetzt. In dem Moment konnte ich das aber nicht sehen: Es war meine erste Weltmeisterschaft. Und ich wollte unbedingt zeigen, was ich kann. Ich wollte spielen, spielen, spielen.

Die Wochen zwischen dem Achtelfinale und dem End-

spiel waren schrecklich für mich. Ich war frustriert, habe rumgemeckert, immer wieder mit meinen Leuten zu Hause gesprochen, um mich wieder aufzubauen, um dranzubleiben.

Wenn die Leute mit mir über diese Weltmeisterschaft reden, geht es immer nur um dieses Tor, um mein Tor, klar. Was sonst? Aber die meisten haben vergessen, wie mies diese WM für mich gelaufen ist. Ich werde das nie vergessen, davon habe ich am meisten mitgenommen.

Im Halbfinale habe ich keine einzige Minute gespielt. Und wenn das Finale in neunzig Minuten entschieden worden wäre, hätte ich vermutlich auch im Finale nicht gespielt. Ich habe gesagt, dass ich in diesen Tagen wahrscheinlich der traurigste Mensch in meinem Leben gewesen bin. Und das war so. Ich war wirklich deprimiert vor dem Finale. Es gab für mich keinen positiven Aspekt, nirgendwo.

Als ich nach dem Algerien-Spiel von der Startelf auf die Ersatzbank zurückversetzt wurde, war das für mich echt ein Weltuntergang.

Aber heute sage ich Dir: Du kannst auch einen Weltuntergang überstehen. Das geht. Und dann schießt Du ein paar Tage später das folgenschwerste Tor Deines Lebens. Das geht. Klingt tröstlich, oder?

Ich habe das Tor oft beschrieben, für ein Buch sogar selbst gemalt. Ich werde es vermutlich bis an mein Lebensende immer wieder beschreiben müssen, kannst Du Dir auch merken. Also: Das Tor war zum Teil Glück. Jogi hätte mich als Ersatzspieler nicht einwechseln müssen, es gab auch andere Spieler, die er hätte nehmen können. André Schürrle hat bei der Flanke kaum hingeschaut, mich bloß im Strafraum erahnt. Und wenn der Ball nur etwas anders ankommt – einen Meter weiter rechts, einen Meter weiter links –, dann hätte ich ihn so nicht mit der Brust annehmen und vollenden können. Alles hat gepasst in diesem Moment. Alles.

Auf der Pressekonferenz nach dem Spiel hat Jogi wiederholt, was er mir bei der Einwechslung gesagt hat: »Zeige der Welt, dass du besser bist als Messi.«

Ich hatte das in diesem Moment gar nicht so richtig mitbekommen. Ich war auf die Taktik konzentriert. Auf das, was ich tun sollte. Der Satz wurde eine große Sache, vor allem für mich. Der Vergleich mit dem besten Spieler der Welt war mit 22 Jahren sicher nicht das Beste, was mir passieren konnte. Der Druck bei den Bayern war so schon groß genug gewesen.

Ich kann Dir sagen: Es ist wirklich nicht die beste Idee, das Tor Deines Lebens mit 22 Jahren zu schießen. Wenn ich es mir wünschen könnte, würde ich dieses Tor mit 35 Jahren schießen. Dann würde ich die Schuhe in der Nationalmannschaft an den Nagel hängen. Und »Tschüss« sagen.

Aber ich habe das Tor nicht zum Ausklang meiner Karriere geschossen. Ich habe es am Anfang geschossen. Und das ist der Wahnsinn.

Dieses Tor ist immer da.

Du wirst reduziert auf dieses Tor.

Du bist dieses Tor.

Natürlich, dieses Tor ist eine Besonderheit. Es ist die Besonderheit dieser Weltmeisterschaft, es ist der Moment, an den sich alle erinnern. Jeder Fan weiß, wo er das Spiel geschaut, was er in diesem Moment gefühlt hat. Dieses Tor gehört jedem.

Das Tor ist jetzt zehn Jahre her. Heute bin ich der Einzige, der noch lebt, der in einem WM-Finale für Deutschland das entscheidende Tor geschossen hat. Helmut Rahn war beim Finale von Rio schon zehn Jahre tot, aber Gerd Müller und Andreas Brehme haben noch gelebt. Jetzt bin ich der Einzige.

Aber das Schöne am Fußball ist: Es wird wieder ein deutscher Spieler kommen, der das entscheidende Tor in einem

WM-Finale schießt. Ich werde das erleben. Du wirst es erleben. Es wird vielleicht noch zehn Jahre dauern – okay, vielleicht auch zwanzig. Aber wir werden es erleben. Du wirst nicht der Einzige bleiben.

Das Tor ist ein Segen.

Und es ist ein Fluch.

Und trotzdem sage ich Dir: Ich würde dieses Tor unbedingt noch mal schießen wollen. Selbst mit 18! Egal! Total egal!

Denn so eine Chance, so einen Moment bekommst Du eigentlich nicht in Deinem Leben:

Dass Du überhaupt bei einer Weltmeisterschaft spielst!

Dass Du ins Finale kommst!

Dass Du dann noch dieses Tor schießt!

Und was für ein schönes Tor!

Das passiert eigentlich nicht. Na gut, es ist passiert, okay, okay, stimmt.

Wie gehst Du mit diesem Tor um, das Dein Leben für immer verändert? Gute Frage. Ich klinge jetzt vielleicht wie ein alter Mann, wenn ich Dir jetzt sage:

Bewahre Dir Gelassenheit!

Es geht nur um Fußball, nicht um den ganzen Trubel, den ganzen Wahnsinn, der darauf gefolgt ist.

Es geht um ein Spiel!

Du musst den Umgang mit dem Fluch lernen.

Und den Umgang mit dem Segen.

Konfrontiere Dich mit dem Tor, tief im Körper, rede mit anderen Leuten darüber, nimm andere Perspektiven wahr, um zu verstehen, was mit Dir passiert ist. Aber denke bloß nicht, dass das schnell geht. Das ist nicht nach ein paar Wochen oder Monaten vorbei, das dauert Jahre.

Du fragst jetzt: Wie soll ich das machen? Kann ich Dir auch nicht genau sagen, aber das Wichtigste ist: Das Leben geht weiter. Du hast noch zehn, zwölf Jahre als Profi vor Dir. Ich habe mir irgendwann gesagt: Ob ich in dieser Zeit in diesem oder jenem Spiel ein Tor schieße – das wird in zwanzig, dreißig Jahren niemanden mehr interessieren. Das eine Tor, das immer bei Dir sein wird, hast Du schon geschossen. Ist irgendwie auch ein Gefühl von Freiheit. Also: Genieße den Moment, genieße jedes Spiel.

Und was wirklich gut ist: Dein Fußballerleben geht sofort auch ganz banal wieder weiter. Drei Wochen, nachdem Du das entscheidende Tor im WM-Finale geschossen hast, stehst Du in Münster auf dem Platz und spielst erste Runde DFB-Pokal. Das ist die Realität. Super. Das ist auch das Schöne am Fußball, egal ob Du unvergessliche oder schreckliche Erfahrungen machst: Es geht sofort weiter. Es kommt noch so viel. Im Fußball und im Leben. Im Fußballerleben.

In München habe ich mein erstes Jahr in der WM-Saison gespielt – und nach dem Tor war ich noch zwei Jahre dort. Das Tor hat bei den Bayern viel für mich verändert. Du musst Dir das so vorstellen:

Jetzt bist Du WM-Torschütze.
Jetzt bist Du der Spieler für die besonderen Momente.
Jetzt musst Du immer ein besonderes Tor schießen.
Jetzt erwarten die Bayern das von Dir.
Jetzt erwarten das die Fans von Dir.
Jetzt erwarten das die Medien von Dir.
Und vor allem: Jetzt erwartest Du das von Dir!

Du weißt genau, was ich meine. Ich weiß, wie Du mit 17 Jahren tickst, ich kenne Dein Mindset:

Ich will etwas Besonderes erreichen!

Ich will weiter an mir arbeiten, immer weiter!

Das sagst Du Dir immer wieder. Ist auch gut so. Aber Du weißt noch etwas anderes. Du weißt, dass Du ein intuitiver

Fußballer bist. Dass Du es einfach laufen lassen willst. Dass Du dann am besten spielst. Aber die Diskrepanz zwischen dem, was ich in dieser Zeit in mir gespürt habe, dem Wunsch, es einfach intuitiv weiterlaufen zu lassen, und dem, was von außen an mich herangetragen wurde, hat mir zu schaffen gemacht. Ich war noch nicht so weit, dass ich mir sagen konnte: »Es ist Fußball. Es ist Sport. Es ist ein Spiel.«

Bis ich diese Perspektive entwickeln konnte, war es nicht leicht. Das Tor war auch eine echte Last. Ich hatte das Gefühl: Ich werde nur noch auf dieses Tor reduziert. Und alle sagen Dir dann auch noch: »Das ist der schönste Moment in Deinem Leben.«

Du fragst Dich vielleicht, wann ich das alles selbst verstanden habe. Hat einige Jahre gedauert. Als ich es halbwegs begriffen habe, war ich schon nicht mehr bei Bayern.

In meiner zweiten Dortmunder Zeit hatte ich in vier Jahren vier verschiedene Trainer. Auf und Abs wechselten sich ab – gute und schlechte Phasen, auch sehr schlechte Phasen.

Nächster Versuch.

Ich habe das Tor für mich runtergebrochen und mir gesagt: »Du spielst zwanzig Minuten gegen Argentinien, machst ein Tor und fährst wieder nach Hause. Das war's!«

Dieses Verständnis aufzubauen, war das Wichtigste für mich. Es war der entscheidende Schritt, dass ich mir nach ein paar Jahren tatsächlich sagen konnte:

Es ist nur Fußball.

Es ist nur ein Tor.

Das war's!

Ich musste verstehen: Es geht nicht nur bergauf in der Karriere, im Leben. Es gibt Konflikte. Es gibt Rückschläge. Und mit dem Älterwerden habe ich auch gespürt: Die Karriere ist endlich. Hinzu kam, dass ich erlebt habe, dass es Wichtigeres im Leben gibt: Gesundheit. Hochzeit. Vater werden. Vater sein. Familie.

Ich habe meine Zeit gebraucht, um den Fußball mit meinem Leben zu verbinden. Beide in eine gute, angemessene Beziehung zu setzen, eine öffnende Perspektive zu finden. Um einen anderen Blick einzunehmen, habe ich mir vorgestellt, ein Mann von siebzig Jahren zu sein. Einer, der nicht aus Deutschland kommt. Und ich habe mir dann gesagt: Das ist jemand, der hat vor fünfzig Jahren das entscheidende WM-Tor geschossen, für eine andere Nation. Da ist das nicht mehr so wichtig.

Mir haben in meiner Karriere viele Menschen Ratschläge gegeben, aber mit dem Annehmen ist es auch heute noch so eine Sache. Der Moment muss stimmen. Man muss genau auf einer Wellenlänge sein – und das ist nur selten der Fall. Sehr selten.

Ich bezeichne diesen Punkt mittlerweile als pain point.

Wann hast Du Deinen pain point, Deinen Schmerzpunkt, an dem Dich ein Ratschlag genau im richtigen Moment erreicht? In dem Moment, wenn Dein Herz und Deine Seele offen sind für einen Ratschlag. Ehrlich gesagt: Dass mich ein Ratschlag unmittelbar berührt hat, habe ich noch nicht erlebt. Es ist eher so, dass ich einen Rat erst in einem bestimmten Moment aufnehmen konnte. Zu dem Zeitpunkt, an dem ich ihn bekommen habe, war ich noch nicht so weit.

Es sind manchmal ganz kurze, scheinbar banale Sätze, die ihre Wirkung erst später bei mir entfaltet haben. Zum Beispiel, wenn mir meine Familie oder meine Frau sagte: »Lass Dir Zeit.« Lass Dir Zeit. Mehr nicht. So einfach.

Aber erst später, an meinem pain point, wusste ich, was sie damit meinten. Oder als mein Berater sagte: »Bleibe noch zwei Jahre in Dortmund, ist besser für dich.«

Manche Dinge im Leben brauchen einfach ihre Zeit. Toller Rat, ich weiß. Aber erst heute weiß ich über mich, was andere schon vorher gesehen haben:

Ich hätte geduldiger sein sollen.

Ich hätte mir mehr Zeit lassen sollen.

Ich hätte entspannter sein sollen.

Ich hätte es mehr genießen müssen, dieses Tor zu schießen.

Es hat Zeiten gegeben, da konnte ich mich selbst über Tore nicht mehr richtig freuen. Verstehe mich nicht falsch: Ich hatte immer Freude am Spiel. Immer. Dieses Gefühl war nie weg. Aber auf mich hat viel eingewirkt. Ich war manchmal mit meiner sportlichen Situation generell nicht happy, mein körperliches Wohlbefinden hat eine Rolle gespielt. Ich habe mich auf dem Platz irgendwie nicht als ganzer Mensch gefühlt, alles fühlte sich gestückelt an.

Aber ich kann Dir sagen: Auch das geht vorbei. Du wirst auch in dieser Zeit Erfahrungen machen, die Dich stärken, an denen Du wächst. Und Du wirst Dich von Dingen, die Dich belasten, lösen können. Stück für Stück. Das ist die gute Nachricht. Die schlechte ist: Es dauert. Und es dauert genau so lange, wie es dauert. Es gibt keine Abkürzung.

Heute, mit 32 Jahren, kann ich sagen: Ich bin glücklich. Ich meine: wirklich glücklich. Auch auf dem Rasen fühlt sich mein Leben anders an: reifer, vollständiger, besser. Und wenn Dir dann, wenn Du Dich so gut fühlst, ein Tor gelingt, trägt Dich der Fußball davon. Alles, was schön ist, wird dann noch schöner.

Ich habe es Dir ja schon angedeutet: Irgendwann ist mir klar geworden, dass meine Zeit auf dem Rasen endlich ist. Auch wenn Du es heute nicht glauben kannst, weil Du nie etwas anderes gemacht hast und eigentlich nie mit dem Fußball aufhören willst: Du kannst nicht ewig spielen. Das klingt banal, ist es aber nicht.

Seit ich um das Ende weiß, nehme ich den Fußball intensiver wahr: im Training, im Stadion. Jeder Moment wird spezieller. Du spürst auf einmal im Alltag die Besonderheit. Das Privileg, überhaupt im Profifußball zu sein. Früher habe ich gedacht: Dann kommt halt das nächste Spiel, die nächste Saison, das nächste Ziel. So, als ob die Karriere nie enden würde. Aber das wird sie. Und je früher Du das verstehst, umso besser.

Okay, ich klinge jetzt vielleicht, als ob ich morgen aufhören will. Will ich nicht. Werde ich auch nicht. Ich möchte noch lange spielen. Ich werde jedes Jahr genießen.

Gute Entscheidungen, schlechte Entscheidungen.

Beide passieren in Deinem Leben, aber mach Dich deswegen nicht verrückt. Ich hätte zum Beispiel von den Bayern zurück zu Jürgen gehen können, nach Liverpool. Aber ich habe mich anders entschieden. War das ein Fehler? Im Nachhinein weiß es jeder: Natürlich wäre es besser gewesen, wenn ich nach Liverpool gegangen wäre. Es war die falsche Entscheidung, aber Du ahnst schon, was ich Dir jetzt sagen werde: Auch das bereue ich nicht. Diese Entscheidung gehört zu mir wie alle anderen auch, die guten wie die schlechten.

In den vier Jahren in Dortmund, wo ich stattdessen hingegangen bin, hatte ich vier Trainer. In der letzten Saison 2019/20 habe ich wenig gespielt. Neue Erfahrung. Danach war es mir wichtig, dass ich zu einem Verein wechsle, wo ein Trainer ist, der mir Vertrauen gibt, mit dem ich auf einer Wellenlänge liege. Deswegen habe ich in dieser Zeit auch mit Hansi Flick gesprochen über eine Rückkehr zum FC Bayern. Doch dann kam das Thema Eindhoven auf mit Roger Schmidt, der sich sehr um mich bemüht hat. Sein spürbares Interesse und seine Idee, wie er sich das Spiel mit mir vorstellt, hat für mich den Ausschlag gegeben, nach Holland zu gehen, auch wenn der Schritt vielleicht nicht auf der Hand gelegen hat.

Außerdem ist mir immer wichtig gewesen, um Titel zu spielen. Ist es immer noch, das hat sich nicht geändert.

Wenn ich jeden Tag alles reinwerfe, dann will ich am Ende auch was gewinnen. In Eindhoven sind wir im ersten Jahr

Zweiter geworden. In der nächsten Saison haben wir den Titel um wenige Punkte verpasst, dafür den Pokal gewonnen.

Auch vor guten Entscheidungen weißt Du nicht, dass sie gut werden. Ich wollte zwar ins Ausland, aber ich wusste natürlich nicht, wie es tatsächlich sein würde. Ich wusste nur, warum ich es nach zehn Jahren in Dortmund-München-Dortmund wollte. Die Abläufe, die Stadien, der Alltag – alles war identisch, alles hat sich wiederholt. Ich wollte etwas Neues, mal wieder: ein neues Land, eine neue Stadt, ein neuer Verein, neue Gegner, neue Stadien, neue Medien. Und? Es hat mir gutgetan.

Die Entscheidung, zur Eintracht zu gehen, gehört auch zu meinen absolut guten Entscheidungen. Darüber war ich mir schon im Vorfeld ziemlich sicher. Die Eintracht ist in den Jahren zuvor total gut gewachsen, sie hat große sportliche Erfolge gefeiert, die Europa League gewonnen, kam in die Champions League. Wenn man bedenkt, woher die Eintracht gekommen ist und welche Ressourcen sie hat, dann hat sie das wirklich smart gemacht. Ich war von den Leuten überzeugt.

Das alles habe ich vorher so gespürt. Erfahrung, klar. Aber eines sage ich Dir trotzdem: Wie es dann wirklich ist, weißt Du erst, wenn Du dort bist, im Alltag. Und nur dann. Das ändert sich nie. Was soll ich sagen: Die Entscheidung hat super für mich gepasst. Eine perfekte Konstellation. Der Verein. Das Stadion. Die Fankultur. Die Stadt. Um es kurz zu machen: Nach Frankfurt gehen – kannst Du gut machen.

Ich bin ein Spielertyp, für den es wichtig ist, in einer funktionierenden Mannschaft zu spielen. Dann werde ich besser – und ich kann die Mannschaft besser machen. So definiere ich meine Rolle, so kann ich meine größten Stärken ausspielen, so habe ich die größte Wirkung.

Ich muss zugeben: Mein Wechsel nach Frankfurt, die Rückkehr nach Deutschland, das hat auch mit meiner Vergangenheit zu tun. Es war zwar nicht der entscheidende

Faktor, aber es war ein Faktor. Denn was bleibt von Dir in Erinnerung, was prägt die Erinnerung? Es ist die letzte Station, der letzte Stand der Dinge.

Als ich nach Eindhoven bin, habe ich in Deutschland oft gehört: »Er hat im vierten Jahr in Dortmund keine Rolle mehr gespielt, wurde aussortiert, hat keinen Vertrag mehr bekommen.« Das war mein Ausklang in der Bundesliga. Das wollte ich nicht so stehen lassen.

Als mein Wechsel zur Eintracht nach zwei guten Jahren in Eindhoven feststand, habe ich eine andere, schöne Reaktion von vielen Fans gespürt: Es gab ein großes Wohlwollen mir gegenüber. Viele Leute haben sich gewünscht, dass es in Frankfurt gut für mich laufen würde, dass meine Karriere in Deutschland eine gute Wendung nimmt.

Dass ich so viel Zuspruch nach auch schwierigen Zeiten erfahren habe, hat natürlich mit dem Tor zu tun. Das Tor ist ein Tor von allen. Mit diesem Erlebnis, mit dieser tollen Zeit identifizieren sich viele Menschen. Das bekomme ich heute auf eine schöne Weise von den Leuten zu spüren. Das fühlt sich gut an.

Bei der Eintracht lief es von Beginn an so gut, dass ich nach wenigen Monaten wieder in die Nationalmannschaft eingeladen wurde. Das erste Mal nach fünf Jahren. Nach einer Ewigkeit. Für die Weltmeisterschaft 2018 in Russland hatte mich Jogi nicht nominiert, bei der Weltmeisterschaft 2022 in Katar war ich wieder dabei, meine zweite WM, acht Jahre nach dem Tor. Ich konnte schon ganz gut einordnen, wie Hansi Flick in Katar spielen wollte. Und wie es für mich laufen würde. Ich bin ja erst zur Katar-Reise in die Mannschaft gekommen, zuvor hatte er mich nicht nominiert.

Nach 15 Jahren im Profifußball sage ich Dir: Ich bin der festen Überzeugung, wenn du wirklich erfolgreich spielen und Titel holen willst, brauchst Du eine gewachsene Mannschaft. Du brauchst eine Achse. Das geht aber nicht von heute auf morgen. Das muss über Jahre entwickelt werden, sich aufbauen durch positive und negative Erlebnisse über mehrere Jahre. Nur so kann etwas geformt werden, das zum Erfolg führt. Auch hier gilt: Es gibt keine Abkürzung.

Da ich 2022 erst relativ spät dazukam, war mir klar, dass ich keine tragende Rolle spielen würde. Ich wäre aber auch nicht als Nummer 23 im Kader mitgefahren. Das hatte ich zuvor mit Hansi besprochen.

Ich habe in Katar nur ein paar Einsatzminuten bekommen. Ich hätte gerne länger gespielt, mehr Einfluss auf die Mannschaft genommen. Und ich wäre gerne länger im Turnier geblieben, klar. Es war sehr bitter, dass wir das nicht geschafft haben. Da haben viele Faktoren eine Rolle gespielt. Einer war ganz sicher, dass sich die Mannschaft kontinuierlicher und besser über die Jahre hätte entwickeln müssen, um die entscheidenden Spiele zu gewinnen.

Du fragst Dich vermutlich, wie das für mich war: einmal Weltmeister mit dem entscheidenden Tor – und dann mit wenigen Einsatzminuten in der Vorrunde raus. Ich kann Dir sagen: Diese beiden Weltmeisterschaften lassen sich nicht miteinander vergleichen. Alles war anders. Eine ganz andere Mannschaft. Eine ganz andere Situation. Auch für mich. Und dazwischen eine halbe Ewigkeit von acht Jahren.

Vor der Weltmeisterschaft in Brasilien hatte ich die gesamte Entwicklung der Nationalmannschaft mitgemacht seit der WM 2010. Ich war vier Jahre lang dabei, auch bei der EM 2012 mit der bitteren Niederlage im Halbfinale gegen Italien. Eine Erfahrung, die wir auch machen mussten. Ich bin mitgewachsen mit der Nationalmannschaft und habe wahnsinnig viel gelernt in der Zeit zwischen 18 und 22. Für meine Entwicklung waren diese Jahre in der Nationalmannschaft enorm wichtig.

Zur Weltmeisterschaft 2022 kam ich dann mit der Erfahrung von einem Dutzend Profijahren. Von über 300 Erstliga-

spielen. Von über sechzig Länderspielen. Von über sechzig Champions-League-Spielen. Und mit einer ganz anderen Erwartungshaltung. Niedriger. Was meine eigene Rolle angeht, aber auch unsere Mannschaft.

Auch aus dieser WM habe ich ganz klar die Erkenntnis mitgenommen, dass eine Nationalmannschaft nur erfolgreich über jahrelange Entwicklung sein kann. Und dazu gehört, dass man einem Team und einzelnen Spielern auch schlechte Phasen zugesteht. Worauf ich hinauswill? Dass man nach der Weltmeisterschaft 2018, wo es nach vielen Jahren zum ersten Mal nicht gut gelaufen ist, Spielern wie Thomas Müller, Mats Hummels oder Jérôme Boateng, die aus gewissen Gründen einmal eine nicht so gute Leistung gebracht haben, auch ein solches Turnier zugesteht.

Ich habe lange mit ihnen gespielt. Ich bin überzeugt, dass man mit solchen Spielern, die jahrelang die großen Erfolge mit ermöglicht haben, auch durch diese Erfahrung durchgehen muss. Damit man dann auch wieder die bestmögliche Qualität einer Mannschaft haben kann. Man darf nicht vergessen, dass die Mannschaft davor immer mindestens das Halbfinale erreicht hatte, wie sie gewachsen ist. Das war, wie manche gesagt haben, eine goldene Generation.

Und gerade Dir als jungem Spieler sage ich: Damit gibt man auch den Jungen die Möglichkeit, die transition *zu Führungsspielern zu machen. Dieser Veränderungsprozess ist superwichtig. Diesen Weg gemeinsam zu gehen, ist viel sinnvoller, als einen solch harten Bruch durchzuziehen und dann den jungen Spielern zu sagen: »Die Älteren sind jetzt weg – jetzt müsst ihr das machen.« So ist es auch für jüngere Spieler total schwierig, ihre neue Rolle zu definieren, zu finden, auszufüllen. Da findet dann kein Prozess mehr statt, es wächst nicht zusammen.*

Wenn man aus einer Momentaufnahme heraus entscheidet, ältere, starke Spieler aus der Nationalmannschaft raus-

zunehmen, die dann aber nach einer gewissen Zeit wieder ihre Topleistung bringen, und stattdessen trotzdem jüngere Spieler nimmt, die noch nicht so weit sind, entsteht eine Spirale, aus der man kaum rauskommt. Die nachkommenden Spieler müssen sich ihren Weg unter erschwerten Bedingungen erarbeiten, obwohl es ihnen leicht gemacht werden soll. Sie müssen sich ihren Platz gegenüber älteren, besseren Spielern nicht mehr erobern. Und das ist nicht gut. Ein solcher Bruch ist kaum zu heilen. Da ist viel kaputtgegangen.

Wenn ich mich in meine ersten Jahre bei der Nationalmannschaft zurückversetze: Es war superwertvoll für mich, dass es dort Spieler mit großer Erfahrung gab. Die haben geführt, von ihnen konnte ich lernen. Miro. Basti. Philipp. Manu. Sami. Per.

Du wirst das auch erleben: Erfahrene Topspieler sind eine große Hilfe. Wenn Du mit 18, 19 Jahren mit diesen Spielern zusammen bist, hast Du einen Riesenrespekt. Vor dem, was sie in ihren Klubs und der Nationalmannschaft geleistet haben. Und diesen Respekt musst Du auch haben. Du kannst Dir von diesen Spielern viel abschauen, in den guten und in den schwierigen Momenten. Aber bis Du es wirklich verstanden hast, bis Du es umsetzen kannst, dafür reichen keine paar Monate. Dafür reichen nicht mal ein, zwei oder drei Jahre. Um das zu verinnerlichen, brauchst Du vier, fünf, sechs Jahre mit einem oder zwei großen Turnieren.

An so einer rigorosen Entscheidung hängt viel mehr dran, als es auf den ersten Blick scheint. Wenn man einmal eine solche Konsequenz an den Tag legt, dann musst Du diese Konsequenzen auch nach dem nächsten Turnier ziehen, wenn es wieder nicht gut läuft. So wie bei der EM 2021 und der WM 2022, aber da ist das nicht passiert.

Du fragst Dich vielleicht: Was ist die Lösung? Gute Frage, meine Antwort: Wenn Du eine falsche Entscheidung triffst, musst Du wenigstens in der Lage sein, Deine falsche Entscheidung schnell zu revidieren. Soll bedeuten, man hätte die drei Spieler schnell wieder zurückholen müssen.

Heute schauen junge Spieler auf mich. Ich bin nicht der Typ, der jedem tagtäglich sagt, was er zu machen hat. Was er machen sollte. Was besser für ihn wäre.

Ich versuche das zu tun, was das Beste für mich und die Mannschaft ist. Ich versuche, immer fit zu sein. Einen guten Lifestyle zu haben. Um Leistung bringen zu können, kontinuierlich. Du wirst es bald selbst spüren: Profifußball ist ein 24/7-Job. Du musst auf alles achten: Ernährung. Schlaf. Regeneration. Performance.

Du musst immer fit sein, für Spiele, auch fürs Training. Es werden immer mehr Spiele. Und sie sind viel intensiver als vor 15 Jahren. Heute hast Du gar keine andere Wahl mehr, als Dich so zu verhalten. Und das ist es, was junge Spieler bei mir sehen können. Wenn sie es wollen. Eigentlich simpel.

Das soll schon alles sein?

Ja!

Denn was zunächst einfach klingt, um über viele Jahre Leistung zu bringen, ist am Ende eine große Kunst.

Was will ich damit sagen? Ich glaube, man lernt am meisten, wenn man anderen erfolgreichen Athleten bei ihrer Arbeit zusieht, ihren Lifestyle spürt. Du weißt ja: Mit den Ratschlägen funktioniert das nur bedingt. Aber zu sehen, wie es die Besten machen: Das funktioniert! Du siehst, was sie machen, und Du wirst dabei Dinge entdecken, die zu Dir, Deiner Perspektive und Deinem Leben passen. Das ist der richtige Weg. Und das ist vielleicht der beste Ratschlag, den ich Dir geben kann: Schau genau hin!

Wenn ich früher bei Dortmund und Bayern nicht gespielt habe: Was habe ich mir darüber für Gedanken gemacht, was hat das alles mit mir gemacht! Ich kann das heute gar nicht mehr glauben, wie verrückt ich mich manchmal gemacht habe. Doch ich kann Dich beruhigen: Heute ist das überhaupt nicht mehr so.

Natürlich will ich immer noch jedes Spiel spielen. Das wird sich nie ändern. Aber das geht natürlich nicht. Wenn ich nicht spiele, nehme ich das als Herausforderung und sage mir: »Jetzt habe ich ein Spiel nicht gemacht, dann kann ich das noch an meine Karriere hinten dranhängen.« Ist doch auch nicht so schlecht.

Bei der Eintracht bin ich in einem Klub, der über den Tellerrand denkt. Das hat mir immer gefallen. Ich bin hier auch mit den Leuten von der EintrachtTech GmbH im Austausch. Das ist schon ein besonderes asset. Eines, für das ich mich seit einigen Jahren interessiere. Und in das ich selbst investiere.

Woher mein starkes Interesse an Tech-Unternehmen kommt, an Start-ups? Woher ich die Zeit dafür habe? Mit meinem Wechsel nach Eindhoven hat sich einiges verändert. Ich war 27, 28 Jahre alt, habe nicht mehr Nationalmannschaft gespielt. Ich hatte etwas mehr Zeit, war nicht mehr in dem engen Rhythmus wie in München und Dortmund. Ich hatte auch drei, vier Monate keinen Vertrag. Da habe ich gespürt, dass es schnell vorbei sein kann. Und Corona war auch noch. Da macht man sich Gedanken um seine Zukunft, das verändert die Perspektive. Geht gar nicht anders.

Und was Du natürlich weißt: Wenn Du einen Vater hast, der Professor an der Uni ist, dann bist Du praktisch aus familiären Gründen schon dazu gezwungen, neugierig zu sein, Dich für viele Dinge zu interessieren. Bildung ist in unserer Familie immer ein großes Ding gewesen, aber wem sage ich das?

Ich interessiere mich zudem seit vielen Jahren, was in Amerika passiert, wie es im US-Sport läuft. Was machen die Klubs da drüben? Was machen die Athleten da drüben? Wie setzen sich die Ligen zusammen?

Ich fand amerikanischen Sport schon immer spannend, habe oft Urlaub gemacht in den USA: in Miami, New York, L. A. Ich wollte besser verstehen, wie er funktioniert. Das hat mir Spaß gemacht. Und wenn mir etwas Spaß macht, dann stecke ich da mehr Zeit und Energie rein. Seitdem beschäftige ich mich stärker mit private equity *und* venture capital.

Ich habe mir dazu einige Statistiken angeschaut, wie es für Profisportler nach der aktiven Karriere weitergeht. Es gibt viele, die während ihrer Zeit als Sportler dafür keine guten Voraussetzungen geschaffen haben. Bei vielen kommt es zu Krisen, zu echten Schicksalsschlägen. Das ist eine Warnung.

Was mich immer angetrieben hat, schon früh in meiner Profizeit: Ich wollte mir später keine Vorwürfe machen, dass ich nicht genug dafür getan habe:

Hätte ich mehr trainiert!

Hätte ich besser auf meinen Schlaf geachtet!

Hätte ich einen besseren Lifestyle gepflegt!

Nach dieser Devise habe ich gelebt. Meine Haltung war zunächst nur auf den Fußball bezogen, um das Maximale herauszuholen. Aber ich habe sie dann nicht nur auf das Sportliche ausgerichtet, auch auf das Finanzielle.

Wir müssen nicht drum herumreden: Als Profi verdienst Du viel Geld. Echt viel Geld. Und die Gefahr ist groß, dass Du viel ausgibst. Echt viel. Ich meine: viel zu viel. Oder dass Du in die falschen Dinge investierst. Ich wollte mir später nie vorwerfen, dass ich falsche finanzielle Entscheidungen mit schwerwiegenden Konsequenzen getroffen habe. Sieht ganz gut aus bisher.

Jetzt geht es mir darum, dass ich nach dieser Devise auch mit Blick auf die Karriere nach der aktiven Karriere lebe. Wenn Schluss ist mit dem Fußball, will ich mir nicht sagen müssen:

Du hast Dich für anderes zu wenig interessiert!

Warum hast Du das nicht schon vor zehn Jahren gemacht?

Warum hast Du diese wertvolle Zeit verstreichen lassen?

Es führt kein Weg daran vorbei: Nach Deiner Karriere hast Du noch vierzig, fünfzig, vielleicht sogar sechzig Jahre vor Dir! Eigentlich fängt Dein Leben dann erst an. Na gut, ich übertreibe: Du hast dann schon ein bisschen was erlebt, aber trotzdem: Es ist noch verdammt viel Zeit übrig.

Ich bin sicher, dass es gut ist, wenn Du Dir darüber, was danach kommt, nicht erst nach dem letzten Abpfiff Gedanken machst. Das muss gar nichts mit Start-ups und Tech-Firmen zu tun haben. Es geht um die Dinge, die Dir Spaß machen. Die Dir wichtig sind. Und dass Du Dich genau darum früh kümmerst: Familie, berufliche Entwicklung, soziales Engagement, was auch immer.

Um im Bild zu bleiben: Ich bin zwar an mehr als fünfzig Start-ups beteiligt, aber ich stehe, bildlich gesprochen, noch an der Seitenlinie, weil ich wegen Fußball und Familie nicht mehr Zeit dafür habe. Um Dinge richtig gut zu machen, muss man sich darauf konzentrieren, fokussieren. Davon bin ich überzeugt. Ich sehe das jetzt als Aufbauphase, um dann tiefer einzusteigen, wenn meine Karriere zu Ende ist.

Vor Kurzem ist Zlatan Ibrahimović als Partner eines Investmentunternehmens, dem der AC Mailand gehört, als Senior Advisor für AC Mailand Ownership und Senior Management eingestiegen. Business und Sport zu verbinden – das kann ich mir auch für mich gut vorstellen.

Ich hatte Dir schon gesagt, dass ich meine Entscheidungen für mich getroffen habe, auch gegen den Rat von Familie, Freunden und Beratern. Und dass ich keine Entscheidung bereue. Ist auch so. Aber mit den Jahren habe ich trotzdem gemerkt, dass das Leben so facettenreich ist, dass Du gut damit fährst, wenn Du ein gutes Team um Dich hast.

Ich bin wieder mit Volker zusammengekommen, der mir vom Wechsel nach München abgeraten hatte. Er hatte meine mittelfristige Entwicklung besser im Blick als ich selbst. Ist so. Er ist heute mein bester Ratgeber im Fußball. Und er hat mir auch oft neben dem Platz geholfen. Ich kann Ratschläge heute besser annehmen als früher, auch so ein Reife-Ding. Und vor meiner 15. Saison im Profifußball kann ich Dir sagen, was wirklich keine gute Idee ist. Wenn Du glaubst: »Ich weiß alles. Ich kenne alles. Mir macht keiner was vor.« Das ist wie in einem Fußballteam: Es ist gut, wenn in den verschiedenen Bereichen, die für Dich wichtig sind, gute Leute da sind. Das ist besser für Dich. Für Deine Karriere. Für Dein Leben.

Kannst Du Dir merken.

Ich weiß: Du schlägst meine Ratschläge in den Wind, darauf wette ich. Kein Problem, aber irgendwann erinnerst Du Dich vielleicht an einen Rat von mir. Das ist dann ein Anfang.

Und wo wir gerade bei guten Ratschlägen sind – wenn ich mir heute selbst einen Rat gebe, dann den: Ich will weiter mit einem offenen Herzen an die Sachen rangehen. Das hat mir in den letzten Jahren sehr geholfen.

Alles ist endlich. Alles kann ganz schnell vorbei sein.

Sportlich will ich noch ein paar Jahre das Maximum erreichen. Und wenn ich mir dafür etwas wünschen dürfte: dass wir eine Mannschaft aufbauen, mit der wir dann ganz oben angreifen können. Doch das kann man nicht erzwingen. Die eigenen Ambitionen und die des Vereins müssen zusammenpassen, das eine geht nicht ohne das andere.

Was mein Leben angeht, fühle ich mich heute so gut wie noch nie. Meine beste Zeit ist jetzt.

Die Zukunft kann kommen.

Pass auf Dich auf!
Dein Mario

5

EGON LOY

Das Kriegskind

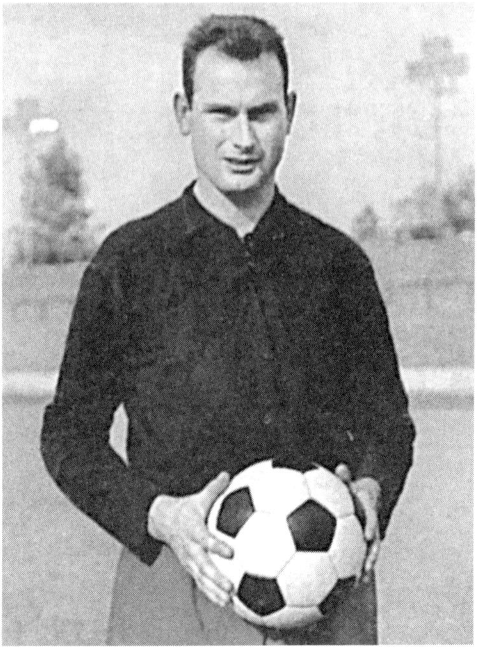

Als Kriegskind wird in Deutschland eine erwachsene Person bezeichnet, deren Kindheit durch den Zweiten Weltkrieg und die damit verbundenen Erlebnisse direkt oder indirekt geprägt worden ist. Dazu gehören auch Kriegstraumata. Bisher hat die Literatur zu diesem Thema keine allgemeingültige und verbindliche Definition hervorbringen können. Einigkeit besteht allerdings in der Überzeugung, dass die Folgen der Kriegskindheit über viele Jahrzehnte spürbar bleiben, zum Teil mit zunehmendem Alter wieder anwachsen und oft stumm an die nachfolgenden Generationen weitergegeben werden können.

Auszug aus Definition von »Kriegskind (Deutschland)« laut Wikipedia

Wir wurden fast jede Nacht aus dem Schlaf gerissen. Die Sirenen waren so laut. Im Keller sind wir zusammengezuckt, wenn die Einschläge näher kamen.

Ich bin 1931 geboren. Den Krieg und die Fliegerangriffe habe ich zunächst in Essen erlebt, in seiner Endphase in der Nähe von Nürnberg.

Richtige Luftschutzkeller oder U-Bahn-Schächte gab es bei uns nicht. In unserem Haus in Essen wurde bloß ein Kellerraum ausgeräumt und ein paar Sitzgelegenheiten reingestellt, da haben wir bei Bombenangriffen dann unsere Nächte verbracht. Wir wurden nicht direkt ausgebombt, aber nach zwei Angriffen gab es erhebliche Schäden, weil das Nachbarhaus voll getroffen wurde.

Angst? Angst hatten wir Kinder keine. Nicht so wie unsere Eltern. Ich kann mich noch genau erinnern: Je nachdem, wann die Fliegerangriffe kamen, hat die Schule am nächsten Tag später angefangen. Das war so festgelegt.

Essen war die Stadt der Krupp-Werke, der Kriegsindustrie. Deswegen gab es bei uns schon früh heftige Bombenangriffe. Wir haben in Essen-Bergeborbeck gewohnt, da war das Krupp'sche Hüttenwerk, Panzerbau III. Und in Bergeborbeck und Bocholt waren auch die Zechen, die waren ebenfalls bevorzugte militärische Ziele.

Ich habe damals mit meinen Freunden auf der Straße gekickt, uns war der Fußball wichtig. Für mich war Essen-Bergeborbeck deswegen vor allem die Hafenstraße, das Stadion von Rot-Weiss Essen. Da haben unsere Idole gespielt.

Wir Kinder haben in den Trümmern Bombensplitter gesammelt. Das war eine große Sache für uns, das war »in«. Die Splitter haben wir dann untereinander getauscht. Das war unser Spiel, neben dem Fußball.

Die Eltern waren immer besorgt. Sie haben das meist in dem Zusammenhang ausgedrückt, dass es wenig zu essen gab, dass sie keine Süßigkeiten für uns Kinder hatten. Gefühle haben keine große Rolle gespielt, vieles in den Gesprächen wurde rationalisiert.

Tatsächlich war das ganze Leben in der Kindheit eine einzige Einschränkung. Das fängt bei den Bomben an. Und beim Essen, bei der Nahrung. Es gab damals Lebensmittelmarken, nur damit sind wir irgendwie über die Runden gekommen.

Man sagt ja heute noch: »Ich bin ein Kriegskind.«

Auch unsere Schule wurde heftig vom Krieg heimgesucht. Wir sind dann meiner Erinnerung nach mit rund vierzig Kindern aus zwei Klassen und unseren Lehrern in die Kinderlandverschickung gekommen, in die Nähe von Innsbruck. Da haben wir während des Kriegs Skilaufen gelernt. Meine Eltern sind unterdessen ohne mich zurück von Essen in ihre alte Heimat gezogen, nach Schwabach bei Nürnberg.

Das Ende des Kriegs habe ich dann auch dort erlebt. Ich bin direkt aus der Kinderlandverschickung dorthin gekommen, alles war neu für mich. Ich war fast zwei Jahre in Innsbruck ohne meine Mutter, ohne meinen Vater. Ich war auf mich alleine gestellt.

In Schwabach kamen wir vom Regen in die Traufe. Die Stadt liegt nur rund zwanzig Kilometer entfernt von Nürnberg. Und Nürnberg war die Stadt, die Adolf Hitler zur Stadt der Reichsparteitage erklärt hatte. Das war dann auch ein bevorzugtes Ziel der Alliierten. Für uns bedeutete das: Luftschutzkeller, Koffer in der Hand, das gleiche Prozedere wie in Essen.

Auch die Abläufe in der Schule waren wieder wie vorher: Fliegerangriff vor zwölf Uhr oder nach zwölf Uhr, Schule dann vor neun Uhr oder später. Insgesamt war es aber nicht ganz so schlimm wie im Ruhrgebiet.

Für mich war Nürnberg wiederum vor allem die Heimat des 1. FC Nürnberg, des »Clubs«, der in den Zwanzigerjahren fünf Mal die Deutsche Meisterschaft gewonnen hatte.

Eine Woche nach der Kapitulation hatte ich 14. Geburtstag. Ich war von 1944 an in der Hitlerjugend, im Jungvolk, für den Volkssturm war ich in den letzten Kriegsmonaten zum Glück noch zu jung. Ich habe mir sehr das Kriegsende gewünscht. Marschieren wollte ich nie, meine Fußballkameraden auch nicht. Wir sind im Jungvolk zum Musikzug, ich war an der Marschtrommel, wir haben Fanfaren gespielt.

Mein Vater war politisch verfolgt. Er war links, sehr sozial eingestellt. Das hat er auf uns, auf mich übertragen. In Essen hatte es ja viele Sozialdemokraten und Kommunisten und deren Sympathisanten unter den Arbeitern gegeben.

Vor dem Einmarsch der Amerikaner wurden bei uns die Straßen aufgerissen und Barrikaden gebaut. Da mussten Jungs, die gerade 16 geworden waren, zur Verteidigung im Volkssturm antreten. Davon bin ich verschont geblieben.

Ich war so froh, als endlich Frieden war. Da gab es Hoffnung, da konnte ich an die Zukunft denken.

Mein erster Traum nach dem Krieg waren Fußballschuhe. Eine Fußballausrüstung. Auf Bezugsscheine gab es Schuhe, Straßenschuhe, aber keine Fußballschuhe. Wir hatten dann Schuhe unten mit einer Holzsohle, oben mit einem Lederersatz. Auf die Holzsohlen haben wir die Verschlüsse von Gurkengläsern, die aus Kork waren, genagelt. Das waren unsere Stollenschuhe. Oft sind die Sohlen zersplittert, die Nägel sind durchgegangen, einen von uns hat's immer wieder erwischt.

Unser Verein in Schwabach war ein Arbeiter-, Turn- und Sportverein, der im Dritten Reich verboten worden war. Unsere Eltern hatten Wert darauf gelegt, dass meine ältere Schwester und ich in einen Arbeiterverein gehen. Nach '45 wurde auch das Gründungsdatum in den Vereinsnamen aufgenommen, Schwabach 04.

In Essen und im Ruhrgebiet hat es fast nur Aschenplätze gegeben. Rote Erde. In Bayern waren fast nur Rasenplätze. Darauf haben wir natürlich viel lieber gespielt, gerade ich als Torwart. Wenn man auf Asche hingefallen ist oder sich als Torwart hinwerfen musste, war der Verputz ganz schnell weg.

Mit 17 Jahren habe ich schon in der ersten Mannschaft gespielt, wir sind dann in die Bayernliga aufgestiegen, in die höchste Amateurklasse. Mein Vater ist früh gestorben, im Jahr 1948, er wurde nur 53. Da kam es sportlich bei mir zu einem Knick. Die Frage war: Wie geht es mit der Familie weiter – was mache ich beruflich? Ich war ein guter Schüler. Und am sichersten ist es, hieß es, bei der Stadt zu arbeiten. Am besten Beamter, das wollte vor allem meine Mutter. Da habe ich mich für die bayerische Verwaltungsschule entschieden und habe eine Lehre bei der Stadt Schwabach gemacht.

Aber auf dem Weg zum Beamten wurden mir Steine in den Weg gelegt. Schwabach war eine Garnisonsstadt, und viele der früheren Wehrmachtsbeamten und Offiziere aus der Nazizeit sind wieder in Amt und Würden gekommen. Die waren überall: Gewerbeamt, Bauamt, Einwohnermeldeamt, Wirtschaftsamt. Wir Jüngeren aus der Verwaltungsschule wurden nicht ins Beamtenverhältnis übernommen. Das hatte Folgen für mich.

Nicht zuletzt deswegen bin ich im Sommer 1954 zu Eintracht Frankfurt gewechselt. Die Eintracht hat mir eine gute Perspektive auch jenseits des Fußballs aufgezeigt. In Frankfurt wurde mir eine Stelle bei der Metallgesellschaft zugesagt, einem sehr sozial ausgerichteten Unternehmen. In Schwabach wäre ich nicht weitergekommen. Das hat den Ausschlag gegeben.

Ich bin dann siebzig Jahre bei der Eintracht geblieben und vierzig Jahre bei der Metallgesellschaft.

In Nürnberg und Fürth hatte ich schon Spiele der Eintracht in der Oberliga Süd verfolgt. Ich war begeistert von der technischen Stärke der Frankfurter. Damals war ein solcher Wechsel unüblich, bei der Eintracht spielten fast ausnahmslos Spieler aus Frankfurt, aus der Region, aus Hessen. Ich hatte auch zahlreiche Angebote aus der Region, von 1860 München, Nürnberg, Schweinfurt, Augsburg. Das waren die Oberligavereine in unmittelbarer Nähe. Frankfurt war in jeder Hinsicht das seriöseste und beste Angebot für mich.

Sportlich war die Eintracht für mich ein neues Level. Ich sollte Nachfolger von Helmut Henig werden, einem sehr guten Torwart, der zehn Jahre älter war. Und dann gleich Oberliga Süd. Sommer 1954, direkt nachdem Deutschland Weltmeister geworden ist. Die Erwartungen waren vonseiten des Vereins gleich sehr groß. Ich hatte die Hoffnung, dass wir in der Oberliga vorne mit dabei sind, dass wir es vielleicht in die Endrunde schaffen. Aber ich habe nie daran gedacht, dass wir Deutscher Meister werden, dass wir im Landesmeister-Finale gegen Real Madrid stehen würden.

Es hat auch ein paar Jahre gedauert, bis wir so weit waren. 1958 waren wir schon nah an der Endrunde, und durch den Trainerwechsel ging es weiter aufwärts. Paul Oswald kam von Kickers Offenbach zur Eintracht, ein großartiger Trainer. Wir hatten dann auch eine gute, ziemlich junge Mannschaft mit zwei, drei erwachsenen Spielern: Alfred Pfaff, Richard Kreß und Adolf Bechtold. Dann kam Torjäger Ekko Feigenspan, später die drei Ungarn nach dem Volksaufstand mit István Sztáni, dazu Ivica Horvat, der Stopper aus Jugoslawien. Da ging es aufwärts.

In der Endrunde 1959 haben wir alle Spiele gewonnen, zum Teil spektakulär: 7:2 bei Werder Bremen, 4:2 beim 1. FC Köln und 6:2 in Pirmasens. Die Menschen in Frankfurt waren begeistert, zum Heimspiel gegen den FK Pirmasens kamen über 80 000 Fans. Und dann haben wir im Berliner Olympiastadion das Finale um die Deutsche Meisterschaft gegen Kickers Offenbach 5:3 nach Verlängerung gewonnen. Der Name der

Eintracht wurde zu dieser Zeit auch außerhalb Deutschlands bekannt.

Wir bekamen Einladungen von überall, wir haben so viel von der Welt gesehen, wie man das normalerweise in dieser Zeit nie geschafft hätte. Im August 1959 waren wir in der Sowjetunion; in Moskau, in Sankt Petersburg, dem damaligen Leningrad; in Chişinău, der heutigen Hauptstadt von Moldau; in Kiew, der heutigen Hauptstadt der Ukraine. Erst zwei Jahre zuvor sind die letzten deutschen Kriegsgefangenen aus der Sowjetunion nach Hause gekommen. Wir haben vieles mitbekommen, wie es in Ländern nach dem Krieg zuging, nicht nur in Deutschland.

Auf unserer Reise in der Sowjetunion waren wir wie in einem Käfig. Es gab immer Leute um uns herum, die auf uns »aufgepasst« haben. Wenn man aber abseits davon die Leute zum Beispiel in Leningrad erlebt hat, da hat man schon gemerkt, dass die Menschen bedrückt sind.

Man darf nicht vergessen: In der Sowjetunion sind über 25 Millionen Menschen dem Zweiten Weltkrieg zum Opfer gefallen, Leningrad wurde ausgehungert, über eine Million Einwohner sind gestorben. Aber über den Krieg wurde auf dieser Reise nicht gesprochen. Die Politik hat auch für den Verein keine Rolle gespielt, er hat sich aus diesen Themen vollkommen rausgehalten. Es hieß: »Wir spielen Fußball.« Doch immer, wenn wir in den Osten gefahren sind, war unser Präsident Rudi Gramlich nicht dabei. Er gehörte dem Totenkopfregiment der Waffen-SS an. Mir war das damals im Detail nicht bekannt. Ich wusste nur, dass er unter Otto Nerz zum Nationalspieler im Dritten Reich wurde – und dass er Mitglied der NSDAP war, dem Regime treu ergeben. Später wurde ihm bei der Eintracht wegen seiner Vergangenheit im Dritten Reich die Ehrenpräsidentschaft aberkannt.*

Anfang der Sechzigerjahre sind wir auch nach Südafrika, dort herrschte das Apartheidsystem. Die schwarzen Bediensteten in den Hotels haben fast nichts verdient. Wir haben ihnen etwas Geld zugesteckt, aber dann wurde uns gesagt: »Am nächsten Tag kommen sie sonst nicht mehr zur Arbeit.« Wir wollten im Rahmen unserer Möglichkeiten etwas Gutes tun, aber das war nicht erwünscht. Es wurde uns verboten, Geld zu geben. Später waren wir auch in Argentinien, unmittelbar vor der Weltmeisterschaft 1966 in England, als dort ein Putsch stattfand. Wir waren als Trainingsgegner der argentinischen Nationalmannschaft dort, als die Menschen auf der Straße aufeinander geschossen haben. Wir waren in unmittelbarer Nähe. »Hauptsache, ihr spielt Fußball«, wurde gesagt. Nur darum ging es dem Verein und den Leuten in diesen Ländern.

Mein erstes Spiel bei der Eintracht war direkt nach der Weltmeisterschaft 1954 gegen Fortuna Düsseldorf, ein Freundschaftsspiel, das wir 4:0 gewonnen haben. Dort stand Toni Turek im Tor, den Herbert Zimmermann in seiner Finalreportage zum »Fußballgott« erklärt hatte. Aber Turek war nicht mein Vorbild. Mein Vorbild damals war Lew Jaschin, der legendäre Torwart der Sowjetunion, der knapp zwei Jahre älter war als ich. Ich habe versucht, sein Spiel nachzuahmen.

Jaschin hat sachlich gespielt, er musste nicht fliegen. Sein Stellungsspiel war hervorragend. Willibald Kreß, der beim Dresdner SC und bei FSV Frankfurt im Tor gespielt hat, sagte in diesem Sinne einmal zu mir: »Du hast gut gespielt, wenn du zu null gespielt hast und dich kein einziges Mal werfen musstest.« Stellungsspiel hat eine herausragende Bedeutung für das Torhüterspiel. Ich mache heute auch manchen Torleuten noch einen Vorwurf, wenn sie einen Grundsatz im Stellungsspiel nicht beherrschen: »Du musst, wenn ein Angriff über Außenspieler kommt, die hintere Ecke abdecken, die vordere musst du anbieten – nach vorne geht's leichter, da kommt der Ball zu dir.«

Von all meinen Nachfolgern gefällt mir Kevin Trapp am besten, ein perfekter Torhüter mit großer Ausstrahlung. Nur

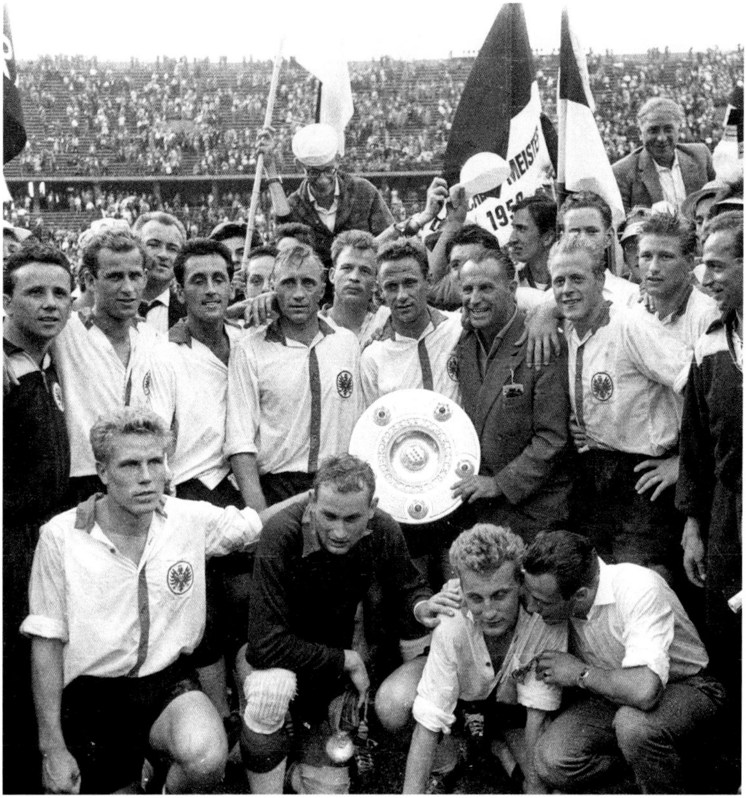

1 Frankfurter Meister: Die Mannschaft um Torwart Egon Loy und den dreifachen Final-Torschützen Eckehard Feigenspan (erste Reihe, Zweiter und Dritter von links), die mit einem 5:3 gegen Kickers Offenbach im Jahr 1959 den Titel gewinnt.

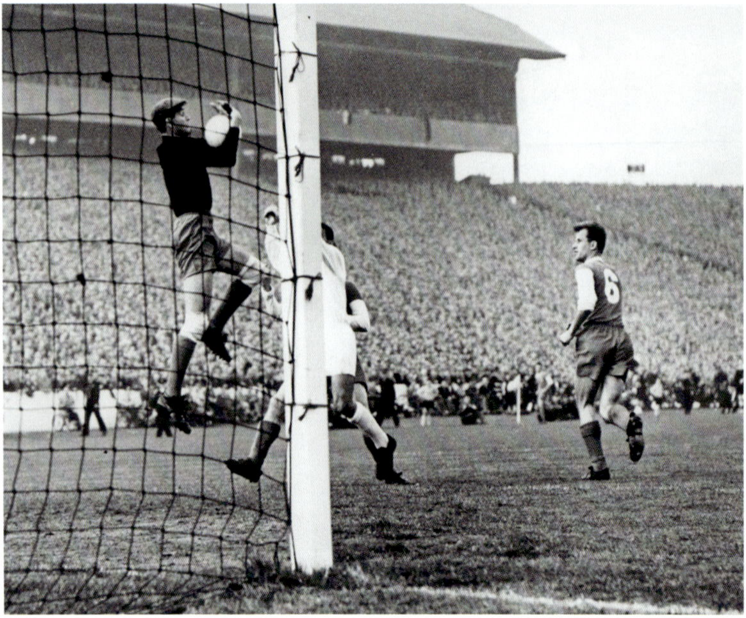

2 Legendäres Finale: Eintracht Frankfurt (mit Egon Loy im Tor) verliert 1960 das Endspiel im Europapokal der Landesmeister gegen Real Madrid mit 3:7 – und macht den Klub vor 127 000 Zuschauern in Glasgow zu einer internationalen Attraktion.

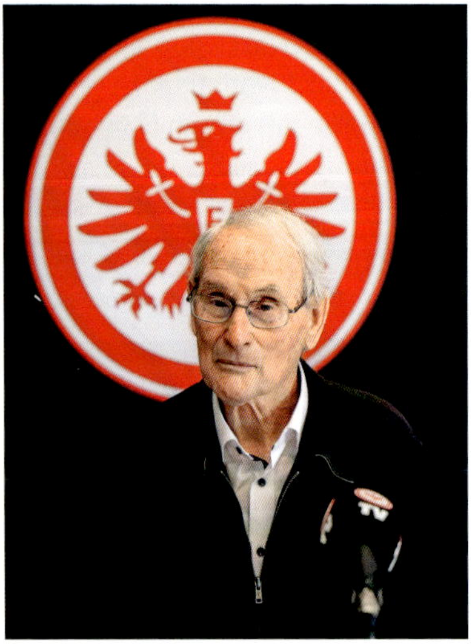

3 Egon Loy, Jahrgang 1931: Seit über 70 Jahren mit Eintracht Frankfurt verbunden.

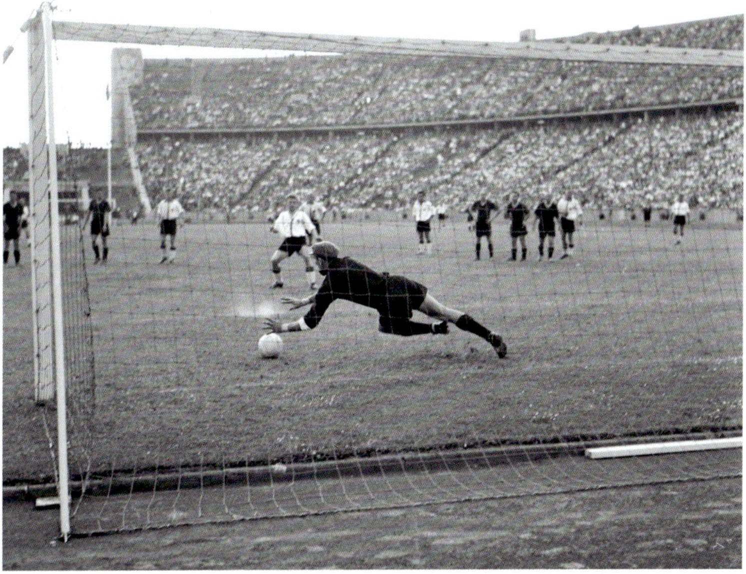

4 Torjäger Eckehard »Ekko« Feigenspan trifft im Finale der deutschen Meisterschaft gegen Kickers Offenbach (5:3) im Berliner Olympiastadion auch vom Elfmeterpunkt. Nach dem Titelgewinn wechselt er wegen seines Studiums nach München.

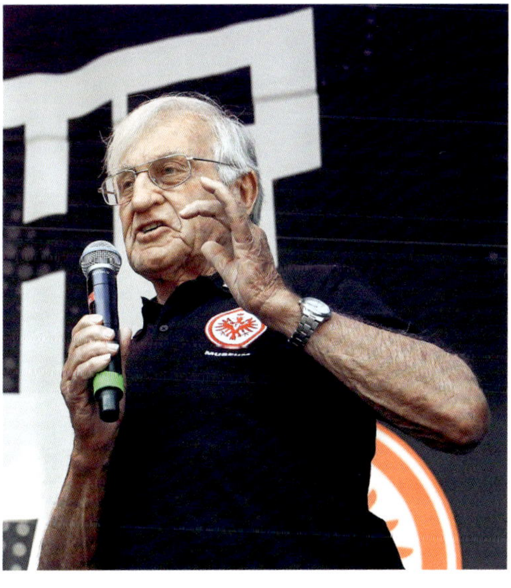

5 Eckehard Feigenspan, Jahrgang 1935: Einmal Adler, immer Adler.

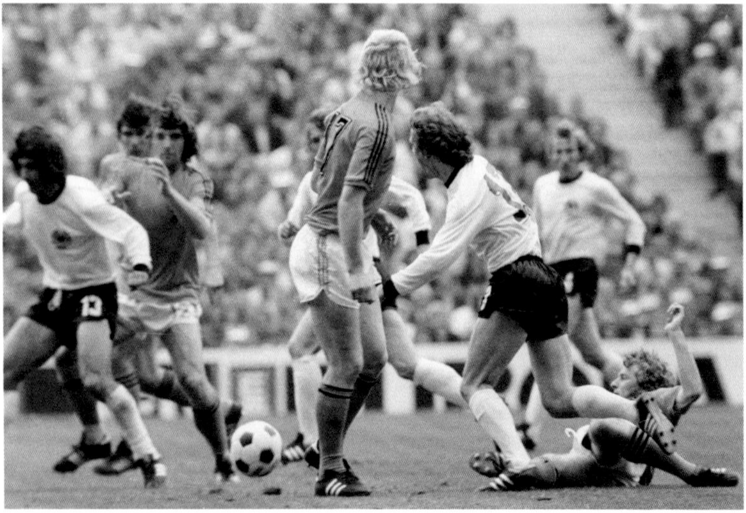

6 Schlitzohr bei der Arbeit: Bernd Hölzenbein (mit Rückennummer 17) kommt beim 2:1 im WM-Finale von 1974 gegen die Niederlande zu Fall und erhält einen der berühmtesten Elfmeter der deutschen Fußballgeschichte zugesprochen …

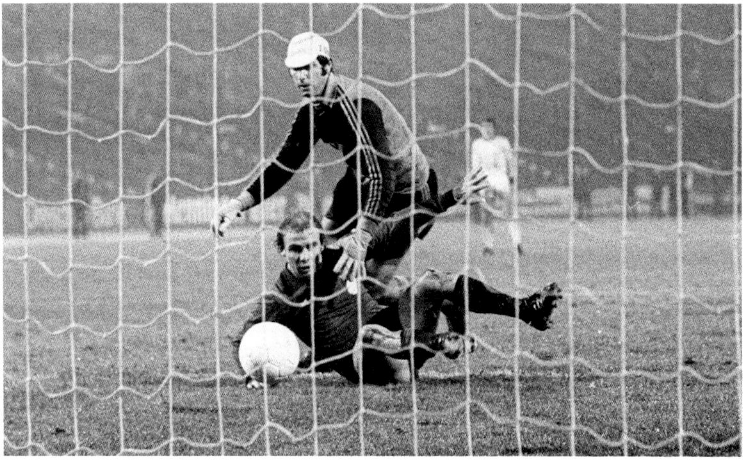

7 … und erzielt im November 1979 in der zweiten Runde gegen Dinamo Bukarest in der Nachspielzeit das vermutlich einzige Sitzkopfballtor im internationalen Fußball. Ohne den kuriosen Treffer zum 2:0, der das Ausscheiden der Frankfurter verhinderte, wäre die Eintracht einige Monate später nicht UEFA-Pokalsieger geworden.

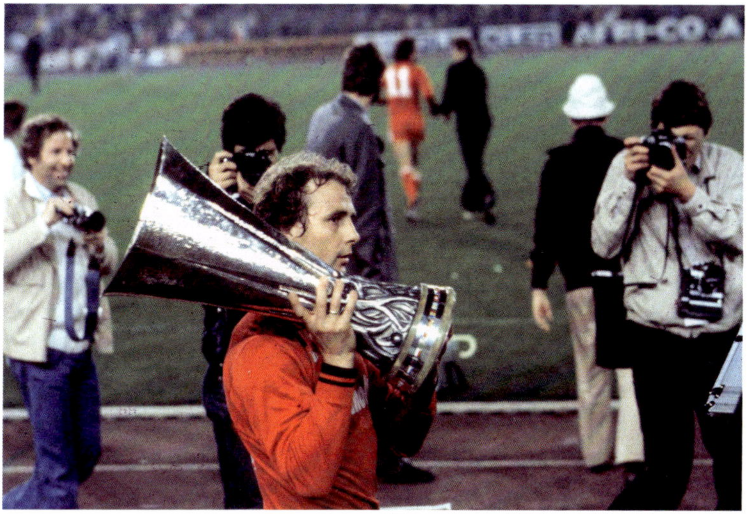

8 Bernd Hölzenbein ist aufgrund der Verletzung von Jürgen Grabowski Kapitän beim Gewinn des UEFA-Pokals 1980 – und wechselt danach in die amerikanische Profiliga, wie auch seine Weltmeisterkollegen Franz Beckenbauer und Gerd Müller.

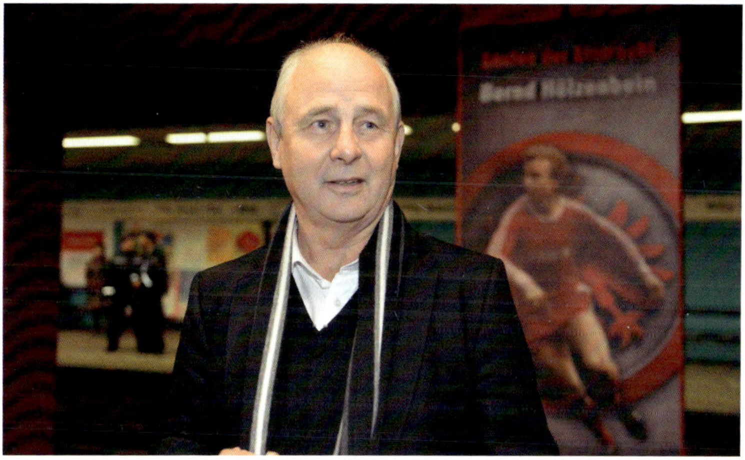

9 Im Jahr 1988 kehrt Hölzenbein als Vizepräsident und Manager zurück zu seinem Verein – und sorgt in den kommenden Jahren für einen Aufschwung, dem die Krönung mit der Deutschen Meisterschaft durch eine Niederlage im letzten Saisonspiel in Rostock im Jahr 1992 jedoch versagt bleibt.

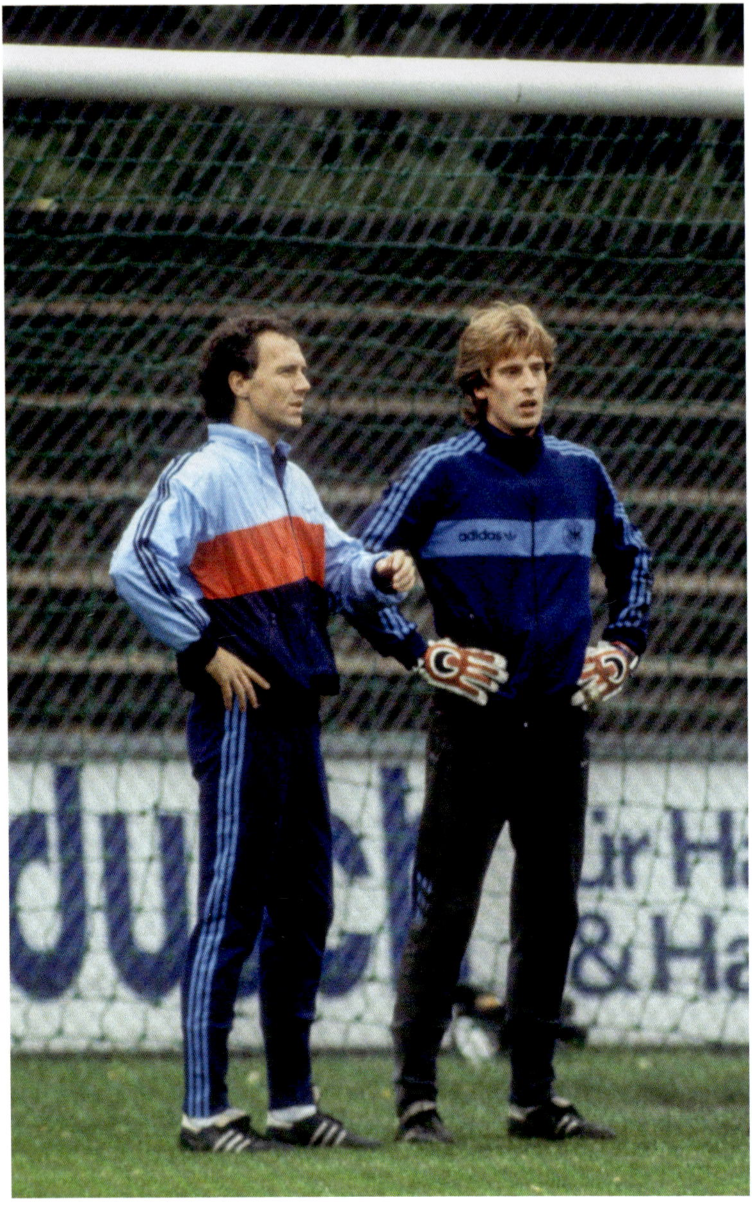

10 Getrennte Wege statt Weltmeister: Während der WM 1986 in Mexiko kommt es zum Zerwürfnis zwischen Teamchef Franz Beckenbauer und Uli Stein.

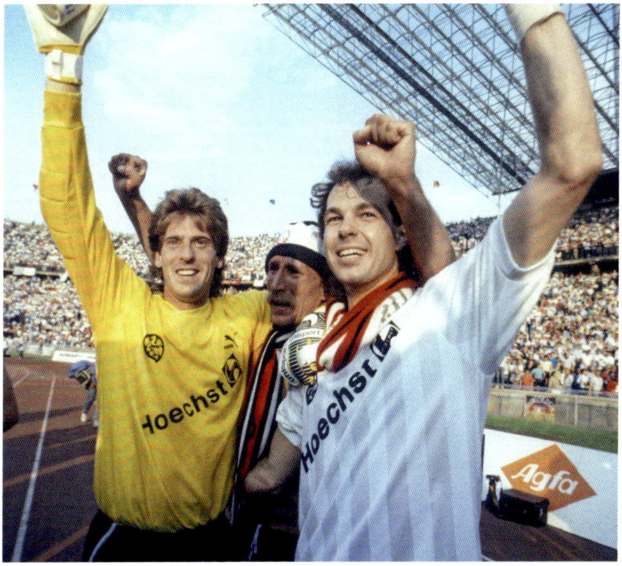

11 Pokalsieger 1988: Ein Jahr nach seiner Suspendierung beim HSV gewinnt Uli Stein mit der Eintracht in Berlin den DFB-Pokal, zusammen mit Frank Schulz und Dieter Schlindwein (rechts).

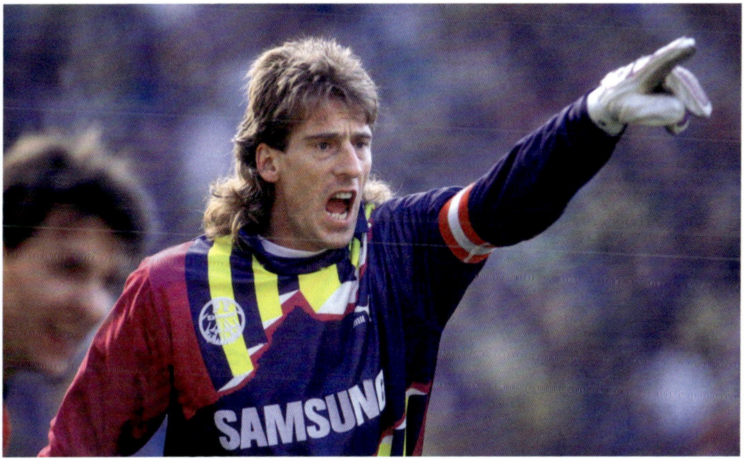

12 Kapitän Stein: Der Torwart ist zwischen 1987 und 1994 großer Rückhalt in Frankfurt – aber auch zwischen ihm und der Eintracht knallt's.

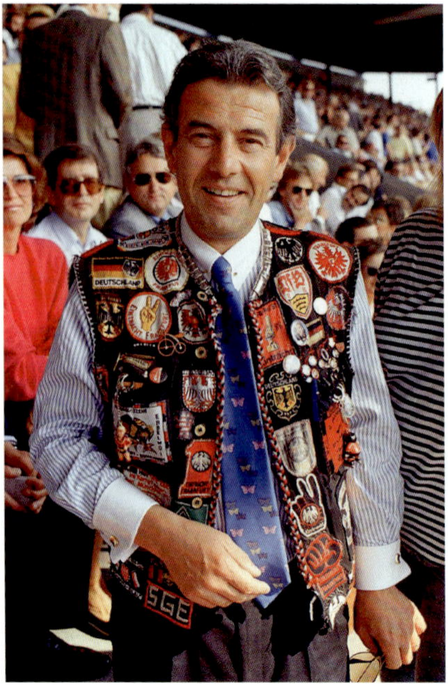

13 Glamour-Präsident in der Fußballwelt: In der Zeit des Devisenhändlers Matthias Ohms erlebt Eintracht Frankfurt seine erfolgreichste und schillerndste Phase in der Bundesliga.

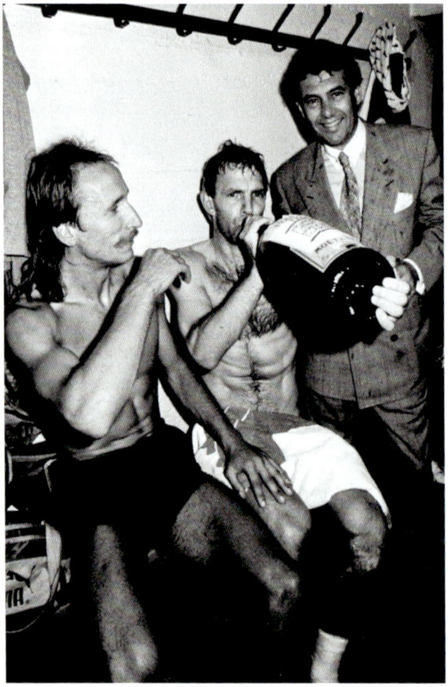

14 Big, Big, Big: Der Champagner fließt, der Anspruch steigt. Präsident Ohms, Karl-Heinz Körbel und Frank Schulz (links) feiern 1989 den Klassenerhalt – danach geht's aufwärts.

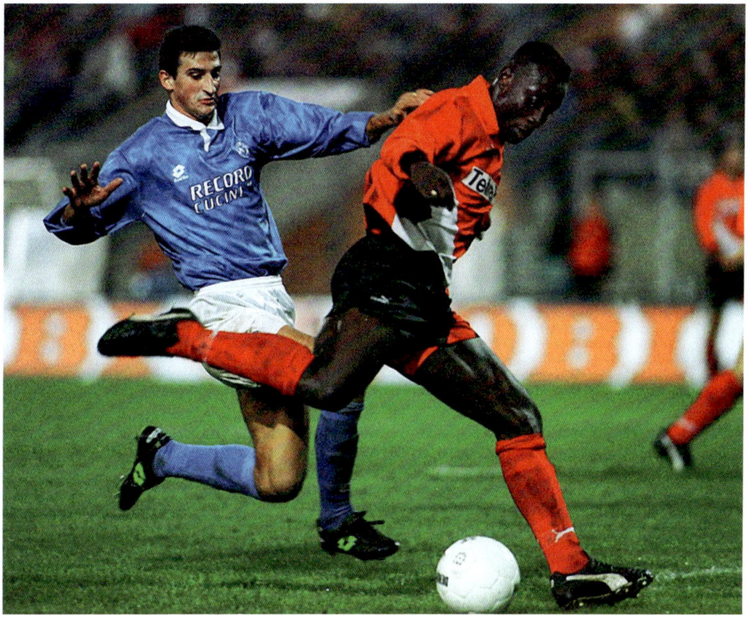

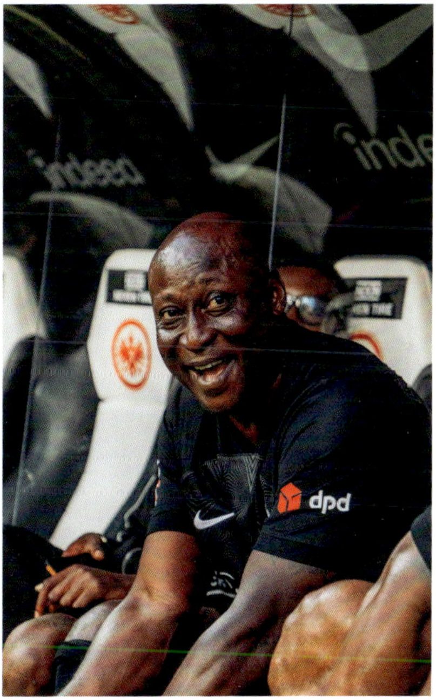

15/16 Unbändige Kraft, unbändiger Ehrgeiz: Anthony Yeboah wird in den Neunzigerjahren zu einer der Symbolfiguren für den Frankfurter »Fußball 2000«, zum Torschützenkönig der Liga, zu einem Liebling der Fans – und zum ersten afrikanischen Kapitän in der Bundesliga.

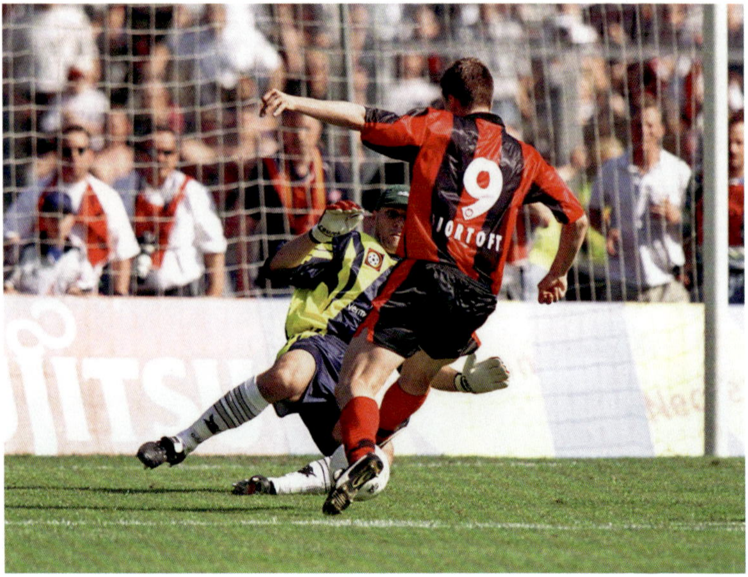

17 Überflieger dank Übersteiger: Jan Åge Fjørtoft rettet 1999 die Eintracht mit seinem unvergessenen Tor zum 5:1 kurz vor Spielschluss gegen den 1. FC Kaiserslautern im wohl dramatischsten Abstiegskampf der Bundesliga-Geschichte.

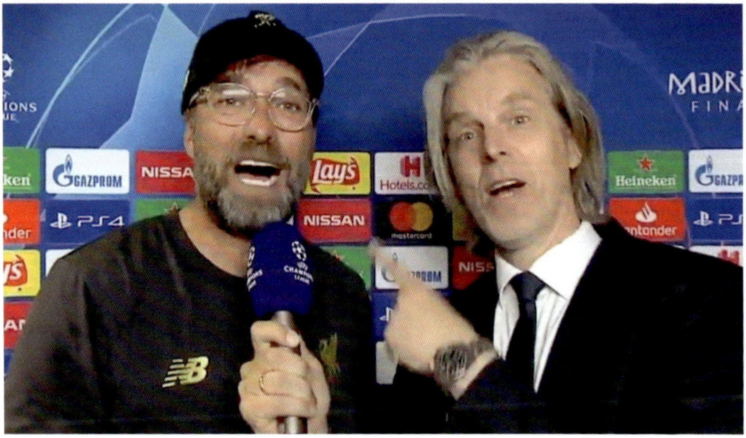

18 Showtalent und Spaßmacher: Fjørtoft, hier im fröhlichen Gespräch mit Jürgen Klopp, kommt auch als internationaler Fußballexperte in seiner Lieblingsrolle an.

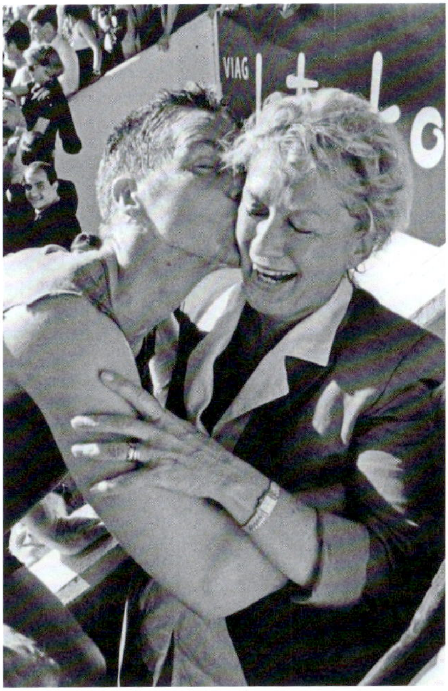

19 Die Oberbürgermeisterin und der Frankfurter Retter: Nach erfolgreichem Abstiegskampf 1999 tanzen und herzen sich Petra Roth und Fjørtoft auf der Tribüne des Waldstadions.

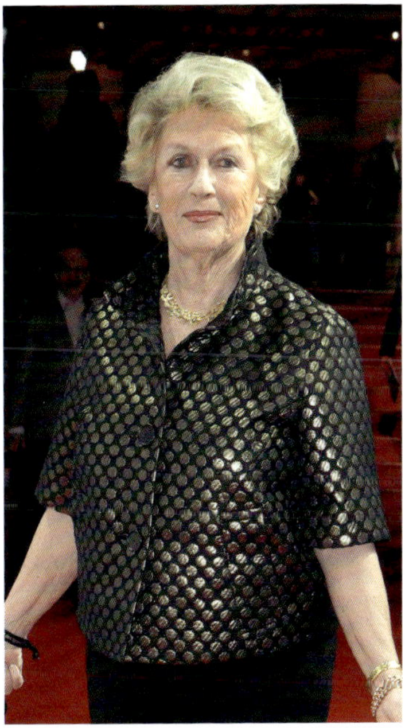

20 Die erste und einzige Frankfurter Oberbürgermeisterin: Petra Roth, 17 Jahre Stadtoberhaupt und immer mit der Eintracht verbunden.

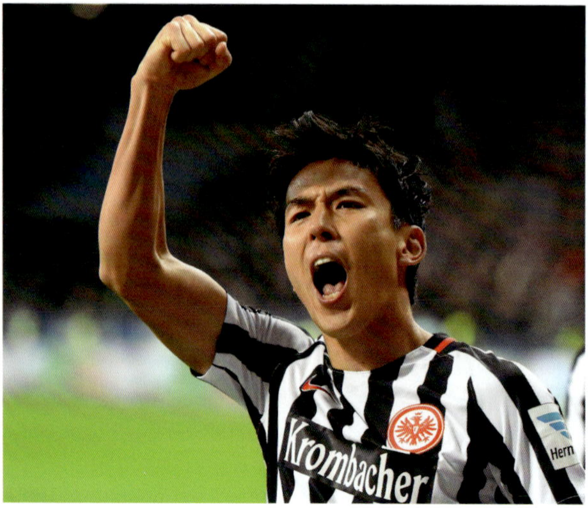

21 Oldie but Goldie: Mit vierzig Jahren wird Makoto Hasebe zum ältesten Spieler, der jemals für Eintracht Frankfurt in der Bundesliga gespielt hat – und mit seiner Professionalität und Freundlichkeit zu einem Vorbild.

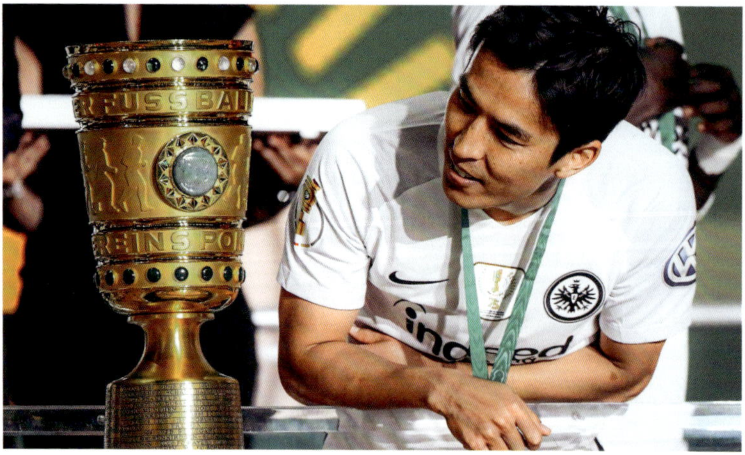

22 Makoto Hasebe und der DFB-Pokal: Mit dem 3:1-Sieg im Finale 2018 gegen den FC Bayern macht sich der langjährige japanische Kapitän selbst ein großes Geschenk – er spielt fortan mit einer Freiheit, die er lange nicht kannte.

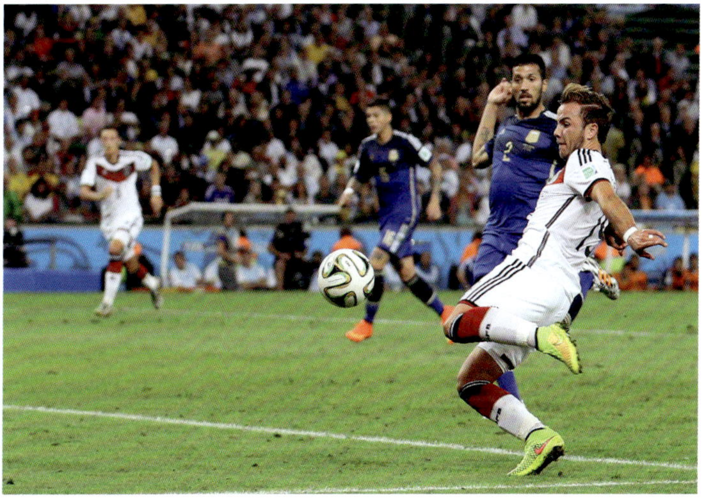

23 Mario Götze und das WM-Tor: Mit seinem 1:0 im Finale 2014 gegen Argentinien macht sich der mit 22 Jahren jüngste Schütze eines deutschen WM-Finalsiegtores unsterblich – doch das Tor ist in den kommenden Jahren nicht nur Freude, es ist auch Last.

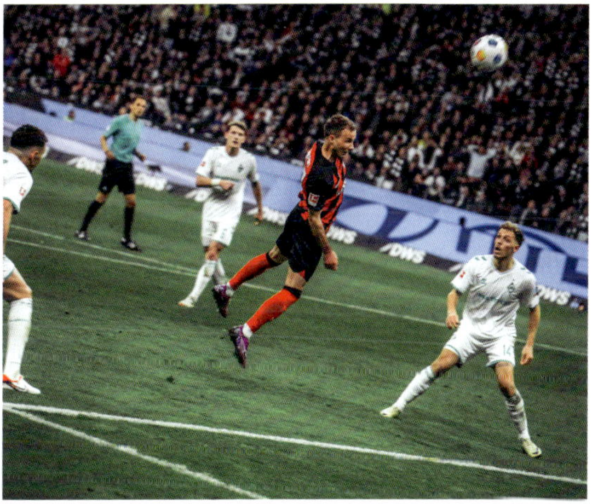

24 Losgelöst in Frankfurt: Nach seiner Rückkehr in die Bundesliga über die Zwischenstation PSV Eindhoven schließt sich für Mario Götze bei der Eintracht ein Kreis – der ewige WM-Torschütze kommt auch wieder in Deutschland an.

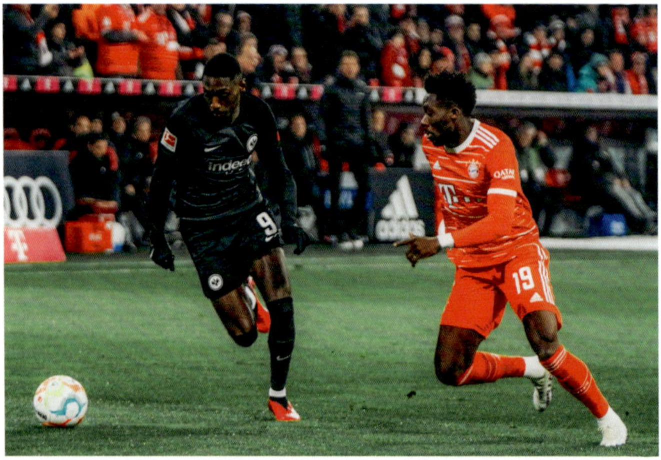

25 Traumhafter Start, jähes Ende: Der weithin unbekannte französische Stürmer Randal Kolo Muani kommt im Sommer 2022 nach Frankfurt – und wechselt nur ein Jahr später nach großem Transfertheater für knapp 100 Millionen Euro nach Paris, als teuerster Spieler der Klubgeschichte.

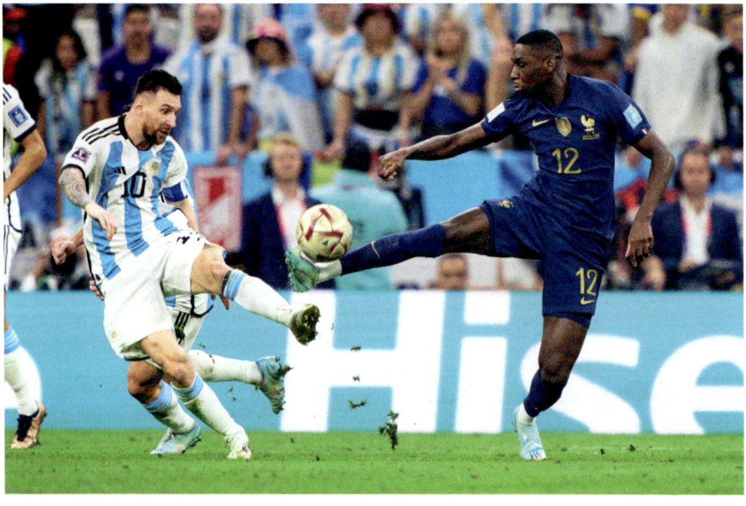

26 Vor dem Olymp: Im WM-Finale 2022 gegen das Argentinien von Lionel Messi steht Kolo Muani vor dem großen Triumph. Doch sein Torschuss kurz vor Ende der Verlängerung findet nicht sein Ziel – und lässt ihn nicht los.

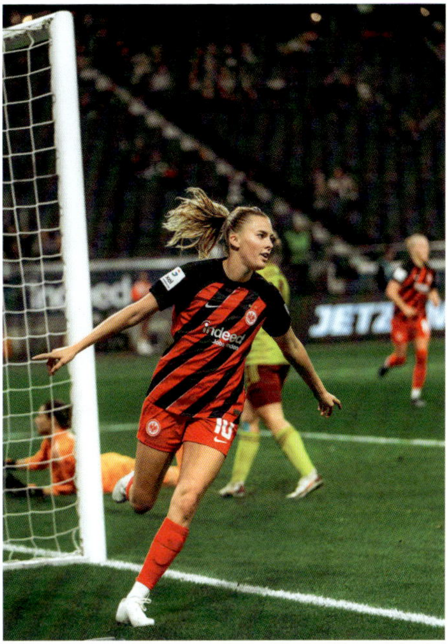

27 Willkommen, Champions League: Offensivspielerin Laura Freigang und die Eintracht-Frauen gehen ihren Weg nach oben auf eigene Weise – mit viel Freude und einem klaren Plan.

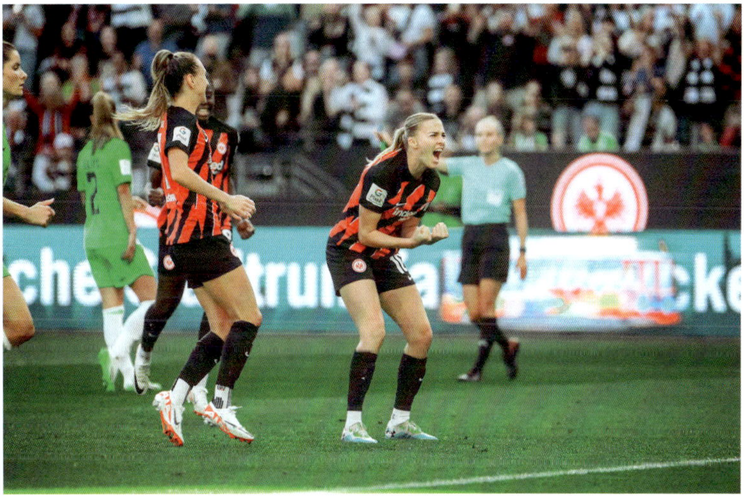

28 Volltreffer für Frankfurt: Der Aufstieg der Eintracht mit Laura Freigang in die Spitzengruppe der Bundesliga sowie der wiederholte Einzug in den internationalen Fußball sind ein Gewinn für alle – für den Verein und die Stadt.

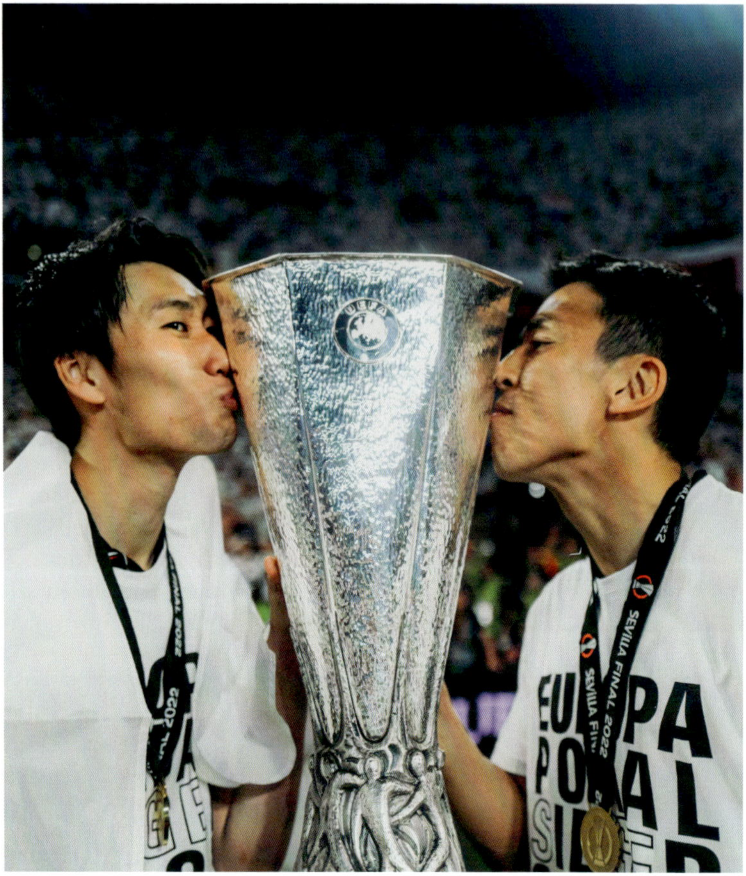

29 Spiegel des Erfolgs: Der Japaner Makoto Hasebe und sein Landsmann Daichi Kamada (links) feiern den größten internationalen Sieg der Frankfurter Eintracht in den vergangenen Jahrzehnten: den Triumph in der Europa League im Jahr 2022 gegen den Rangers FC aus Glasgow.

bei seiner Spieleröffnung müsste es schneller gehen, aber das sage ich schon lange. Lukáš Hrádecký, der mit uns 2018 Pokalsieger geworden ist und 2024 Meister mit Bayer Leverkusen, war mit dem Fuß nicht so gut.

Vor dem ersten Spiel hatte ich kein Trikot dabei. Ich dachte, ich bekomme eins. Da sagte der Zeugwart zu mir: »Wir haben hier noch ein Hemd von Helmut Henig, das passt dir.« Das war kein richtiges Fußballtrikot, es war ein normales Hemd. Das gehörte einem amerikanischen Besatzungssoldaten. Ein braunes Hemd mit Knöpfen, das die Eintracht schwarz gefärbt hatte, und auf die Brust kam der Eintracht-Adler. »Na klar, das nehme ich«, habe ich gesagt. Ich habe das dann immer angezogen. Die Eintracht hatte weiße Trikots, ich das schwarze. Der Zeugwart hat mein Trikot aber nie mitgewaschen, es hat gefärbt. Ich habe es immer mit nach Hause genommen, meine Frau hat es dann separat gewaschen. Wenn an den Ellbogen ein Loch war, wurde es wieder gestopft. Ich habe mein Torwarthemd sehr gerne getragen, zwölf Jahre lang, jetzt ist es im Eintracht-Museum.

Ich habe meine gesamte Karriere ohne Handschuhe gespielt. Wenn es regnete, hat der ein oder andere Torwart mal Stoffhandschuhe angezogen, das habe ich dann auch mal probiert. Meine Schwiegermutter hat mir dann welche gestrickt, die habe ich im Training getestet. Die waren auch nicht schlecht, haben aber nicht lange gehalten. Die Fingerkuppen kamen schnell unter der Wolle hervor.

Auf unserer Russlandreise 1959 hatten wir einen russischen Betreuer. Der hatte gesehen, dass ich keine Handschuhe trug. Am nächsten Tag hat er mir welche mitgebracht, leichte Lederhandschuhe. »Druschba«, hat er gesagt. Freundschaft. Wie bei Tischtennisschlägern hatten die einen Gummibezug mit Noppen obendrauf. Ich habe mich gefreut, aber auch die waren rasch kaputt. Ich habe im Grunde immer ohne Handschuhe gespielt, die gehörten damals nicht zur Ausrüstung. Richtige Torwarthandschuhe, die es dann später gab, habe ich nur mal angezogen, wenn wir mit den Alten Herren gespielt haben.

Ohne Handschuhe ist an meinen Händen öfter was passiert. Finger ausgerenkt im Spiel, das kam immer wieder vor. Dann kam der Doktor zum Tor, hat den Finger eingerenkt, und es ging weiter. Auswechslungen gab es zu meiner Zeit noch nicht. Wenn man als Feldspieler wirklich nicht mehr konnte, dann hat man sich an die Außenlinie gestellt, um damit noch einen Gegenspieler zu binden.

Bei einem meiner ersten Punktspiele für die Eintracht haben wir zehn Minuten vor Schluss 1:0 bei Kickers Offenbach auf dem Bieberer Berg geführt, wo die Eintracht jahrelang nicht gewonnen hatte. Helmut Preisendörfer hat mich bei einem Flugkopfball am Knie erwischt. Ich dachte, die zehn Minuten packe ich noch, das habe ich auch. Aber danach kam das Knie in Gips. Ein Spiel Pause, dann ging's weiter.

1959 und 1960 waren die beste Zeit der Eintracht, es war auch meine beste Zeit als Torwart. Deutscher Meister und im Landesmeister-Finale gegen Real Madrid. In der Endrunde der deutschen Meisterschaft haben wir alle Spiele gewonnen, und im Europapokal der Landesmeister haben wir bis zum 3:7 im Endspiel kein einziges Spiel verloren. Wir sind durchmarschiert, im Halbfinale haben wir die Glasgow Rangers 6:1 und 6:3 geschlagen.

Im Finale, was für eine Kulisse! Wir haben im Hampden Park vor 127 000 Zuschauern gespielt. 127 000 Zuschauer, unfassbar.

Real Madrid war eine Nummer zu groß für uns. Real hatte zuvor schon viermal nacheinander den Europapokal gewonnen. Das war eine Weltklasse-Mannschaft, wir waren im Jahr 1960 eine Oberliga-Mannschaft. Die Real-Spieler waren Profis, wir sind noch zum Arbeiten gegangen. Die Bundesliga wurde erst drei Jahre später eingeführt. Vor dem

6:1 im Hinspiel gegen Glasgow Rangers habe ich bis 16 Uhr noch in der Metallgesellschaft gearbeitet und bin dann direkt rausgefahren zum Stadion. Am nächsten Morgen war ich dann wieder auf der Arbeit. So ging es nicht nur mir. Selbst zu Beginn in der Bundesliga haben wir noch so trainiert wie in der Oberliga, angepasst an die Arbeitszeiten, nachmittags.

Die Niederlage war für mich als Torwart am schwierigsten. Sieben Gegentore. Ich habe mir Vorwürfe gemacht, natürlich. Als Torwart steht man im Blickpunkt, und manchmal schaut das von außen ganz dumm aus. In keinem anderen Spiel habe ich mehr Gegentore bekommen.

Als wir nach rund einer Viertelstunde mit 1:0 in Führung gegangen sind, dachte ich mir: »Jetzt sollte Schluss sein.« Durch den Ausfall von Ivica Horvat auf der Mittelläufer-Position hatten wir einen entscheidenden Nachteil, das hatte bei uns einen taktischen Wechsel zur Folge. Friedel Lutz und Hansi Eigenbrodt mussten auf andere Positionen, das hat hinten und vorne nicht gepasst. Es waren komische Tore dabei, aber Real hat uns richtig ausgespielt. Die Tore haben nur Alfredo Di Stéfano und Ferenc Puskás gemacht, zwei legendäre Spieler. Puskás schoss vier Tore, Di Stéfano drei. Aber nach diesem 7:3 im Finale war Eintracht Frankfurt in der gesamten Fußball-Welt bekannt, so viele Tore sind nie wieder in einem Finale im Europapokal der Landesmeister gefallen, auch nicht in der Champions League.

Nach dem Spiel wollten wir in die Kabine, weil wir so enttäuscht waren. Doch Paul Oswald hat uns aufgefordert, auf dem Platz zu bleiben. Es war gut, dass er uns das gesagt hat. Wir haben dann Spalier für Real Madrid gestanden, wir haben applaudiert und gratuliert. Klar, keiner verliert gerne, das war früher auch nicht anders. Doch die Leistung des Gegners muss man immer anerkennen. Und das sollte man auch zeigen.

Respekt ist eine Haltung, die ich mir im Fußball stärker wünsche. Aber nicht nur da. Respekt ist unsere Grundlage, im Fußball und im Leben.

*Der im Jahr 1908 geborene Rudolf Gramlich, der als deutscher Nationalspieler 1932 mit der Eintracht im Endspiel um die deutsche Meisterschaft stand, wurde 1937 Mitglied bei der SS und 1940 Mitglied der NSDAP. 1938 übernahm er mit seinem Geschäftspartner die Geschäftsräume der »Jakob Schönhof – Ledergroßwarenhandlung«, deren bisheriger Inhaber der jüdische Lederkaufmann Herbert Kastellan war. Dabei erfolgte keine Vergütung des Firmenwerts, eine Zahlung wurde lediglich für Inventar und Warenlager geleistet. Kastellan wurde später nach Litzmannstadt (Łódź) deportiert und ermordet. Nach Kriegsende einigten sich die Inhaber der Firma Fabian & Gramlich mit den überlebenden Töchtern Kastellans im Rückerstattungsverfahren auf eine Nachzahlung des »angemessenen Kaufpreises« für die Bestände des Lagers, der etwa das Doppelte des 1938 bezahlten Preises betrug.

Von November 1939 bis September 1940 gehörte Gramlich als Mitglied der 9. Kompanie des III. Bataillons der 8. SS-Totenkopfstandarte an, die Einheit wurde in Krakau aufgestellt. Die Forschung des Fritz Bauer Instituts hat keine Hinweise auf die Teilnahme an Gewaltverbrechen hervorgebracht. Gleichwohl betont die Studie, dass »die Hinweise auf eine Beteiligung Gramlichs an ›Bandeneinsätzen‹ und die heutigen Erkenntnisse über den Charakter seiner Einheit den Verdacht der Einbindung in die mörderische NS-Politik eher erhärten, als dass er sich entkräften ließ«. In seiner Studie kam das Fritz Bauer Institut zu der Erkenntnis, dass sich Rudolf Gramlich »in verschiedener Hinsicht grundsätzlich in das NS-System integrierte, von ihm profitierte und an seinen Herrschaftspraktiken partizipierte«.

Im Entnazifizierungsverfahren nach Kriegsende wurde Rudolf

Gramlich als »Minderbelasteter« eingeordnet. 1955 wurde er Präsident des Vereins, unter seiner Regie wurde die Eintracht 1959 Deutscher Meister und erreichte 1960 das Europapokalfinale. Als Rudi Gramlich 1970 nicht mehr für das Präsidentenamt kandidierte, wurde er von der Eintracht zum Ehrenpräsidenten ernannt. Im Jahr 2020 hat das Präsidium von Eintracht Frankfurt im Einvernehmen mit dem Ehrenrat beschlossen, die Ehrenpräsidentschaft von Rudolf Gramlich posthum abzuerkennen. Die Verantwortlichen der Eintracht waren der Meinung, dass die Fakten, die bei der Ernennung zum Ehrenpräsidenten, dem damaligen Zeitgeist folgend, keine Rolle gespielt hatten, aus heutiger Sicht anders bewertet werden müssen.

Auszug aus der Mitteilung von Eintracht Frankfurt vom 26. Januar 2020: »Aberkennung der Ehrenpräsidentenwürde für Rudolf Gramlich«; https://klub.eintracht.de/news/aberkennung-der-ehrenpraesidentenwuerde-fuer-rudolf-gramlich-124798

6

RANDAL KOLO MUANI

Der Rekordtransfer

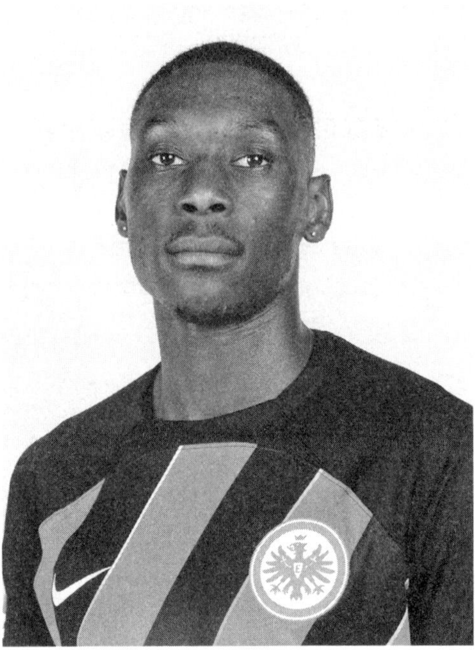

Transferwertentwicklung und Karrierestationen

Nantes, 12.10.2017: 150 000 Euro
Nantes, 17.12.2018: 150 000 Euro
Nantes, 03.06.2019: 300 000 Euro
Nantes, 03.08.2020: 300 000 Euro
Nantes, 04.06.2021: 9 Millionen Euro
Nantes, 30.05.2022: 16 Millionen Euro

Nantes/Frankfurt, 01.07.2022: Kolo Muani wechselt ablösefrei vom FC Nantes zu Eintracht Frankfurt.

Frankfurt, 21.09.2022: 20 Millionen Euro
Frankfurt, 23.12.2022: 37 Millionen Euro
Frankfurt, 29.03.2023: 65 Millionen Euro
Frankfurt, 22.06.2023: 80 Millionen Euro

01.09.2023, 18 Uhr: Deadline Day Bundesliga
01.09.2023, 23 Uhr: Deadline Day Ligue 1
Frankfurt/Paris, 01.09.2023, circa 22.59 Uhr: Kolo Muani wechselt für 95 Millionen Euro zu Paris Saint-Germain, Rekordablöse für Eintracht Frankfurt.

Transferablauf

Frankfurt 28./29.08.2023

Kolo Muani erscheint nicht zum Training in Frankfurt, reist nach Paris, um den Druck in den Transferverhandlungen zu erhöhen, nachdem er am Vorabend ein vom Verein nicht autorisiertes Statement abgegeben hat:

Ich habe bis zum Schluss immer alles für den Verein gegeben. Es ist aber kein Geheimnis, dass Paris Saint-Germain ein Rekordangebot für mich abgegeben hat. Ein Wechsel nach Paris ist jetzt eine einmalige Chance für mich. Ich würde gerne nach Paris wechseln und habe die Verantwortlichen auch informiert. Ich hoffe und wünsche mir, dass die Eintracht auf das Angebot eingeht und mir dieser Wechsel nun ermöglicht wird.

Frankfurt, 30.08.2023

Sportvorstand Markus Krösche:

»Wir haben Randal anders kennengelernt und wissen um seinen eigentlichen Charakter. Es prasselt aktuell sehr viel auf ihn ein, und daraus resultiert diese Reaktion, die falsch ist, was wir ihm und seinem Umfeld auch klar und in allen Auswirkungen verdeutlicht haben. Wir werden das Spiel gegen Levski Sofia ohne ihn bestreiten. Für uns ist klar: Das Verhalten hat keinen Einfluss auf Transferaktivitäten.«

Frankfurt, 30.08.2023

Trainer Dino Toppmöller:

»Eintracht Frankfurt ist immer größer als ein einzelner Spieler. Wenn ich alles sagen würde, was ich denke oder wie ich mich fühle, dann wäre das nicht ganz so gut.«

Paris, 31.08.2023

Nationaltrainer Didier Deschamps anlässlich der Nominierung für die Länderspiele der französischen Nationalelf:

»Ich kenne Kolo gut, er ist ein sehr respektvoller Mensch. Das sind Situationen, die vorkommen können, wenn der Marktschluss näher rückt. Es ist gut für uns, wenn Nationalspieler in einer Mannschaft spielen. Sie sind dann besser aufeinander abgestimmt.«

Frankfurt, 31.08.2023

Ohne Kolo Muani gewinnt Eintracht Frankfurt 2:0 gegen Levski Sofia und qualifiziert sich für die Gruppenphase der Conference League.

Frankfurt, 02.09.2023, 0:30 Uhr

Sportvorstand Markus Krösche:

»Letztendlich war die Entwicklung der vergangenen Stunden und damit verbunden die wirtschaftlichen Parameter, die für Eintracht Frankfurt eine Rekordeinnahme durch einen Spielertransfer bedeuten, ausschlaggebend. Am späten Nachmittag haben wir aufgrund der Angebotslage der Spielerseite und Paris Saint-Germain mitgeteilt, dass wir keine Grundlage für eine Einigung sehen und weiterhin mit Randal Kolo Muani planen. Am späten Abend haben wir ein Angebot erhalten, welches wir aus wirtschaftlichen Gesichtspunkten im Sinne von Eintracht Frankfurt nicht ausschlagen konnten.«

Seit ich denken kann, war es mein Ziel, Fußballprofi zu werden. Ich hatte nie einen anderen Plan.

Mein Vater ist aus dem Kongo nach Frankreich gekommen. Er war der Erste, dann kam meine Mutter. Sie haben in Frankreich auf ein besseres Leben gehofft. Mein Vater war ungefähr dreißig Jahre alt, als er kam. Er hat zuerst für einen Sicherheitsdienst gearbeitet, dann hat er seine eigene Firma in diesem Bereich gegründet. Auf eine gewisse Art haben sich die Träume meiner Eltern erfüllt. Mittlerweile fühlen sie sich in Frankreich sehr wohl.

Ich habe zwei Brüder und eine Schwester, wir sind alle drei Jahre auseinander. Ich bin der Jüngste in der Familie. Ich habe die Zeit, in der es schwierig war, nicht erlebt, anders als vielleicht meine Brüder.

Ich würde nicht sagen, dass wir viel Geld hatten, aber wir hatten auch keine großen Probleme. Natürlich braucht man Geld, um zu leben. Aber Geld ist für mich nicht das Wichtigste.

Geld macht nicht immer glücklich.

Wenn es um Ablösesummen von 100 Millionen Euro geht, ist das verrückt, sehr verrückt sogar. Mir war die frühere Zeit lieber, als die Summen noch nicht so hoch waren. Leider hat sich der Markt so entwickelt. Früher waren die Summen noch akzeptabel, heute geht es um viele Millionen, um Milliarden. Das ist viel zu viel. Natürlich, in den Fußball fließt viel Geld. Aber man darf eins nicht vergessen: Fußball ist ein Spiel, immer noch.

Natürlich, bei diesen hohen Summen kann man den Kopf verlieren. Zum Glück habe ich meine Familie um mich. Die ist für mich da. So komme ich damit klar. Ich versuche, bodenständig zu bleiben.

Ich bin in Bondy geboren, einer Banlieue vor Paris. Da kommt auch Kylian Mbappé her. Aufgewachsen bin ich in Villepinte, einer anderen Banlieue, dorthin bin ich später auch immer wieder zurückgekommen. In meiner Kindheit habe ich in mehreren Klubs in der Gegend gespielt. Von meinen Freunden damals ist Wilfried Kanga auch Profi geworden, er spielt jetzt bei Hertha BSC. Er ist in einem Nachbarort groß geworden, in Montreuil. Das sind nur ein paar Kilometer. Wir haben oft zusammen gespielt.

Die Banlieues lassen sich nicht mit Paris vergleichen. Die Menschen sind viel ärmer. Ich selbst hatte in meiner Jugend keine Probleme mit der Polizei, auch Rassismus habe ich dort nicht erlebt.

Meinen Eltern war es wichtig, dass ich gut in der Schule bin. Ich hatte wenig Freiheiten. Ich durfte zweimal in der Woche zum Training, am Wochenende zum Spiel. Unter der Woche hatte die Schule Vorrang, die Hausaufgaben. Ich konnte dann nur im Garten was mit dem Ball machen, oder alleine gegen die Wand. Mit meinen Kumpels konnte ich nur am Wochenende auf den Bolzplatz, da hatte ich mehr Freiraum.

Ich war trotzdem nicht der beste Schüler. Ich kam so durch, Mittelmaß bestenfalls. Das ist für die Aufnahme in Nachwuchsleistungszentren nicht gut gewesen.

Fußball war immer meine Basis, das Zentrum meines Lebens.

Meine Familie hat mich stark unterstützt. Sie haben mich, als ich in Villepinte, Tremblay und Torcy gespielt habe, zum Training und den Spielen gebracht, sie waren immer dabei. Wenn meine Eltern nicht konnten, haben das meine beiden älteren Brüder übernommen.

Mit zwölf Jahren wollte ich in das Nachwuchsleistungszentrum von AS Saint-Étienne. Ich habe dort vorgespielt, aber es hat nicht geklappt. Mein Vater war sehr enttäuscht. Ich nicht, ich war überzeugt: Es wird noch eine Chance für mich geben. Ich war weiter selbstbewusst, auch wenn ich mir nicht sicher war, ob ich es schaffe. Aber in einem war ich mir sicher: Ich muss alles dafür tun.

Danach hatte ich gesundheitliche Probleme. Was ich damals hatte, war ein Wachstumsproblem (Morbus Osgood-Schlatter, eine Entzündungskrankheit von Knorpel und Knochen am Schienbeinkopf). Ich war dünn und nicht so groß – und plötzlich bin ich gewachsen. Ich hatte Schmerzen beim Training und beim Spiel. Aber ich wusste, die Probleme würde ich nicht ewig haben. Mein Bruder hat damals immer wieder versucht, mich zu beruhigen, sagte, dass es wieder gut würde. Und ich wusste: Meine Zeit wird kommen. Ich habe noch genug Zeit vor mir.

In Frankreich ist es so, wenn man mehr als fünfzig Kilometer von einem Nachwuchsleistungszentrum wohnt, kann man erst ab der U16 dorthin wechseln. Ab der U12 kann man aber einen Vorvertrag unterschreiben, dass man bis dahin mit keinem anderen Verein etwas vereinbart.

Mit 16 hatte ich dann ein Probetraining bei Stade Rennes. Die haben mich aber auch nicht genommen. Das war für mich eine große Enttäuschung. Man hat mir keine Begründung gegeben. Es gab nur ein »Nein«. Ich war einfach nicht gut genug.

Meine Brüder haben irgendwann abgemacht, dass mich die ganze Familie bei meinem Werdegang im Fußball unterstützt. Einer von ihnen kümmert sich heute um den sportlichen Bereich, um meine Verträge. Der andere um mein Image, meine sozialen Netzwerke.

Meine Brüder haben studiert. Einer hat nach dem Abitur nach fünf Jahren den Master gemacht, der andere nach drei Jahren den Bachelor. Der eine im Management, der andere im sozialen Bereich.

In meiner Jugend hatte ich mehrere Vorbilder. Ich mochte immer Spieler, die ins Dribbling gegangen sind. Eins-gegen-eins-Spieler: Zinédine Zidane, Ronaldinho, Robinho. Ich wollte von ihnen lernen. Ich wollte spielen, wie sie spielen.

Mein Vater hat mir früher Trikots von großen Klubs gekauft. Alle meine Freunde hatten die Namen der Stars auf dem Rücken. Nur ich habe meine Trikots nicht mit den Namen von großen Spielern beflocken lassen, immer nur mit meinem eigenen: Randal.

Ich sehe mich nicht als Superstar. Und ich fühle mich nicht als Superstar.

Natürlich war es ein Traum, Profisportler zu werden. Dafür habe ich viel getan. Und ich werde noch viel dafür tun, um es zu bleiben. Ich habe noch nicht das Maximum meiner Leistung erreicht, die ich auf dem Platz zeigen kann.

In der Jugend habe ich auf dem Flügel gespielt. Die Trainer hatten damals andere Vorstellungen als Eins-gegen-eins. Ich hatte die Anweisung, meine Schnelligkeit auszuspielen, zu flanken. Und nicht ins Dribbling zu gehen. Diese Fähigkeit, die mein Spiel verbessert hat, konnte ich erst später entwickeln.

Als ich mit 17 Jahren zum FC Nantes kam, habe ich dort viele »kleine« Verträge bekommen. Nantes ist kein großer Verein. Daher kann ich auch nicht sagen, dass ich dort viel verdient hätte. Aber mir ist immer auf dem Platz eines am wichtigsten gewesen: das Spiel.

Wenn ich auf dem Platz bin, vergesse ich alles. Ich bin dann in meiner eigenen Sphäre.

Meine Denkweise ist es, nicht zu große Schritte zu machen. Auf Französisch sagt man: nicht schneller sein als die Musik. Ich wollte lieber langsamer vorgehen, dafür aber sicher.

Man hätte ja glauben können, weil ich erst später reingekommen bin in das Nachwuchsleistungszentrum, dass ich das Gefühl hatte, dass ich mich jetzt besonders beeilen muss, um auf das Niveau zu kommen, auf dem andere schon waren. Aber das war nicht so.

Ich vertraue auf mich. Glaube an das Schicksal, an Gott. Wenn ich diesen Weg gehe, hat das einen Grund.

Ich glaube.

Ich bin nicht sehr religiös, aber auf eine gewisse Weise hat mein Glaube eine Rolle gespielt – für meinen Werdegang und den meiner Familie.

Vertrauen gibt mir Kraft und Sicherheit.

Ich hatte in meinem Leben nie Angst vor etwas. Ich bin ein lockerer Mensch, und so wird vieles auch leicht.

Frankfurt war für mich nach den Jahren in Nantes der nächste und richtige Schritt. Der Verein ist familiär, wie in Nantes. Und Frankfurt hat eine große, begeisterte Fanszene. Da wusste ich: Das ist der richtige Ort, um mich weiterzuentwickeln, da werde ich mich wohlfühlen.

In dem Jahr, in dem die Eintracht die Europa League gewonnen hat, habe ich auch die Einigkeit und den Spirit dieser Mannschaft gespürt. Das hat mir sehr gefallen. Ich bin bewusst den Weg nach Frankfurt gegangen.

Schon in den ersten Trainingseinheiten in Frankfurt habe ich gespürt, dass es bei der Eintracht gut funktionieren wird, dass ich am richtigen Ort bin. Wir haben gut kombiniert. Es gab Trainingsformen, in denen man das gesehen hat. Der Trainer hat das auch gespürt.

Mir ist wichtig, einen Trainer zu haben, der gerne kommuniziert, der viel mit den Spielern spricht, der Selbstvertrauen vermittelt. Früher war das anders. Als ich jünger war, wollte ich der Liebling des Trainers sein. Ich *musste* sein Liebling sein, damit ich Selbstvertrauen spüren konnte. Das war in meiner ganzen Kindheit so.

Es gab eine Zeit, da hatte ich immer wieder Stress mit Gegnern. Das ist ungefähr vier, fünf Jahre her. Mittlerweile fokussiere ich mich nur noch auf meine Aufgabe. Ich mache mir klar, dass Fußball dazu da ist, Spaß zu haben. Dass es am Ende nur ein Spiel ist.

Ich will mit Leichtigkeit spielen.

Um heute meine Qualitäten ausspielen zu können, meine Schnelligkeit und meine Dribbelstärke, ist für mich das Positionsspiel wichtig. Und dass die ersten Dribblings funktionieren. Wenn man gleich am Anfang nicht erfolgreich ist und sich in frustrierende Situationen bringt, frage ich mich: »Was mache ich gerade falsch? Warum läuft es nicht?« Dann sage ich mir, dass ich Ruhe bewahren muss. Nicht alles kann klappen. Du musst dranbleiben.

Nach dem Spiel schaue ich mir das Spiel noch mal an, um meine Leistung zu überprüfen. Mir ist wichtig, meine Fehler zu erkennen. Dinge, die ich verbessern kann.

Ich habe gesagt, dass ich in meiner Karriere nicht schneller als die Musik laufen will, aber auf dem Platz ist das etwas anderes.

In Frankfurt war mein bestes Spiel das 4:2 gegen Hoffenheim. Kurz vor der Weltmeisterschaft. Dieses Spiel hat sich am besten für mich angefühlt. Ich habe zwei Vorlagen gegeben und ein Tor selbst geschossen. Das war ein Spiel, in dem alles, was ich auf dem Platz unternommen habe, erfolgreich war: meine Dribblings, meine Pässe, meine Läufe.

Dass sich Spiele richtig gut entwickeln, merke ich, wenn die ganze Mannschaft geschlossen und schnell in die Offensive vorrückt, wenn sie dann auch gemeinsam verteidigt, wenn sie wirklich gemeinsam agiert. Dann kann man etwas erreichen. Das spürt man.

Doch wenn alle in der Mannschaft gleich sind, ist es schwer, erfolgreich zu sein. Jeder ist, wie er ist. Und jeder soll sein, wie er ist. Unterschiede sind wichtig.

In der Saison mit der Eintracht gab es zwei Augenblicke, die ich nicht vergessen werde. Das letzte Gruppenspiel in der Champions League bei Sporting, als wir nach einem 0:1-Rückstand noch 2:1 in Lissabon gewonnen haben und ins Achtelfinale kamen. Die Unterstützung der Fans war so stark. Ich war stolz auf unser Spiel. Und der zweite besondere Moment war, als Junior (Ebimbe) in der Nachspielzeit im letzten Spiel das entscheidende Tor gegen Freiburg zum 2:1 gemacht hat. Mit dem Tor haben wir uns für die Conference League qualifiziert. Da war die Stimmung genauso verrückt, unglaublich. Wir Fußballer lieben diese Momente. Dafür spielen wir Fußball.

Auch wenn man mir das vielleicht nicht glaubt: In der Saison bei der Eintracht war es von Beginn an in meinem Kopf, dass ich bei der Weltmeisterschaft dabei sein würde. Bei der WM-Nominierung wurde ich aber nicht berücksichtigt, doch das Pech von Christopher Nkunku, der sich verletzt hat, war dann mein Glück.

Ich war dankbar, dass ich überhaupt bei der WM dabei sein durfte. Auch auf der Ersatzbank. Es gibt eine Hierarchie in der Mannschaft, die muss jeder akzeptieren.

Als ich im Endspiel gegen Argentinien auf den Platz kam, habe ich mich darüber einfach gefreut. Früher habe ich mir oft selbst Druck gemacht. Das war, bevor ich nach Nantes in das Nachwuchsleistungszentrum gekommen bin. Das ist nicht gut, das hilft gar nicht. Da konnte mir keiner helfen, mein Vater und mein Bruder haben versucht, es mir beizubringen.

Mittlerweile sorge ich selbst für mich. Ich schaffe selbst dieses freie Gefühl in mir. Auch vor dem Finale der Weltmeisterschaft habe ich mich gut und frei gefühlt. Ich hatte keinen Druck. Ich hatte nur den Gedanken, alles zu geben, zu laufen, überall zu sein.

Ich kam kurz vor der Pause ins Spiel, wir lagen 0:2 zurück. Uns war klar, dass wir als Mannschaft jetzt mehr machen müssen: wach sein, gemeinsam agieren. Und das taten wir.

Als es in der Verlängerung 3:3 stand und ich in der Nachspielzeit auf den Torwart zulief und das Tor nicht geschossen habe, war ich von mir selbst genervt – und enttäuscht. Ich hatte aber noch Hoffnung auf das Elfmeterschießen. Ich habe dann versucht abzuschalten, den Elfmeter zu nutzen. Als Offensivspieler war es für mich selbstverständlich, den Ball zu nehmen und den Elfmeter zu schießen. Und das Tor zu machen.

Nach dem Spiel kam natürlich der Gedanke: »Du hättest der Held sein können.« Ich würde lügen, wenn ich sage, dass ich mich mit diesem Thema nicht mehr befasse. Die Enttäuschung ist immer noch präsent.

Wenn ich das Tor gemacht hätte, wäre ich in eine andere Sphäre gekommen. Doch wer weiß, was mit mir passiert wäre, wenn ich das Tor wirklich gemacht hätte.

In den Tagen nach dem Finale hat mich das tief bewegt. Heute versuche ich, das abzuhaken. Als Mannschaft sagen wir uns: Wir haben verloren, aber wir wollen stärker zurückkommen.

Ich war überrascht, wie viele positive Reaktionen ich in Frankreich nach der Weltmeisterschaft bekommen habe. Die Leute haben gesagt: Wenn ich ins Spiel kam, habe ich meine Leistung gebracht. Und die Mannschaft habe dann ein anderes Gesicht gezeigt.

Das größte Highlight in der WM-Saison war aber mein Debüt in der Nationalmannschaft. Das Trikot mit den zwei Sternen auf der Brust zu tragen: Da wurde ein Kindheitstraum wahr.

Ich bin in Frankreich geboren. Ich bin in Frankreich aufgewachsen. Ich kann es klar und laut sagen: Ich bin sehr stolz, für mein Land zu spielen.

Als Spieler hat man die Möglichkeit, vielleicht an drei Weltmeisterschaften in seiner Karriere teilzunehmen. Eine habe ich nun schon bestritten. Katar und die größere Wahrnehmung hatten eine positive Wirkung auf mich. Die WM hat mir noch mehr Sicherheit gegeben, auch für meine menschliche Entwicklung.

Seit der Weltmeisterschaft fühle ich noch mehr Selbstvertrauen und Sicherheit, wenn ich in ein Spiel gehe. Ich wage mehr, im Spiel und im Training. Dinge, die ich nie zuvor probiert habe.

Im Rückblick kann ich sagen: Die wichtigsten Augenblicke in der Saison 2022/23 war mein Tor gegen Sporting in der Champions League und das Finale der Weltmeisterschaft. Es waren Momente der Befreiung.

Ich glaube, dass ich nach dem Ende meiner Karriere, wenn ich auf Frankfurt zurückschaue, mich daran erinnern werde, dass der Verein und ich erstmals in der Champions League gespielt haben. Und für mich persönlich: dass ich mit meinen Toren (23) und Vorlagen (17) eine gewisse Leistungsstärke gezeigt habe.

Ich wünsche mir, dass die Leute später über mich sagen, dass Kolo Muani ein freundlicher, offener und bodenständiger Mensch ist. Das sind meine Werte. Und dass sie mich mögen für den Fußball, den ich gespielt habe: für meine Tore, meine Vorlagen und meine Beteiligung am ganzen Spiel. Heute schaut man bei Stürmern ja nur auf Tore, aber ich bin ein Spieler, der für die Mannschaft da ist, für meine Mitspieler. Ich bin ein Mensch, der nicht nur an sich denkt.

Was auf mich zukommt, wird sich zeigen.

Die Gespräche mit Randal Kolo Muani für dieses Kapitel haben am 4., 10. und 16. August 2023 in Frankfurt stattgefunden.

Am 29. August tritt Kolo Muani in den Streik, erscheint nicht zum Training und reist nach Paris.

Am 3. September, zwei Tage nach dem Wechsel für 95 Millionen Euro zu Paris Saint-Germain, steht auf einem rund dreißig Meter langen Banner beim Spiel gegen Sofia: »Kohle Muani – Geld verändert nicht den Charakter. Es macht ihn nur sichtbar«.

Auf den Tribünen haben einige Fans ihr Trikot des Torjägers verändert. Der Name Kolo Muani ist durchgestrichen und ersetzt durch das Wort Millionen – zur Nummer 9 ist eine 5 hinzugefügt.

Im Februar 2024 gibt Kolo Muani, der bei PSG nicht so spielt wie erhofft, ein Interview mit der Zeitung *Onze Mondial*, in dem er über seinen Wechsel spricht: *In Deutschland war ich selbstbewusst, deshalb war ich auf dem Spielfeld erfüllt. Ich muss nur glücklich und selbstbewusst sein, dann wird alles wie am Schnürchen laufen. Heute bin ich glücklich, aber ich bin nicht so glücklich wie in Deutschland. Am Anfang hat mich die Kritik beeinflusst. Ich bin ein Mensch, ich bin keine Mauer, ich bin kein Roboter, ich habe Gefühle.*

7

ULI STEIN

Der Unzerstörbare

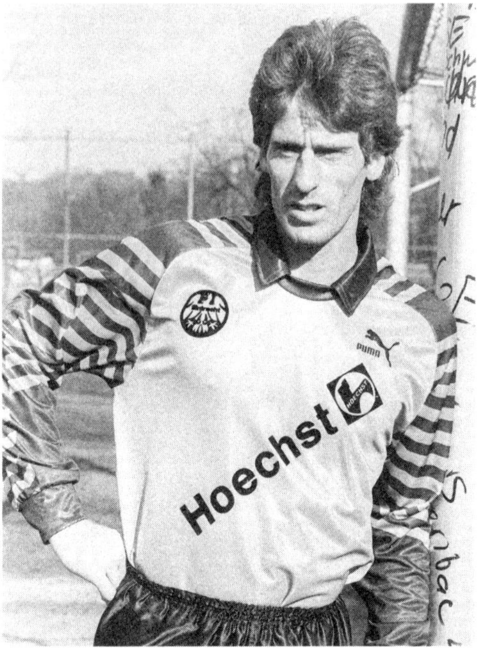
puma
Hoechst

... stundenlang im dunklen Keller ... es gab immer Strafen ... wehe, du kamst zu spät ... Kellergewölbe, klamm, feucht ... Drill und Disziplin ... es setzte Ohrfeigen ... SS ... absoluter Gehorsam ... dann kam er ... Angst ... Gegentor ... Schelle ... und das als kleines Kind ... wie ist er drauf? ...

Zu Hause war es schwer.

Mein Vater war vom Militär geprägt. Den Drill, den er dort erlebte, hat er in seinem Leben danach beibehalten. Das hat er uns spüren lassen.

Wir waren sieben Kinder.

Es gab immer Strafen. Nachts wurden wir in den Keller eingesperrt. Ein Gewölbe: klamm, feucht, dunkel. Du durftest kein Licht anmachen. Wehe, du hast Licht angemacht! Dann kam er gleich runter. Und du bekamst wieder eine. Dann hat er uns stundenlang im dunklen Keller sitzen lassen. Und das als kleines Kind.

Eine Regel war, dass abends um zehn Uhr das Licht im Zimmer aus sein musste. Ich wollte im Bett aber noch lesen, mit der Taschenlampe unter der Bettdecke. Irgendwann kam er rein. Es gab einen Anschiss. Als er raus ist, bin ich heimlich wieder zum Lichtschalter. Darauf hat er nur gewartet. Die Tür ging auf: Wumm. Ich bin wieder rückwärts ins Bett gefallen.

Wir mussten immer alles tipptopp machen. Er verlangte absoluten Gehorsam. Ich hatte teilweise richtig Angst. Du wusstest nie, wie er reagiert, was kommt.

Schon als kleine Kinder mussten wir unsere Hemden in den Schränken akkurat übereinanderlegen. Es durfte keines auch nur einen Millimeter vom anderen abweichen. Wehe, wenn doch! Dann kam er und hat die ganzen Klamotten aus dem Schrank rausgefeuert. Wir mussten alles wieder einräumen. Er setzte seine Ordnungsvorstellungen durch.

So war es auch mit der Disziplin. Pünktlich um zwölf Uhr war Mittagessen, um 18 Uhr Abendessen. Wehe, du kamst eine Minute zu spät! Da war die Hölle los.

Eine Geschichte, die ich nicht vergesse: Es war samstags, die Nachbarskinder haben an der Gartenpforte gestanden mit dem Ball unter dem Arm und wollten mit uns ins Freibad zum Fußballspielen. Vater sagte: »Nix. Erst muss der Rasen gemäht werden.«

Wir hatten einen der ersten Luftkissenrasenmäher, aber der war kaputt. Dann gab es noch einen Handmäher, der ging auch nicht. Die Klingen waren nicht scharf genug. Am Samstagnachmittag gab es natürlich niemand, der den Rasenmäher repariert oder die Klingen schärft. Ihm war das egal.

Vater sagte: »Ihr macht den Rasen fertig. Sonst kommt ihr hier nicht weg.«

Mein Bruder und ich haben dann mit einer Schere den Rasen geschnitten. Mein Bruder hat provokativ noch einen draufgesetzt und eine Nagelschere genommen. Als Vater das gesehen hat, setzte es Ohrfeigen.

Um ehrlich zu sein: Mein Vater war nicht nur vom Militär geprägt. Mein Vater war in der SS. Er war ein SS-Mann, aber das habe ich bis heute nicht ausgesprochen.

Die Zusammenhänge zwischen meiner Kindheit und wie mein Leben verlaufen ist, habe ich lange nicht gesehen. Erst durch Gespräche für dieses Buch bin ich dahintergekommen, dass die Wurzeln in meiner Kindheit liegen, auch in der Art und Weise, wie mein Vater uns erzogen hat.

Am Anfang gab es zwischen uns Kindern eine Solidarisierung. Das hat uns zusammengeschweißt. Sonst wäre es nicht möglich gewesen, dass keiner von uns später im Leben abgerutscht ist.

Die Erziehung hatte Auswirkungen auf meinen Charakter. Ich habe Hass aufgebaut, wenn ich mich ungerecht behandelt gefühlt habe, wenn ich ungerechtfertigt bestraft worden bin. Dieses Gefühl hat sich in meiner aktiven Zeit immer wieder durchgesetzt. Dann habe ich aufgemuckt. Das ist so in mir gespeichert. Das läuft automatisch ab. Da kommst du nicht raus.

Vielleicht wäre ich rausgekommen, wenn jemand anders darauf reagiert hätte, wenn mir jemand andere Möglichkeiten aufgezeigt hätte. Zwei Tage später habe ich oft selbst gemerkt: Da hast du überreagiert, das hättest du anders lösen können. Ich war mir dann aber auch nicht zu schade zu sagen: »Es tut mir leid.« Das war nie persönlich gemeint.

Vater hat uns als Kinder jeden Wunsch erfüllt. Zu Weihnachten konnten wir uns wünschen, was wir wollten – wir haben es bekommen. Wenn er drei Tage später aber in anderer Stimmung war, hat er uns alles wieder weggenommen. Die Sachen waren weg, wir haben sie nicht wiederbekommen. Ein paar Wochen später waren sie dann wieder da. Das ist öfter passiert.

Wenn ich zurückdenke, gab es in meiner Kindheit kaum eine Zeit, in der es etwas zu lachen gab.

Kochlöffel, Teppichklopfer, Bambusrohre.

Wir haben uns damals gefragt, warum Vater so hart war. Es lag wohl an seiner eigenen Erziehung, wie er selbst aufgewachsen ist. Wenn man seine Noten sieht, weiß man schon, welche Disziplin er selbst hatte. Wenn du so einen Vater hast, der auch noch hochintelligent ist, dann ist der Druck auf die Kinder groß. Wer mit einer Drei aus der Schule nach Hause gekommen ist, bekam was hinter die Ohren.

Vater hatte in der Schule nur Einsen, bloß in Musik eine Zwei. Ich habe die Zeugnisse gesehen. Er hat sie uns gezeigt. Er hat mit Wernher von Braun zum Thema Luftfahrt korrespondiert. Ich habe die Briefe gesehen. Er war ein Mann zwischen Schizophrenie, Genie und Wahnsinn.

Ich wollte nie Kinder. Wie ich aufgewachsen bin, das wollte ich keinem Kind zumuten. Ich habe nicht gewusst, wie ich reagieren würde, wenn ich Kinder habe. Ich wollte kein Kind dieser Ungewissheit aussetzen. Das war der Grund, weshalb ich mit 31 Jahren erst relativ spät Vater geworden bin. Als ich dann Vater wurde, war das Gegenteil der Fall. Wegen der Erfahrungen, die ich gemacht habe, war ich zu »lieb«, habe alles durchgehen lassen bei meiner Tochter. Deswegen gab es oft Differenzen mit meiner Frau: Sie hat verboten, ich habe erlaubt. Wir mussten aufpassen, dass unsere Ehe dadurch nicht kaputtgeht. Als Vater habe ich versagt. Die entscheidenden Momente – in denen man als Vater mal auf den Tisch hauen muss und sagt: »Stopp, bis hierhin und nicht weiter!« –, die habe ich verpasst.

Mein Vater war ein erfolgreicher Geschäftsmann. Er hat Firmen übernommen, die in den roten Zahlen waren, und hat sie wieder nach oben geführt, in die schwarzen Zahlen. Dann ist er gegangen und hat sich eine neue Herausforderung gesucht. Das hat mich auch geprägt: immer etwas Neues suchen.

Vater war selten zu Hause. Er war immer wieder unterwegs, auch in Amerika, oft für vier, fünf Wochen. Ich habe mich dann immer gefreut, wenn er wiederkam. Aber ich wusste nie: Wie ist er drauf?

Durch einen Zufall war mein Vater mal da, als ich im Verein gespielt habe. Er hat bei einem Spiel zugeschaut. Wir haben mit meiner Mannschaft immer souverän gewonnen; zur Halbzeit stand es 8:1. In der Pause haben wir auf dem Platz im Kreis zusammengesessen. Dann kam er auf mich zu – und hat mir eine Schelle gegeben.

Vater sagte: »Wegen des Gegentors. Es kann nicht sein, dass du bei so einem Spiel ein Gegentor fängst.«

Mich hat das angespornt, noch besser zu werden. Das hat mich stark gemacht.

In meiner Kindheit habe ich 15 Umzüge erlebt, davon neun Umzüge in elf Jahren. Wenn man als Kind so oft umzieht und permanent aus dem eigenen Umfeld und der Schule herausgerissen wird, ist das ein Problem. Ich bin immer wieder in eine neue Schule gekommen, und es ist jedes Mal schwer gewesen, neue Leute kennenzulernen, als »Neuer« in die Gruppen reinzukommen, akzeptiert zu werden, Freunde zu finden. Die hatten alle schon Freunde, ihre Cliquen. Die brauchen dich nicht. Kinder sind brutaler und ehrlicher als Erwachsene.

Dass ich damals schon recht gut Fußball gespielt habe, hat mir geholfen.

Meine Freundschaften konnten keinen Bestand haben. Immer bin ich irgendwann weg, musste mir ein neues Umfeld aufbauen. Ich weiß gar nicht, ob ich die Reihenfolge bei den vielen Umzügen heute überhaupt noch richtig zusammenkriege. Aber was ich weiß: Die Freundschaften bleiben auf der Strecke. Du hast keine Chance. Heute wäre das vielleicht einfacher. Freundschaften über das Internet aufrechtzuerhalten war damals nicht möglich.

Es war schwer, in der Schule immer wieder bei null anzufangen. Das hat mich negativ geprägt. Meine Leistungen waren nicht so, wie sie vermutlich gewesen wären, wenn ich an einem Ort hätte bleiben können, wenn ich einen normalen Weg gegangen wäre.

Ich habe schon in der Schule aufgemuckt, wenn ich das Gefühl hatte, falsch behandelt zu werden. Ich habe nicht gekuscht. Ich bin auf dem Gymnasium in der sechsten Klasse sitzen geblieben. In der siebten stand ich wieder auf der Kippe. Meine Deutschaufsätze wurden in dieser Zeit gar nicht mehr korrigiert, da stand drunter: »Thema verfehlt, 5.« Da habe ich gewusst: Der Lehrer macht sich nicht mehr die Mühe, deine Arbeit zu bewerten. Du stehst auf der Abschussliste.

In Mathe habe ich meinen Lehrer gefragt, was ich schreiben muss, um die zweite Fünf neben Deutsch zu vermeiden. Er sagte: »Uli, wenn du eine Vier minus schreibst, bekommst du eine Vier.« Dann wäre ich versetzt worden. Er gibt mir eine Fünf plus. Einen halben Punkt hätte er in der Arbeit natürlich finden können. Aber die wollten mich nicht auf dem Gymnasium. Ich musste zurück auf die Volksschule.

Eigentlich war mir das egal. Für mich gab es nur Fußball. Mein Vater war auch fußballverrückt, er hat selbst gespielt. Wenn wir mal mit der Familie unterwegs waren, hatten wir immer einen Ball dabei und haben mit ihm gespielt. Mein Bruder war ein exzellenter Fußballer. In der A-Jugend war er wesentlich weiter als ich, er hat Niedersachsenauswahl gespielt. Er hat sich dann gegen den Sport und für die Ausbildung entschieden. Ich habe es umgekehrt gemacht – und mir gesagt: Jetzt musst du das auch packen, dir bleibt nur noch diese eine Chance. Das lag an dem Druck, den wir zu Hause bekommen haben.

Ich war zwölf oder 13, als sich meine Eltern scheiden ließen. Am Anfang war das sehr schwer. Die Vaterfigur fehlte.

Die Scheidung war auch ein sozialer Abstieg. Als mein Vater da war, haben wir vom Feinsten gelebt. Die tollsten Häuser. Herrenhäuser mit Riesengärten. Wir hatten den neusten Mercedes vor der Tür, den ersten Farbfernseher, die neuste Waschmaschine, den besten Rasenmäher. Wir hatten alles. Und dann fällst du von heute auf morgen von ganz oben nach ganz unten. Wir mussten von Sozialhilfe leben.

Bei sieben Kindern, wo das Geld vorne und hinten nicht reichte, hat auch die Gefahr bestanden, dass du in die falschen Kreise kommen kannst. Das Gute ist, dass es jeder von uns geschafft hat.

Mich hat der Fußball gerettet. Anders als meine Geschwister hätte ich sonst nicht mithalten können. Meine älteste Schwester: Abitur, studiert, ist Lehrerin geworden. Mein ältester Bruder: Abitur, studiert, ist Arzt geworden. Mein jüngster Bruder: Abitur, studiert, Rechtsanwalt. Ich: siebte Klasse, Gymnasium, runtergeflogen, auf dem zweiten Bildungsweg mittlere Reife. Ohne den Fußball hätte ich keine Karriere gemacht.

Bei mir war von klein auf die Begeisterung für das Torwartspiel da, für das Fliegen. Ich wollte fliegen.

Die Einzelkämpferposition war mir auf den Leib geschrieben. In der B- und A-Jugend habe ich auch im Handball im Tor gespielt, da war ich auch gut. Am meisten hat mich an der Torwartposition mit den Jahren fasziniert: Du darfst kaum einen Fehler machen. Dir hilft keiner. Die Verantwortung hat mich gereizt. Ich wollte der Hüter meiner Mannschaft sein. Der Vater.

Als ich im Fußball Erfolg hatte und es bei mir steil bergauf ging, ist in der Familie alles gekippt. Dann kam der Neid, nach dem Motto: »Es kann doch nicht sein, dass der Dümmste, der nichts geschafft hat in der Schule, auf einmal erfolgreich ist und der Erste ist, der Geld verdient.«

Ich war 17, 18, als der Neid in der Familie entstand. Es wurden Geschichten über mich erfunden. Dass ich bei einer Familienfeier mit Geldscheinen in der Hemdtasche gekommen wäre und damit rumgewedelt hätte. So ein Blödsinn. Meine Mutter hat 1986 dann eine Geschichte an die Zeitung verkauft: »Reicher Fußballer lässt arme Mutter verhungern.«

Die Familie war von Neid zerfressen, weil ich so erfolgreich war. Ich habe dann entschieden: »Schluss! Wenn ihr meint, so über mich reden zu müssen, breche ich mit euch. Ich will nichts mehr mit euch zu tun haben.«

Mit zwei Brüdern habe ich zuletzt wieder Kontakt aufgenommen. Mit dem ältesten, der Arzt wurde, vor gut zwei Jahren. Und mit dem jüngsten, der Rechtsanwalt wurde. Die anderen habe ich nie wiedergesehen. Auf meiner Hochzeit mit Conny und bei der Taufe unserer Tochter Jenny war niemand aus der Familie da.

Mein Vater ist nach der Scheidung spurlos verschwunden. Er wurde schuldig geschieden. Meine Mutter hat dann aber auch noch dafür gesorgt, dass er nicht nur das Sorgerecht, sondern auch das Besuchsrecht verloren hat. Er durfte nicht einmal mehr seine eigenen Kinder sehen. Daraufhin hat mein Vater gesagt, dass er mit einem Staat, der ihm verbietet, seine Kinder zu sehen, nichts mehr zu tun haben will. Er hat die deutsche Staatsbürgerschaft abgelegt und ist ausgewandert. Er ging in die USA. Da endete seine Spur.

Ich hatte mit meinem Vater nach der Scheidung nur noch ein einziges Mal Kontakt. Mein jüngster Bruder war im Zuge seiner Ausbildung bei dem Rechtsanwalt, der meine Mutter bei der Scheidung vertreten hat. Er hatte die Möglichkeit, die Scheidungsunterlagen einzusehen, und hat uns davon berichtet, weil wir immer dachten: Unser Vater ist der Schlimme. Aber das war nicht so. Es war umgekehrt.

Wir hatten immer Hass auf den Falschen.

Mein Vater hat in den 1960er- und 1970er-Jahren extrem gut verdient. Doch immer, wenn er nach ein paar Wochen auf Reisen wieder nach Hause kam, klebte irgendwo der Kuckuck. Oder Verwandte riefen an und fragten, wann sie ihr Geld wiederbekommen. Meine Mutter hat sich überall Geld gepumpt. Aber keiner weiß, was sie damit gemacht hat, wo das Geld geblieben ist. Als Kinder wussten wir davon nichts. Wir wurden von unserer Mutter immer nur einseitig informiert.

Als ich erfuhr, wie es wirklich war, habe ich mich auf die Suche nach meinem Vater gemacht. Verwandte hatten noch Kontakt zu ihm. Ich habe nicht lockergelassen. Irgendwann bekam ich einen Brief aus Irland. Ich dachte, es wäre Fanpost. Es war mein Vater. Er wollte wissen, warum ich nach ihm suche. Ich habe ihm zurückgeschrieben. Wir hatten dann Briefkontakt. Ich war davon emotional so aufgeladen, dass ich nicht schlafen konnte. Da waren wir mit der Eintracht im Trainingslager. Ich konnte das nicht für mich behalten und bin abends runter. Ich musste das irgendeinem erzählen. Leider kam die Geschichte in die Zeitung, wobei ja nichts Schlimmes daran ist, wenn man nach so langer Zeit wieder Kontakt zu seinem Vater hat. Im Gegenteil. Aber mein Vater dachte, dass ich das nur gemacht habe, um PR zu bekommen. Er hat den Kontakt zu mir dann wieder abgebrochen – und nie wieder aufgenommen, leider.

Drei, vier Jahre später ist er gestorben.

Ich selbst hatte auch Hemmungen, als der Brief meines Vaters kam. Wenn du deinen Vater vierzig Jahre nicht gesehen hast, weißt du nicht, wie du reagierst, wenn du ihn wiedersiehst. Und ich wusste nicht, wie mein Vater reagiert hätte, wenn wir uns wirklich noch einmal begegnet wären. Zuletzt hatte er in Irland eine Schafzucht auf einem Bauernhof. Kein Fernseher, kein Telefon, keine Zeitung. Er hat mir auch Bilder geschickt. Ich hätte ihn wirklich gerne noch mal getroffen. Es ist schade, dass es dazu nicht gekommen ist. Wir hätten vielleicht Frieden machen können.

Meine Mutter habe ich auch nie wiedergesehen. Es gab keinen Kontakt. Sie ist vor zwei Jahren gestorben. Es ist traurig, das zu sagen: Ich bin nicht mal zur Beerdigung gegangen. Ich hatte null Bindungen und Emotionen mehr an sie. Wenn deine Mutter dich so verkauft an eine Zeitung, dann stirbt etwas in dir. Ich habe keine Gefühle mehr entwickeln können. Es ist schlimm, aber meine Mutter war wie eine Fremde für mich.

Der Zusammenhang zwischen meinen Beziehungsabbrüchen in der Familie und im Fußball ist mir erst durch diese Gespräche klar geworden. Ich glaube mittlerweile, dass viele Dinge in meinem späteren Leben wegen meiner Entwicklung in der Kindheit passiert sind. Ich hatte das bis dahin gar nicht so gesehen. Aber das ist in der Kindheit verwurzelt, mit den ganzen negativen Erfahrungen.

Ich musste mich immer alleine durchboxen. Ich hatte von der Familie keine Unterstützung, ich habe vielmehr genau das Gegenteil erfahren von dem, was ich gebraucht hätte.

Auf der anderen Seite hat mich das aber auch stark gemacht, dass ich diesen unbedingten Willen hatte, etwas zu erreichen. Dieser Wille hat mich nach oben gebracht. Ich wäre sonst nicht dieser Kämpfer mit diesem Durchsetzungsvermögen geworden, mit diesem Ehrgeiz. So erzogen worden zu sein, hatte auch sein Gutes. Auch mein extremes Leistungsdenken war mit meinem Vater verbunden. Wenn mein Vater erfolgreich war, ist er gegangen und hat sich eine neue Herausforderung gesucht. Wie ich.

Mein Ehrgeiz war am Ende vielleicht ein bisschen krankhaft. Ich wollte den Leuten zu viel beweisen.

Dass ich nie feste Freundschaften aufbauen konnte, hat vermutlich auch dazu geführt, dass ich zu dem Einzelkämpfer geworden bin, der ich war. Ich habe immer mit Ellbogen gekämpft. Das hat sich von meiner Jugend durchgezogen bis zum Beginn meiner Fußballkarriere.

Aber wenn du es dann geschafft hast, da rauszukommen, wenn du oben angekommen bist, an der Spitze – dann kannst du dich trotzdem nicht ändern. Man kann seinen Charakter nicht einfach umkrempeln und sagen: Jetzt werde ich anders.

Daher hat mein Weg viele Nachteile mit sich gebracht. Ich war verbohrt, engstirnig. Ich habe nicht nach links und rechts geguckt. Nicht danach, welche Konsequenzen mein Handeln hatte. Ich sagte mir: Ich bin so – warum sollte ich mich ändern? Die Art und Weise, wie ich nach oben gekommen bin, hat mich so lange dort oben gehalten. Ich habe bis zum Alter von 42 Jahren in der Bundesliga gespielt.

Ich habe in meiner Karriere immer wieder Nackenschläge einstecken müssen.

Ich hätte jemand gebraucht, der zu mir wie ein Vater gewesen wäre. Wie eine Familie, die dich beschützt. Einer, der mich zur Seite genommen und gesagt hätte: »Uli, meinst du nicht, dass es besser wäre, wenn ...« Der mich in den Arm nimmt – und Kritik übt, positive Kritik. So jemanden gab es in meiner Karriere nicht.

Der Erste, der das getan hat, war Berti Vogts. Ich war sein Co-Trainer in Aserbaidschan. Da gab es auch wieder eine Situation, in der ich die Faxen dicke hatte und wieder aufhören wollte. Nach dem Spiel bin ich den Kabinengang raus. Es war dunkel, das Flutlicht aus. Berti sah mich weglaufen. Er rannte hinter mir her und rief immer wieder: »Uli ...«

Ich habe nicht reagiert und bin weitergelaufen. Nach dem dritten Mal war Ruhe. Ich dachte, Berti ist umgekehrt. Dann stehe ich am Stadionausgang, im Dunkeln. Plötzlich spüre ich eine Hand auf meiner Schulter: »Uli, was ist los?«

Dann sind wir zurück ins Stadion, haben uns auf die Trainerbank gesetzt. Berti hat mit mir gesprochen, wie vorher noch nie jemand mit mir gesprochen hat. Er hat mir das Gefühl vermittelt, dass er mich braucht. Das hatte ich vorher nie. Ich war froh, dass es dunkel war: Ich hatte Tränen in den Augen. Gänsehaut. Das hatte ich das ganze Leben vermisst.

Das Gespräch mit Berti hat dazu geführt, dass ich Situationen heute anders bewerte als früher. Wäre das nur 25 Jahre früher passiert. Über viele Dinge kann ich heute lächeln. Manches hätte ich eleganter lösen können, aber zu den Suspendierungen wäre es trotzdem gekommen.

Wenn ich auf die Weltmeisterschaft 1986 zurückblicke, sehe ich den Uli Stein, den ich beschrieben habe: einen Erfolgsbesessenen. Ich wollte immer spielen. Ich dachte, jetzt bist du zum ersten Mal bei einer WM dabei – und das ist deine letzte Chance. Ich wurde im Jahr der WM 32 Jahre alt. Ich ahnte ja nicht, dass ich bis 42 spielen würde.

Nach dem ersten Spiel, einem enttäuschenden 1:1 gegen Uruguay, kam es zu einer Krisensitzung mit den drei Trainern: Franz Beckenbauer, Berti Vogts und Horst Köppel. Dann kam Franz zu mir und sagte wortwörtlich: »Uli, ich weiß, du bist der weltbeste Torhüter, aber du kannst hier nicht spielen.« Da ist für mich eine Welt zusammengebrochen.

Warum? Das hat mich wochenlang beschäftigt. Dann habe ich verstanden, dass der Hauptsponsor die wichtigste Rolle spielt. Adidas hatte Privatverträge mit Franz Beckenbauer, Toni Schumacher, DFB-Präsident Hermann Neuberger und einigen anderen Spielern. Adidas wollte, dass ihre Spieler präsent sind bei der WM. Als ich das herausgefunden habe, bin ich zu Franz und habe ihm gesagt, dass ich nach der WM aufhöre: »Hier geht es nicht nach sportlichen Leistungen, hier wird nach anderen Kriterien aufgestellt. Da bleibe ich lieber zu Hause bei meiner Familie.«

Ich habe mich auch bei der WM ungerecht behandelt gefühlt. Und dann ist es wieder eskaliert. Und dann kam die Kasernierung dazu, das Gefühl, eingesperrt zu sein. Das war extrem, militärisch. Das war identisch mit dem, was ich zu Hause erlebt habe. Es kommt immer wieder auf das Gleiche zurück: Die Dinge sind mit meiner Kindheit verwurzelt.

Meine Entscheidung zum Rücktritt ist spontan gefallen. Alle schwerwiegenden Entscheidungen in meinem Leben habe ich aus dem Bauch heraus getroffen. Ich habe nie lange überlegt, das war vielleicht auch manchmal ein Fehler, aber nie bei sportlichen Fragen. Das war auch in Mexiko so, nach diesem Spruch war für mich klar: »Schluss. Das war's.«

Da gab es kein Zurück mehr.

Ein paar Tage später kam Franz zu mir und sagte: »Uli, überlege dir das noch mal, bleib hier. Und selbst wenn du es machst, bleibt die Tür für dich immer offen.«

Die Rücktritts-Entscheidung habe ich zu früh getroffen, das habe ich gelernt. Ich hätte das nicht während der Weltmeisterschaft öffentlich machen sollen, sondern erst danach. Dadurch war ich während der Weltmeisterschaft für die Medien zum Abschuss freigegeben, nach dem Motto: »Wenn der ohnehin aufhört ...«.

Die Geschichte mit dem Suppenkasper, die zu meiner Suspendierung führte, hatte sich etwa zehn Tage vor der Veröffentlichung zugetragen. Es war aber nicht so, dass ich gesagt habe: »Franz ist ein Suppenkasper.« Das ist aus einem Flachs entstanden. Wir saßen mit der Mannschaft beim Mittagessen und haben die Leute mit Anfangsbuchstaben bezeichnet. Jeder musste raten, wer gemeint ist. Zum Schluss kam ich dran und sagte: »SK«.

Keiner kam drauf, wer es ist. Dann habe ich es aufgelöst: »Da vorne sitzt er: Franz. SK. Suppenkasper.« Das war ein Spaß. Franz hatte ja als Spieler eine Werbung gemacht, die jeder kannte: »Kraft in den Teller, Knorr auf den Tisch.«

Das ist dann an die Presse gekommen. Als der »Suppenkasper« in der Zeitung stand, war das nicht mehr einzufangen. Das steht. Fertig. In Mexiko wurden ständig weitere Geschichten über mich erfunden. Es hieß in den Zeitungen, Franz habe mich wegen meines Lebenswandels gegen Marokko auf die Tribüne gesetzt. Dabei war das einvernehmlich mit dem Trainer geregelt.

Als ich wegmusste von der Weltmeisterschaft, hatte Egidius Braun (damaliger DFB-Delegationsleiter, später DFB-Präsident) angeblich eine Herzattacke. In der Zeitung stand, dass er die wegen meiner Geschichte bekommen hätte, dass ich sozusagen schuld daran wäre. Einen Tag später, nach dem Sieg im Elfmeterschießen im Viertelfinale gegen Mexiko, ist Braun abends aber wieder bei der Feier dabei und bläst Trompete. Ich sagte: »Schöne Herzattacke, meinetwegen.«

In Mexiko wurde alles aufgebauscht, nie etwas richtiggestellt. Ich höre heute noch von Leuten, dass Braun wegen mir eine Herzattacke gehabt haben soll. Heute kann ich fast darüber schmunzeln, aber es war ein sehr steiniger Weg.

Nach der Weltmeisterschaft habe ich dann mein Buch geschrieben: *Halbzeit*. Warum? Ich habe nach der WM ein Interview gegeben und die Dinge aus meiner Sicht geschildert. Aber das ist nie erschienen. Ich habe nachgefragt, da hieß es: »Tolles Interview.« Aber von oben kam: »Das passt nicht zum Image von Uli Stein.« Das Interview wurde nicht gedruckt. Ich bin in der gleichen Schublade geblieben. Dann habe ich nicht mehr mit Journalisten gesprochen, das wurde mir dann auch vorgeworfen.

Franz wollte mich dann doch im Winter vor der WM 1990, als ich für die Eintracht gespielt habe, wieder zurückholen in die Nationalmannschaft. Franz ist ja eigentlich ein Supertyp.

»Uli, du bist zwar zurückgetreten, aber willst du noch mal für Deutschland spielen?«

»Franz, solange man Fußball spielt, ist es das Größte, für die Nationalmannschaft zu spielen. Na klar würde ich noch mal spielen, wenn du meinst, dass du mich brauchst.«

Franz sagte, es sei alles vorbereitet, er würde jetzt in den Urlaub fahren und sich danach bei mir melden. Zu der Zeit stand einhellig in allen Zeitungen, dass ich zurückkommen soll. Das war zum ersten Mal so. Sonst waren die einen immer für mich, die anderen gegen mich.

Der Anruf von Franz ist nie gekommen. DFB-Präsident Hermann Neuberger war derjenige, der gesagt hat, dass ich nie wieder für Deutschland spiele. Franz hätte es gemacht. Aber er konnte sich nicht gegen Neuberger durchsetzen. 1986 in Mexiko war es ja auch nicht Franz, der mich nach Hause geschickt hat, sondern Neuberger.

Was mich geritten hat, dass es 1987 im Supercup zu meinem Faustschlag gegen Uwe Wegmann kam, kann ich heute immer noch nicht sagen. Ich vermute, dass es mit der katastrophalen

Saisonvorbereitung beim HSV zu tun hatte. Der Schiedsrichter, der mich bei diesem Spiel in Frankfurt vom Platz gestellt hat, sagte später, dass er noch nie eine Mannschaft in einem solch desolaten Zustand gesehen hat. Und dass er an diesem Tag nicht nur mich, sondern acht Spieler vom HSV hätte runterstellen können. Da hatte sich viel aufgestaut.

Wir hatten mit Josip Skoblar einen neuen Trainer. Wir hatten eine ganz schlechte Vorbereitung, so eine, wie ich sie noch nie erlebt habe. Normalerweise fährst du für 14 Tage ins Trainingslager. Wir aber sind durch ganz Deutschland und Europa gereist. Donnerstags haben wir in Dänemark gespielt, zwei Tage später in Stuttgart, dann wieder woanders. Wir sind damals nicht geflogen, wir haben alles mit dem Bus gemacht, alles. Das sah dann so aus: Bus, Trainingsplatz, Stadion, Bus, Trainingsplatz, Stadion, Bus, Trainingsplatz, Stadion, Bus ...

Ich weiß noch, dass Uwe Wegmann über mich gefallen ist, nachdem er das 2:1 gemacht hat. Aber dann: Ich kann bis heute nicht sagen, wieso, weshalb, warum ich ihn geschlagen habe. Verschärft hat das Problem die Tatsache, dass ich ihn genau ins Gesicht treffe. Kein Mensch hätte etwas gesagt, wenn ich ihn an der Schulter getroffen hätte.

Hinzu kam, dass mein Rauswurf 1986 noch frisch war. Da kam alles wieder hoch.

Ich wurde für zehn Wochen gesperrt.

Später habe ich erfahren, dass Skoblar bei der Unterzeichnung seines Vertrags zu Manager Felix Magath gesagt hat, er hätte mit Mladen Pralija einen Torwart, der ihm die deutsche Meisterschaft garantiert. Mit anderen Worten: Mich wollte er sowieso loswerden, weil er seinen Mann nachholen wollte. Was der HSV nicht wusste: Skoblar war mit ihm verwandtschaftlich verbunden. Er hat ihn wieder nachgeholt.

Der HSV ist darauf reingefallen. Der Klub hat meinen Platzverweis zum Anlass genommen, mich loszuwerden. Ich wurde suspendiert. Ich hatte das Gefühl, vor dem Nichts zu stehen.

Das erste Telefonat mit Eintracht Frankfurt fand drei Monate nach meiner Suspendierung statt. Wolfgang »Scheppe« Kraus rief mich an: »Wir wollen dich holen, willst du kommen?« Wir haben nicht über Geld gesprochen.

Meine Frau saß neben mir. Ich sagte, obwohl ich nichts über die Laufzeit und das Gehalt wusste: »Das ist es. Da gehe ich hin.« Das war wieder mein Bauchgefühl. Ich hatte vorher Angebote aus Frankreich, England und der Türkei. Mit einigen hatte ich auch verhandelt. Aber nach dem Anruf mit »Scheppe« Kraus war ich sicher: Frankfurt ist das Richtige.

Was keiner weiß: Als der Vertrag klar war, kam der HSV und hat die Ablöse erhöht. Am letzten oder vorletzten Transfertag rief »Scheppe« Kraus an: »Uli, die haben schon wieder erhöht.« Mit anderen Worten: Der HSV wollte mich nicht gehen lassen. Da habe ich gesagt: »Ihr nehmt das an – und für die Erhöhung, die sie jetzt noch haben wollen, verzichte ich auf Gehalt und zahle einen Teil meiner Ablöse selber.«

Im ersten Jahr habe ich bei der Eintracht auf die Hälfte meines Gehalts verzichtet. Das ist auch ein Teil meines Charakters: die Dinge durchzuziehen.

Ein Grund, warum die Bindung zu Eintracht Frankfurt bis heute Bestand hat, ist: weil ich dort nicht nur meinen Job im Tor gemacht habe. Ich habe angefangen, mich einzubringen, die Mannschaft mit zu entwickeln.

Ich hatte gelesen, dass Stefan Studer von St. Pauli zum HSV geht. Wir brauchten dringend einen guten Spieler auf der linken Seite. Ich habe mit »Scheppe« gesprochen.

»Was hältst du davon: Stefan Studer?«

»Aber der geht doch zum HSV.«

»Ich rufe den heute Abend an, das klären wir schon. Vielleicht können wir ihn umstimmen.«

Ich habe Stefan abends angerufen.

»Ich habe gehört, du bist morgen bei Felix, du hast Vertragsgespräch.«

»Ja.«

»Ich würde dich gerne nach Frankfurt holen.«

»Ja, aber was soll ich dann beim HSV machen?«

»Du gehst da einfach hin, verhandelst mit denen, hörst dir alles an, unterschreibst aber noch nicht. Nach der Besprechung mit Felix rufst du mich an, und wir sprechen über Frankfurt.«

Ich konnte ihn überzeugen. Stefan Studer ist nach Frankfurt gekommen.

Als ich im November 1987 kam, war die Eintracht eine graue Maus. Die Mannschaft stand auf Platz 17 und hat gegen den Abstieg gespielt. In der Saison haben wir sensationell den Pokal gewonnen. Es gab viele gute Jungs von der Mentalität her, aber wenig fußballerische Qualität. Nur kämpfen reicht nicht. Wir brauchten gute Fußballer. Stefan war einer von denen.

Dann kam die nächste Aktion. Heinz Gründel war überraschend frei, ein Riesenfußballer. Da habe ich das Gleiche gemacht, habe ihn angerufen: »Heinz, hast du nicht Bock, zu kommen? Stefan ist auch schon da.«

So kam eins zum anderen: Ein guter Fußballer ist gekommen, weil ein anderer guter Spieler schon da war. Deswegen ist später auch Uwe Bein zur Eintracht gekommen, weil er wusste: Das sind Spieler, mit denen kannst du Fußball spielen – und dann kamen all die Superfußballer nach Frankfurt: Andy Möller, Anthony Yeboah, Jay-Jay Okocha.

Anfang der Neunzigerjahre haben wir »Fußball 2000« gespielt, leider ohne Titel. An diesem Rädchen habe ich mitgedreht, ich war an der Entwicklung der Mannschaft mitbeteiligt. Das war für mich eine neue Erfahrung. Deswegen ist die Bindung zur Eintracht zum damaligen Zeitpunkt schon stark gewesen, intensiver, als sie für mich in Hamburg und

Bielefeld war. Aber ich konnte auch in Frankfurt nicht aus meiner Haut.

Ernst Happel hat einmal ein Interview gegeben, in dem sich mein Verhalten am besten spiegelt: »Ich habe mit Uli nie Probleme gehabt. Uli hat nur mit sich selber Probleme. Je besser er war, umso höher waren die Ansprüche an seine Mitspieler. Er hat nicht verstanden, dass es Mitspieler gibt, die seinen Ansprüchen einfach nicht genügen können.« Das war auch in Frankfurt so. Wenn ich das früher begriffen hätte, wären viele Dinge nicht so krass ausgefallen.

Andy Möller hatte in der Zeit bei der Eintracht viel mehr Potenzial, als er abgerufen hat. Bei Uwe Bein war das genauso, er war einer der besten Mittelfeldspieler, mit denen ich je zusammenspielen durfte. Aber er war verletzungsanfällig und oft krank. Doch mit Spielern, die oft ausfallen, kannst du keine Titel gewinnen. Und mein Anspruch war immer: »Ich will gewinnen, ich will Titel holen.« Die Qualität in der Mannschaft war da, aber nicht der hundertprozentige Siegeswille, den ich hatte. Der fehlte anderen.

Die einen mochten, was ich gesagt habe, die anderen hassten es. Aber mir war das egal. Es hat aber nicht bei jedem geklappt. Bei Andy Möller und Uwe Bein, die selbst Individualisten und starke Persönlichkeiten sind, war das natürlich schwierig. Die sagten: »Interessiert mich doch nicht, was der erzählt. Ich mach mein Ding, fertig.«

Deswegen kam es immer wieder zu Differenzen in der Mannschaft. Das war der Grund, weshalb ich in Frankfurt geschasst wurde. Da haben sich vier, fünf Spieler zusammengetan und gesagt: »Der muss weg.« Die »Gerster-Boys« waren eine so starke Fraktion, da hatte ich keine Chance. Sie haben die Kritik nicht vertragen – und nicht die Art und Weise, wie ich Kritik geübt habe. Sie haben es geschafft, dass ich suspendiert wurde.

Klaus Toppmöller war damals Trainer, wir wurden beide

zum Vorstand zitiert. Mir wurde mitgeteilt: »Das war's, auf Wiedersehen.« Dann kam Toppmöller rein. Sie haben ihm gesagt, dass er Trainer bleiben kann, wenn er sich von mir distanziert. Klaus sagte: »Nein, ich distanziere mich nicht von Uli. Ich hätte gerne noch zehn von seiner Sorte in der Mannschaft.«

Dann musste er mitgehen. Klaus hätte es sich leicht machen können. Aber er hat zu mir gestanden. Das fand ich sensationell. Das hätte kein anderer Trainer gemacht.

Während meiner aktiven Karriere war schon angedacht, dass ich danach bei der Eintracht ins Management wechsele. Die Leute, die damals diese Positionen hatten, fanden das natürlich nicht gut. Ich war ja schon 38, 39. Da kam das mit der Revolte innerhalb der Mannschaft passend, nach dem Motto: »Uli weg – da haben wir unsere Posten sicher.« Später gab es auch immer wieder Anfragen vom HSV, von Bielefeld und Frankfurt: als Sportdirektor oder Vorstand. Ich habe mit den Leuten gesprochen, aber es gab immer einen in jedem Verein, der sagte: »Ne, mit dem nicht.«

Irgendeiner hatte immer Angst vor mir.

Ich hatte nie Groll auf irgendeine Person, wenn ich gehen musste. Bernd Hölzenbein war damals Vizepräsident und Klaus Gerster Sportdirektor – das waren die beiden entscheidenden Leute, die mich suspendiert hatten. Ich hatte danach trotzdem guten Kontakt zu Klaus und Bernd, bis zuletzt.

Es ist nie publik geworden, aber ein paar Jahre später kam Bernd Hölzenbein nach einem Promispiel auf mich zu.

»Was gibt's denn?«

»Ich wollte dir nur sagen: Ich habe damals einen Fehler gemacht. Ich hätte nicht dich entlassen sollen, sondern die anderen. Ich hätte dich und Toppi halten müssen.«

Das tat mir gut. Offiziell hat mir das nichts gebracht, offiziell war ich immer der Querulant, der Rebell. Beim HSV war das im Nachhinein das Gleiche. Es war schön für mich, zu wissen, dass die Leute später anders darüber gedacht haben. Und vielleicht auch erkannt haben, dass es mir nicht um mich ging, sondern um den Erfolg. Ich hatte auch den Leuten in der Kabine gesagt: »Das hat nichts mit deiner Person zu tun. Ich schimpfe, weil ich gewinnen will. Und du das falsch gemacht hast.«

Mit Andy Möller war das auch so. Als er wieder in Dortmund war, habe ich mir ein Spiel vom BVB angeschaut. Andy kam danach in den VIP-Raum: »Uli, ich habe dich früher nicht verstanden, als wir zusammen gespielt haben. Heute weiß ich, was du wolltest.« Ein schöneres Kompliment kannst du nicht bekommen. Andy war ja auch ein Grund, warum ich in Frankfurt entlassen wurde. Mit ihm hatte ich viele Querelen.

Ich sagte mir aber immer: Das gehört zu meinem Leben dazu. Irgendwo geht eine Tür zu, eine andere geht auf. So war es auch in diesem Fall. Ich war ein paar Wochen in Frankfurt suspendiert, als ein Anruf von Felix Magath kam, der war Co-Trainer beim HSV. Dann bin ich noch mal von der Eintracht zurück zum HSV, und von dort zurück nach Bielefeld. Als ich mit 42 Jahren dann in Bielefeld aufgehört habe, auch im Streit, bekam ich ein Angebot vom 1. FC Nürnberg, wo Felix nun Trainer geworden war. Er wollte mich unbedingt holen.

Das ist leider am Geld gescheitert, an verletzter Eitelkeit. Das war ein Fehler von mir. Ich hätte nach Nürnberg gehen sollen. Ich meinte, ein faires Angebot gemacht zu haben, nur über Einsatzprämien, ohne Risiko für den Verein. Alles schien klar. Dann hieß es nach Gesprächen von Manager »Schorsch« Volkert mit dem Teppichhändler und Präsidenten Roth aber: bei Unentschieden 5000 Mark weniger, bei Niederlage noch mal 5000 weniger.

»Kann ich nicht machen, Schorsch, bei meinem Ehrgeiz.«

»Wieso nicht?«

»Stell dir mal vor: 90. Minute. Wir führen 1:0. Der letzte Mann spielt den Ball mit der Hand. Elfmeter. Der Elfmeter ist drin. Dann gehe ich dem an die Gurgel, der hat mir gerade fünf Mille geklaut. Da ist vorprogrammiert, dass es Ärger gibt.«

Also habe ich nicht unterschrieben. Das war falsch. Nürnberg ist in dieser Saison aufgestiegen. Ich wäre mit 43 noch mal in die Bundesliga aufgestiegen. Das war im Rückblick die einzige Entscheidung, die ich wirklich bereue.

Als ich mit 42 Jahren mit dem Fußball aufgehört habe, war ich stolz, dass ich mich gegen alle Widerstände durchgesetzt hatte. Auch gegen die Medien. Ich habe mich 21 Jahre in diesem Haifischbecken gehalten. Das war mein Traum!

Ich glaube, dass die Anerkennung für das, was ich geleistet habe, nach meiner Karriere immer größer geworden ist. Unbequeme Typen, wie es auch Toni Schumacher oder Stefan Effenberg waren, die die Ärmel hochkrempeln und sich aufbäumen, sind mit der Zeit ausgestorben. Mittlerweile habe ich den Eindruck, dass die Leute sich nach Typen wie uns sehnen. Obwohl sie das früher vielleicht nicht gut fanden. Es ist schön für mich, dass diese Anerkennung im hohen Alter kommt.

Meine Verbindungen zu Arminia Bielefeld und dem Hamburger SV sind nach den Trennungen abgerissen. Nur in Frankfurt war das anders. Die Eintracht ist der einzige Verein, mit dem ich eine Bindung gehalten habe. Das hat vor allem mit zwei Personen zu tun: in erster Linie mit Wolfgang Steubing, der damals Verwaltungsratsvorsitzender war, über Jahre auch Sponsor, und der Anteile an der Eintracht Fußball AG hält. Ein Fußballfan durch und durch. Die Verbindung zu ihm ist immer geblieben. Er hat mich immer eingeladen: »Uli, wenn du Lust hast, komm einfach. Ich habe immer einen Platz in meiner Loge für dich.«

Das Angebot habe ich nach meinem Rauswurf wahrgenommen. Ich bin dann drei-, viermal in der Saison bei ihm in der Loge gewesen, und wir haben Fußball geguckt. Bei Wolfgang war oft der Vorstand, so hatte ich dann auch immer Kontakt zu anderen Leuten im Verein. Die haben sich alle gefreut, mich zu sehen, obwohl mein Abgang nicht gerade schön war.

Der erste Kontakt mit Wolfgang Steubing kam zustande, als meine Verhandlungen mit Bernd Hölzenbein bei meinem letzten Vertrag stockten. Da hat man ihn gefragt, ob er mit mir spricht. Wir haben uns im »Bitburger« getroffen, haben eine halbe Stunde geredet. Dann nannte er mir die Konditionen. Ich sagte: »Ich gehe jetzt runter auf Toilette, und wenn ich wiederkomme, sage ich Ja oder Nein.«

Als ich hochkam, sagte ich: »Wolfgang, machen wir.«

Per Handschlag, wir brauchten keine Unterschrift.

Daraus wurde eine lange Freundschaft. Dadurch ist meine Beziehung zur Eintracht über die Jahre erhalten geblieben. Wolfgang Steubing ist für mich derjenige, der am heutigen Erfolg der Eintracht den größten Anteil hat. Er hat immer im Hintergrund gearbeitet, andere gut aussehen lassen, aber er war der Entscheider. Er war auch derjenige, der mit Axel Hellmann die zweite Person zur Eintracht geholt hat, die für mich wichtig wurde, zu einem Freund. Und die alles weitergeführt hat.

Axel Hellmann hat mir 2017 beim Pokalfinale gegen Dortmund seine Idee vorgetragen, ehemalige Stars als Markenbotschafter an den Verein zu binden. Ich fand das eine sensationelle Idee, außer den Bayern hatte das kein Klub in Deutschland. Es war für mich selbstverständlich, dass ich zusage. Was ich toll fand, Axel sagte: »Uli, auch wenn du jetzt Markenbotschafter bist – bleib immer kritisch, auch uns gegenüber. Du musst jetzt nicht alles schönreden. Bleib, wie du bist.«

Meine Beziehung zur Eintracht ist buchstäblich freundschaftlich. Auch wenn ich als Markenbotschafter jetzt nochmals ganz anders gebunden bin an den Verein.

Diese Beziehung bedeutet mir sehr viel, weil es ein Gefühl von beiderseitiger Anerkennung gibt. Ich finde die Arbeit der Eintracht in den letzten Jahren klasse, und umgekehrt finden sie meine Leistung toll. So wie mir früher das Torwartspiel Spaß gemacht hat, macht es mir heute Spaß, für einen Verein zu arbeiten, der in den letzten Jahren für solche Furore im internationalen Fußball gesorgt hat.

Die früheren Verbindungen, ob das in Hamburg, Bielefeld oder auch in Frankfurt war, wurden nicht von mir abgebrochen. Sondern immer von der anderen Seite. Bevor mich der HSV suspendiert hat, hätte ich mir nie vorstellen können, für einen anderen Verein zu spielen. Ich bin in Hamburg geboren und habe schon mit fünf, sechs Jahren gesagt, als wir am Rothenbaum vorbeigefahren sind: »Da will ich mal spielen.« Ich habe später in Bielefeld in der zweiten Liga mehr verdient, als mir der HSV in der Bundesliga geboten hat. Aber das war mir egal, denn mein Traum ging in Erfüllung: Ich kann beim HSV spielen. Wahrscheinlich hätte ich meine Karriere dort beendet.

Ich bin ein Mensch, der von sich aus keine Veränderung wünscht. Ich bin auch mit meiner Frau seit über vierzig Jahren zusammen. Wenn ich in einem Kreis bin, in dem ich mich wohlfühle, würde ich ihn nie freiwillig verlassen. Ich habe nie irgendwelche Verbindungen aufgekündigt.

Bei der Eintracht bin ich dauerhaft angekommen. Die Verbindung wird nur dann enden, wenn es die Eintracht nicht mehr will. Von mir aus wird das bis zu meinem Lebensende halten.

8

PETRA ROTH

Die erste Frau

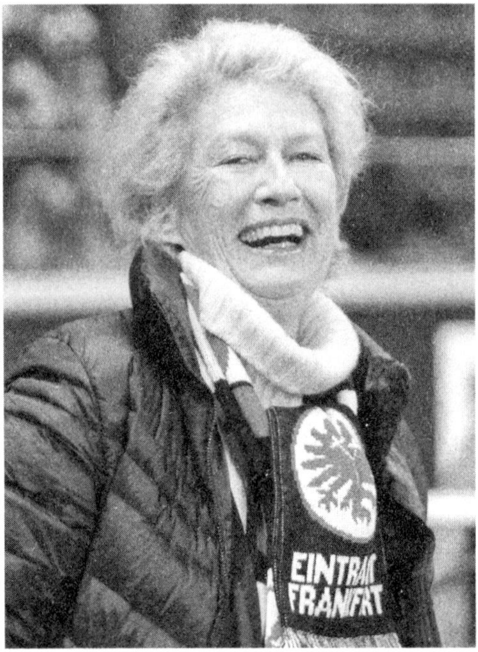
EINTRAC
FRANKFRT

Ich bin 1944 geboren. Ich durfte erst mit 21 Jahren wählen, mit der Volljährigkeit. Mit zwanzig habe ich geheiratet. Dafür habe ich noch die Genehmigung meines Vaters gebraucht. Als ich als junge Ehefrau arbeiten wollte, musste mein Mann unterschreiben, dass er das erlaubt. Ich habe mich mit 23 Jahren scheiden lassen, auch das war nicht selbstverständlich. All diese Dinge haben eine Rolle gespielt, dass ich 1969 bei der Bundestagswahl SPD gewählt habe. Ich war 25.
Und ich fand es gut, die Volljährigkeit auf 18 Jahre runterzusetzen.
1972 bin ich in die CDU eingetreten.
Erst zwei Jahre zuvor hat der DFB das Verbot aufgehoben, dass Frauen Fußball spielen dürfen.

Petra Roth, erste und bisher einzige Oberbürgermeisterin der Stadt Frankfurt. 17 Jahre im Amt, von 1995 bis 2012

Männer haben über Jahrtausende unsere Regeln und Gesetze festgelegt.

1995 wurde in Frankfurt ein Oberbürgermeister-Kandidat gesucht, es gab erstmals eine Direktwahl. Als Parteivorsitzende des Frankfurter Kreisverbandes der CDU war es meine Aufgabe, den Kandidaten oder die Kandidatin zu suchen. Ich habe alle Spitzenleute aus dem hessischen Landtag gefragt. Alle wollten Oberbürgermeister von Frankfurt werden, aber niemand wollte gegen Andreas von Schoeler antreten, den jüngsten und schönsten Oberbürgermeister in Deutschland.

Dann rief Helmut Kohl bei mir an: »Na, wie ist das denn jetzt in Frankfurt? Ich will hier von euch mal einen OB-Kandidaten haben.«

Er habe gehört, ich hätte einen bestimmten Kandidaten im Auge, aber da sei er nicht dafür. Ich solle in zwei Tagen mal zu ihm nach Bonn kommen. Zu diesem Zeitpunkt wollten wir Heinz Riesenhuber als Oberbürgermeister-Kandidaten, den damaligen Bundesforschungsminister.

Kohl sagte: »Ich brauche in Frankfurt jemand, der uff de Gass ist, der in der Metzgerei sei Worscht isst.«

In der Runde saßen der Bundeskanzler mit seinen Leuten, dazu der hessische CDU-Landesvorsitzende Manfred Kanther und der frühere Stadtkämmerer Ernst Gerhardt.

Mit mir hat Kohl überhaupt nicht geredet.

Die Männer tranken Wein, ich saß daneben. Es war das erste Mal, dass ich in so einem kleinen Kreis mit dem Bundeskanzler war. Kohl hatte seine Kneippsandalen und Strickjacke an. Das Gespräch ging nur zwischen den drei Männern, ich habe es aus den Augenwinkeln verfolgt.

Dann haben wir uns verabschiedet, und Kohl sagte zu mir: »Du musst das machen.«

Auf der Rückfahrt habe ich zu Ernst Gerhardt gesagt: »Herr Gerhardt, was machen wir denn, wenn ich gewinne?«

Ich bin ein Kind meiner Zeit. Ich habe mich immer als Mitte der Gesellschaft gefühlt, als eine Frau, die mitmacht. Ob das früher bei Schulveranstaltungen war, als Aktive in verschiedenen Vereinen, später als Vizepräsidentin beim SC 1880 Frankfurt und schließlich in der Politik. Ich habe keinen Unterschied gesehen, dass ich eine Frau unter vielen Männern bin, ich habe mich als Teil der Gruppe gesehen. Ich fühlte mich persönlich nicht benachteiligt.

Als ich begann, mich in der CDU zu engagieren, gab es einige Frauen in meinem Alter, auch jüngere, die studierten oder vor dem Abitur standen. Meinen Weg haben allerdings wenige eingeschlagen. Ich bin die erste und bis heute einzige Frau, die in Frankfurt den langen Weg von der Kommunalpolitik bis ins Amt der Oberbürgermeisterin gegangen ist.

In der Frauen-Union bin ich als Vorsitzende auch zu Veranstaltungen der Emanzipationsbewegung. Bis dahin ging niemand von der CDU dorthin und hat Debatten geführt. Ich habe nie den direkten Kontakt mit einem politischen Gegner gescheut. Oder zu einer Gruppe außerhalb des Parlaments, die Politik anders gestalten wollte als die CDU.

Als ich zu einer Veranstaltung mit Alice Schwarzer eingeladen wurde, habe ich zugesagt, weil da immer auch Menschen sitzen, die sich informieren wollen. Wie sollen die erfahren, wie die CDU dieses Thema angehen will, wenn niemand von uns da ist? Diese Frauengruppen waren damals sehr selbstbewusst, die dachten, wir können die CDU ja mal einladen, die tun uns nichts.

Dass wir als Frauen gleiche Sorgen, Interessen und Ziele haben, unabhängig davon, welcher politischen Richtung wir nahestehen, ist uns allen erst sehr viel später bewusst geworden: dass man ohne Zustimmung der Eltern heiraten kann, dass man als Frau arbeiten darf, Vergewaltigung in der Ehe, der Kampf gegen Paragraf 218.

Linke Frauenbewegungen haben viel erreicht für die Emanzipation der Frau in der Gesellschaft; auch indem sie zu ihren verschiedenen Veranstaltungen andere Personengruppen eingeladen und leidenschaftliche Streitdebatten geführt haben.

Alice Schwarzer ist nicht ohne Grund mit ihrer anderen Form von Frauenpolitik damals zur großen Figur der Frauenbewegung geworden. Ich habe damals, als sie in Paris lebte, einen Film über sie gesehen. Sie sagte: »Ich muss kämpfen, wenn ich etwas ändern will.« Im kleineren Maßstab galt das auch für mich: Wenn ich auch für andere Frauen etwas ändern will, dann muss ich kämpfen, mit Überzeugungskraft und Sachwissen.

Ich bin jetzt fünfzig Jahre lang CDU-Mitglied. Als ich die ersten Parteitage miterlebt habe, waren keine zehn Prozent der Delegierten weiblich. Und wenn man sich den Deutschen Sportbund zu dieser Zeit ansah, den heutigen Deutschen Olympischen Sportbund, gab es dort noch weniger Frauen. Und das, obwohl Frauen in großer Zahl und mit großen Erfolgen im Sport vertreten waren: Olympiasiegerinnen, Weltmeisterinnen, Europameisterinnen. Den Deutschen Sportbund hat nie eine Frau geführt, den Deutschen Olympischen Sportbund bis heute auch nicht.

Auf einem DSB-Bundestag sollte damals ein Frauenwart gewählt werden, der Kandidat war ein Mann. Einige Frauen und ich sind dagegen aufgestanden: »Warum ein Mann? Das kann doch nicht sein!« Das ließ sich dann ohne größere Debatte ändern.

Zu meinen Vorbildern in der Frauenpolitik gehört Rita Süssmuth. Sie hat nie nachgegeben, nicht aufgegeben. Zusammen haben wir für eine Veränderung des Paragrafen 218 gekämpft, für eine Frauenquote in Partei und Parlament. Über Frankfurt, das Land Hessen und dann über Bonn und später Berlin haben wir die Satzungen der CDU entsprechend verändert. Das heißt: lange Wege, viel Arbeit.

Auch Hanna-Renate Laurien aus Rheinland-Pfalz habe ich sehr geschätzt. Sie war eine selbstbewusste Junggesellin. Sie war es gewohnt, Entscheidungen für sich alleine zu treffen. Sie hat in der Frauen-Union immer wieder von uns gefordert: »Ihr müsst euch durchsetzen! Immer wieder! Ihr müsst die Fehler der Männer finden! Auch Männer irren sich in der Sache. Das heißt für euch: Ihr müsst viel lernen, viel wissen – um dann diese Fehler zu nutzen für unsere Ziele.«

Mit dieser Methode wurde auch eine emotionale Tür bei den Männern geöffnet. Die sagten sich: »Moment, habe ich jetzt einen Fehler gemacht? Will ich an diesem Thema trotzdem dranbleiben – oder will ich nicht? Und will ich den Frauen jetzt auch noch recht geben?« In diesen Momenten hat die Kommunikation zwischen Mann und Frau in der Politik damals erst begonnen.

Ich hatte zwei politische Zieheltern. Die eine ist die frühere hessische Landtagsabgeordnete und Frankfurter Stadtverordnete Ruth Beckmann. Sie hat 1970 als erste Frau in einem direkten Wahlkampf dem damaligen Juso-Vorsitzenden Carsten Voigt den Wahlkreis im Frankfurter Westend abgenommen. Damals hieß es: »Hausfrau schlägt Juso-Boss.« Ruth Beckmann hat mich gefördert und gefordert. Sie hat die Frauen-Union in Frankfurt zu einem schlagkräftigen Verband gemacht.

Mein Ziehvater war Ernst Gerhardt, der langjährige Frankfurter Stadtkämmerer. Er hat mich früh zur Seite genommen, als ich 1977 in Frankfurt in die Stadtverordnetenversammlung gewählt wurde. Es gab nicht nur Lob von ihm. Er hat mich auch kritisiert und mir gezeigt, wie Reden aufzubauen und zu halten sind.

Als ich in der Politik bekannter wurde, hat es Männer irritiert, dass ihre Form der Politikgestaltung, die sie gewohnt waren, eine andere war, als sie von mir und anderen Frauen angewendet wurde. Männer waren darauf ausgerichtet, die Sache, die sie vor sich hatten, durchzusetzen. Wenn dieses Ziel nicht erreicht wurde, war das für sie eine Delle, eine Beschädigung. Frauen dagegen, das haben uns Männer auch vorgeworfen, würden nicht zielgenau arbeiten, sondern in der Breite. Da ist auch was dran. Wir hatten ein Ziel – daneben aber auch noch zwei andere.

Wir waren beweglicher. Wenn das eine Ziel nicht zu erreichen war, dann laufen wir nicht als Dritter durchs Ziel, sondern biegen früher ab. Und steuern auf ein anderes Ziel zu, das wir dann durch unsere Kraft erreichen.

Man kann das auch so ausdrücken: Man muss nicht mit dem Kopf durch die Wand. Man kann auch die Tür in der Wand suchen.

In dieser Beziehung waren Männer in der Politik völlig anders aufgestellt als Frauen. Da war auch eine Abschätzigkeit zu spüren, nach dem Motto: »Die machen Hausfrauenpolitik, die stehen draußen am Infostand und backen Kuchen.«

Dass der vorpolitische Raum wichtig ist für die Gewinnung von Mehrheiten durch Akzeptanz und Vertrauen in Personen, haben Männer zu dieser Zeit unterschätzt. Eine Erkenntnis, die wir Frauen uns aber auch erst gegenseitig beibringen mussten. Nur einen akademisierten, theoretisierten Wahlkampf zu führen, ist wenig überzeugend für Menschen, die sich nicht Tag und Nacht mit Politik beschäftigen. Menschen möchten Menschen erleben. Menschen, die sich für etwas auf ihre Weise einsetzen, so, wie man es selbst macht, in Vereinen, in Initiativen. Menschen wie du und ich. Auch das ist Gesellschaftspolitik.

Ich hatte als Vorsitzende der Frauen-Union, des CDU-Kreisverbandes Frankfurt und als Sportausschuss-Vorsitzende überall mit Frauen zu tun. Und habe erlebt, dass Frauen trotz Angebot und Unterstützung keine Führungsrolle übernehmen wollten. Wir haben innerparteilich zu akzeptieren, wenn sie sich so entscheiden. Das akzeptieren wir ja auch bei Männern.

Wir müssen bei Mandaten nicht unbedingt auf 50:50 zwischen Mann und Frau kommen. Wenn für diese Quoten Frauen fehlen und Frauen nur in Funktionen kommen, weil sie »Frau« sind, dann schadet das ihrer Identität. Und es ist mitunter auch nicht gut für das Amt oder bestimmte Aufgaben, wenn Quoten aller Art zum entscheidenden Maßstab gemacht werden.

Ich kann aus eigener Erfahrung sagen: Es ist eine bewegende Erfahrung, wenn man feststellt: »Oh, ich kann Menschen gewinnen! Und Wahlen!« Wenn man als Kandidatin auf die Menschen zugeht, auf seine Weise Wahlen gewinnt und das mit einem Mandat für die Partei gekrönt wird, bleibt das auch auf einen selbst nicht ohne Wirkung. Nach diesen ersten Erfolgen habe ich mich entschlossen, weiter Politik zu machen.

Wenn man im Sport unterschätzt wird, hat das andere Konsequenzen als in der Politik. Ich hatte zu Beginn nicht das Gefühl, von Männern unterschätzt zu werden. Das lag sicher auch daran, dass ich es nicht darauf angelegt hatte, meine Ämter zielgenau zu erreichen. Ich habe Politik gemacht, weil ich mitmachen wollte.

In der Kommunalpolitik braucht man viel Sach- und Detailkenntnisse. Man muss auch Gesetze des Landes und des Bundes kennen, das gesamte Spektrum. Alles ist Pflicht für uns, und es macht Freude. Ich hatte den Ruf in der hessischen CDU, dass man der Petra um 18 Uhr sagen kann, morgen redest du im Landtag zu diesem Thema, dann hat sie am nächsten Morgen alles dazu gelesen. Das war auch so.

Nachdem ich 1972 in die CDU eingetreten und dann Stück für Stück in der Partei verschiedene Aufgaben recht erfolgreich übernommen hatte, haben die älteren Männer 1981 entschieden, dass ich in Frankfurt den Sportausschuss übernehme. Ich war als Vorsitzende für 450 Sportvereine zuständig. In allen Vereinen, mit denen ich zu tun hatte, waren die Vorsitzenden zu dieser Zeit Männer.

Wenn ich mich an den Sportausschuss in Frankfurt erinnere, deren Mitglieder mir heute noch bildlich vor Augen sind, dann war das ein Gremium, das selten kontrovers debattiert hat. Fußball war der Schwerpunkt, alle standen hinter der Eintracht. Der Sportausschuss hatte Karten für Block 8 auf der Haupttribüne im Waldstadion, wir waren bei jedem Heimspiel.

Auch bei anderen Sportarten, die im Sportausschuss zu behandeln sind, weil es um kommunale Förderung geht, gab es keine abweichende Meinung für meinen Vorschlag, die Sportfördermittel zu erhöhen und dabei einen Schwerpunkt auf Mädchenförderung im Verein zu setzen. Damals ist es mir wie Schuppen von den Augen gefallen, dass man Frauenförderung auch im Sport machen kann.

Es gab damals kaum Mädchen im Alter von 14 Jahren, die in Vereinen untereinander Fußball spielen konnten. Reine Mädchenmannschaften waren eine Seltenheit. Die Mädchen mussten noch bei den Jungs mitspielen, sonst hätten sie gar nicht Fußball spielen können.

In meiner Familie, von Großmüttern über Großtanten und Cousinen, waren alle Frauen sportlich aktiv: Eislaufen, Reiten, Golf, Tennis, Ballett, Tanzen, Schwimmen, Skifahren, Tischtennis, Hockey. Das war in der Nachkriegszeit der Fall, aber auch schon vor dem Krieg.

Ich bin Bremer Kaufmannstochter. Von den Sportarten, die ich erlernen sollte – Reiten, Hockey, Tennis –, bin ich nur beim Tennis geblieben. Skifahren kam später dazu. Zu Pferden habe ich keine Beziehung aufbauen können. Hockey war mir zu hart, zu körperlich. Ich war auf einem Mädchen-Gymnasium, viele meiner Freundinnen gingen zum Turnen, zum Volleyball, zu Tanzgruppen. Ich bin in einer fröhlichen Sportgemeinschaft groß geworden, in einem Klubleben, zu dem Frauen selbstverständlich dazugehörten. Ich war damals aber reine Sportkonsumentin. Wenn ich kam, war der Tennisplatz abgezogen und die Linien gefegt.

Dass es in den Vereinen aber Menschen braucht, die sich für Sporttreibende einsetzen und Bedingungen schaffen, dass Integration über den Sport stattfinden kann, habe ich erst verstanden, als ich in Frankfurt in die Politik kam.

Wenn wir Mädchen fördern wollten, dann haben wir oft bei den Müttern begonnen: dass sie ihre Töchter ermutigen, sich in der Klasse zu melden, um Klassensprecherin zu werden; dass sie in Vereine gehen, um Fußball zu spielen; dass sechsjährige Mädchen selbstverständlich sagen: Mädchen können das auch!

Mädchen im Fußball zu fördern, war mir besonders wichtig. In dieser Zeit habe ich begriffen, dass es für den Frauenfußball ein Nachteil war, dass er so lange, bis 1970, vom Deutschen Fußball-Bund verboten war. Wir wollten für Mädchen neue Chancen schaffen. Im Tennis und Hockey gab es ja schon seit Jahrzehnten reine Mädchenteams.

Wir haben als Stadt einen Preis für Mädchenturniere im Fußball ausgelobt. Wichtig war, dass wir als Stadt wirklich dahinterstanden. Dass ich als Vorsitzende des Sportausschusses zu diesen Spielen gegangen bin, war ein Symbol. Mein Mann Erwin ging mit unseren Söhnen zum Hockey, ich zum Mädchenfußball. Auch Hans Busch von der SPD war immer da, ein Förderer des Frauenfußballs der ersten Stunde, von der SG Praunheim, einer ersten Hochburg im Frankfurter Frauenfußball. Die Abteilung Frauenfußball der SG Praunheim trennte sich 1998 von dem Verein – und gründete den 1. FFC Frankfurt, der dann im Jahr 2020 mit Eintracht Frankfurt fusioniert hat.

Beim Mädchenfußball in Praunheim habe ich Steffi Jones kennengelernt, da war sie zehn oder elf. Ich hatte damals selbst Söhne in diesem Alter. Über die vielen Begegnungen und gemeinsamen Aufgaben mit Steffi ist eine Freundschaft entstanden, die bis heute hält.

Als sie Präsidentin des Organisationskomitees der Frauen-Weltmeisterschaft 2011 in Deutschland wurde, haben wir als Stadt Frankfurt und ich als Oberbürgermeisterin unser »Frankfurter Mädchen«, unsere Weltmeisterin von 2003, unterstützt, wo wir nur konnten. Wir hatten uns sehr gewünscht, dass sie diese Aufgabe bekommt und erfolgreich ausfüllt: als Frankfurterin, als Frau, als Sportlerin, als Vorbild.

Zusammen mit Claudia Roth, der damaligen Vorsitzenden der Grünen, haben wir Frauenfußball-Politik gemacht. Mit diesem Engagement stand ich nicht nur in meiner Partei ziemlich alleine. In der Vorbereitung für die WM 2011, die auch in Frankfurt stattgefunden hat, saßen wir zusammen in einem Beratergremium. Auch Claudia Roth hatte als Vorsitzende der Grünen ein Mandat, ich als Frankfurter Oberbürgermeisterin. Einige Ministerialbeamtinnen waren auch dabei, aber die Mehrheit dieses Gremiums bestand aus Männern, obwohl es um eine Fußball-Weltmeisterschaft für Frauen ging.

Von den Frauen, die im Jahr 2007 in China Weltmeisterinnen geworden waren, kam fast die Hälfte aus Frankfurt: Silke Rottenberg, Saskia Bartusiak, Kerstin Garefrekes, Renate Lingor, Petra Wimbersky, Sandra Smisek und Birgit Prinz. In Frankfurt gab es schon zu dieser Zeit eine besonders große Resonanz für Frauenfußball.

In der Vorbereitung auf die WM 2011 haben wir geschlechtsspezifische Debatten führen müssen: Was muss eine Frauen-WM anders machen als eine Männer-WM? Worauf muss mehr Rücksicht genommen werden? Das waren bereichernde Debatten. Damit ist es gelungen, dass die Frauen im Sport durch die Frauen-WM stärker in den medialen Fokus gerückt sind, dass ihre eigenständige Rolle in der öffentlichen Wahrnehmung enorm gestärkt wurde, dass sie Normalität wurde. Den Frauen, die Sportpolitik gemacht haben, ist es über die Jahre gelungen, dass die Funktionärsstufen, die der deutsche Sport hat, vermehrt mit Frauen besetzt wurden.

Jede Frau musste ihren eigenen Weg gehen, in der Politik und in der Sportpolitik. Nach dem entscheidenden Treffen mit Helmut Kohl hat mich Ernst Gerhardt nach Hause gebracht und meinem Mann davon erzählt, woraufhin Erwin sagte:

»Das entscheidet meine Frau, Herr Gerhardt. Aber eines müssen Sie mir versprechen: Sie passen auf meine Frau auf!«

»Herr Roth, das verspreche ich Ihnen.«

Dann habe ich es gemacht – und gewonnen.

Ernst Gerhardt hat sein Versprechen immer gehalten, bis heute. Und mein Mann ist dann ja zehn Monate nach dieser Entscheidung völlig unerwartet gestorben.

Später haben viele gesagt, dass sie die Idee hatten, dass ich 1993 als Oberbürgermeisterin kandidiere. Doch Tatsache ist, um es mit Rita Süssmuth zu sagen: Wenn die Krise da ist, ruft die CDU nach den Frauen.

Das war im Kern der Grund, weshalb ich Kandidatin wurde. Nach der krachend verloren gegangenen Frankfurter Kommunal- und Oberbürgermeisterwahl 1989 hatte die Partei keinen festen Boden mehr unter den Füßen. Zu dieser Zeit brauchte die CDU wieder einen Spitzenkandidaten für die Kommunalwahl 1993. Es gab in Hessen noch keine Direktwahl der Oberbürgermeister und Bürgermeister. Im kleinen Kreis hatte man sich das dann in der Partei überlegt – und mir dieses Angebot sehr freundlich angetragen.

Ich bin eine Seiteneinsteigerin der CDU, gehöre zum sozialpolitischen Flügel der CDA (Christlich-Demokratische Arbeitnehmerschaft) und bin dort Mitglied. Ich habe dann als

Vorsitzende in Frankfurt festgestellt, dass es in der Partei viele Leute mit meiner Meinung gibt, die auch Veränderung wollen. Es lief richtig gut.

Im Wahlkampf haben sich viele Frauen super für mich eingesetzt. Die Männer hatten uns immer noch erzählt, Frauen würden keine Frauen wählen. Wir haben das geglaubt. Doch die Wahrheit ist: Frauen wählen Frauen. So wurde ich am 5. Juli 1995 als erste Frau das Stadtoberhaupt von Frankfurt. Auch 1992 war ich schon die einzige Frau in Deutschland, die einen Kreisverband der CDU mit 4000 Mitgliedern geführt hat.

Als ich Oberbürgermeisterin wurde, galt die Regel: *Der* Frankfurter Oberbürgermeister ist als Dezernent auch in einer Führungsfunktion bei der Eintracht im Beirat vertreten. Bei mir war das anders, weil ich *die* Frankfurter Oberbürgermeisterin war. Mir wurde die Position nicht angeboten. Ein anderer Dezernent ist in diese Funktion gekommen.

Die Eintracht hat zu dieser Zeit gesellschaftlich nicht immer das beste Bild abgegeben. Ich war ja selbst einige Jahre Vizepräsidentin des SC 1880 Frankfurt gewesen, eines renommierten und zahlenmäßig großen Vereins. In vielen Klubs wurde mit Häme über die Eintracht gesprochen, andere Vereine in der Stadt hatten einen weit besseren Ruf. Es war in Frankfurt lange nicht angesagt, Mitglied von Eintracht Frankfurt zu sein.

Die Führung der Eintracht hat zeitweilig den Kontakt zur Stadt und der Bürgergesellschaft verloren. Deswegen wollten viele mit dem Verein in dieser Zeit nichts zu tun haben. Sie wollten mit dem Milieu nicht in Verbindung stehen. Mit einem Profifußballverein, der sich so präsentiert, darf sich eine Stadt auch nicht verbinden.

Wichtig für mich als Oberbürgermeisterin war, dass man Profifußball mit einem seriösen Wirtschaftsunternehmen gleichsetzen kann.

Helmut Kohl hat immer gesagt: »Profifußball ist das Aushängeschild der Kommunen.«

Die Ansicht, dass die besten Botschafter einer Kommune ihre Profifußballvereine sind, ist einseitig. In vielen kleineren Kommunen sind Hockey, Handball oder Basketball das Vorbild, das sehen dort auch die Oberbürgermeister und Bürgermeister so.

Was immer gilt: Die Stadt lebt mit Eintracht Frankfurt. Wenn man auf Umfragen schaut, was die Menschen mit Frankfurt verbinden, dann steht immer an erster Stelle die Eintracht, erst dann kommt der Dom. Von 1977 bis 2012 bin ich mit drei verschiedenen Mandaten – Stadtverordnete, Landtagsabgeordnete, Oberbürgermeisterin – regelmäßig im Stadion gewesen. Die Eintracht war immer ein wesentlicher Punkt der Stadtpolitik.

Ich wurde als Oberbürgermeisterin nie im Stadion begrüßt. Ich wollte das nicht, die Leute im Stadion wollen das auch nicht. Du musst als Politiker die Distanz zum organisierten Sport wahren, dort gibt es so viele Menschen und gestandene Persönlichkeiten, die andere parteipolitische Vorstellungen haben.

Stadt und Fußball sind eine wichtige politische Verbindung, es sollte aber keine parteipolitische sein. Man darf den Sport nicht für seine parteipolitischen Interessen missbrauchen. Die meisten Politiker, ich würde sagen, fast alle, die versucht haben, mit dem Sport selbst zu reüssieren und sich selbst nach vorne zu schieben, sind daran gescheitert. Wir haben ja erlebt, dass es Momente gab, in denen die Eintracht der Politik keinen Platz im Stadion geben wollte.

Frankfurt ist in der glücklichen Lage, dass es hohe Gewerbesteuereinnahmen generiert. Wir konnten so einen Sportstättenleitplan entwickeln und finanzieren, an dem auch der Profisport teilhaben konnte. Der musste dafür wiederum Miete zahlen, während wir dem Amateursport die städtischen Einrichtungen kostenlos zur Verfügung gestellt haben.

Die Leistung und die Rolle der Eintracht im Profifußball habe ich in Form der Repräsentation honoriert: die Stadt neben der Eintracht bei Veranstaltungen. Die finanziellen Dinge muss ein Klub mit einer Profifußball-Abteilung allerdings selbst regeln.

Als ich zur Oberbürgermeisterin gewählt wurde, habe ich an dem Abend vor den Medien gesagt, wie glücklich ich bin – und dass jetzt nur noch die Eintracht Deutscher Meister werden muss. Da jubelten alle. Ein Jahr später ist die Eintracht zum ersten Mal in ihrer Geschichte abgestiegen.

Der Abstieg hat dazu geführt, dass in mir das Gefühl stärker wurde, mich als Oberbürgermeisterin intensiver um die Eintracht kümmern zu sollen, sie zu unterstützen im Sinne von: »to care for« – sich sorgen. Und nicht mehr nur bei offiziellen Veranstaltungen als Repräsentant an der Seite des Vereins zu stehen und zu sagen: »Die Stadt freut sich, dass es die Eintracht gibt.«

Es gab aber auch zu dieser Zeit eine andere, private Seite bei der Eintracht, die mir wichtig war. In der Mannschaft gab es viele Frankfurter Buben, Spieler aus der Region, interessante Persönlichkeiten. Und wenn ich abends aus bin, in Discos, da habe ich die auch getroffen, nachts um zwei im alten Polizeipräsidium, herrlich. Davon sprechen wir heute noch, wenn wir uns wiedersehen.

Die Szene, mit der ich am stärksten mit Eintracht Frankfurt in Verbindung gebracht worden bin, und von manchen auch darauf reduziert wurde, war das Tänzchen auf der Tribüne nach der Rettung im dramatischen Abstiegskampf 1999 mit Jan Åge Fjørtoft. In diesem Moment habe ich mit der Eintracht selbst einen solchen Glücksmoment erlebt, wie ich ihn, wenn ich selbst Sport getrieben habe, nie erlebt habe.

Wir alle wollten damals den Abstieg verhindern, wir alle

haben etwas dafür getan. Und dann, als es geklappt hat, war man mittendrin. Um uns herum war nur Glückseligkeit. Das Gemeinschaftsgefühl war überwältigend. Auch in der Politik habe ich viele glückliche Momente erlebt, aber dieses Glücksgefühl aus dem Stadion kann ich auch 25 Jahre später noch hervorholen. Das war Faszination pur.

Die Beziehung zwischen mir als Oberbürgermeisterin und Eintracht Frankfurt hat sich ähnlich entwickelt wie eine lange Partnerschaft zwischen Menschen. Natürlich ging es dabei auch um Intrigen: Wer mit wem? Wer hat was getan? Es ist schlimm, wenn das Rathaus durch den führenden Profiverein politisiert wird. Das hat es im Einzelnen gegeben.

Einige kommunale Unternehmen haben die Eintracht in ihrer schwierigen Phase als Sponsoren unterstützt, damit der Verein nicht weiter abrutscht. Als der Eintracht im Jahr 2002 der Lizenzentzug und damit der Abstieg in die Amateurklasse drohte, haben wir uns mit dem hessischen Ministerpräsidenten Roland Koch im Restaurant Lohrberg getroffen, auch mit dem späteren Verteidigungsminister Dr. Franz Josef Jung. Die Eintracht sagte: »Frau Roth, wir brauchen Geld!«

Ich spüre noch genau dieses Gefühl, diesen schwierigen Moment. Ich war als Oberbürgermeisterin nicht bereit, Steuergelder für einen Profiverein zu geben, der Millionengehälter zahlt. Ministerpräsident Koch hat das pragmatisch gesehen: »Das können wir doch machen, mit einer Bürgschaft.« Ich bekam von meinem Kämmerer flankierende Rechtsberatung. Es ging nicht. »Nein«, sagte ich, »aber wenn das nicht geht, muss was anderes gehen. Versuchen wir es privatwirtschaftlich.«

Mit dem Argument, die Stadt will dem Profisport kein Steuergeld geben, hätte man die Diskussion natürlich beenden können. Aber wir haben einen anderen Weg gefunden. Durch die Verbindung zum damaligen Vorstandsvorsitzenden der Commerzbank, Klaus-Peter Müller, der viel für den Sport getan hat, kam die Anregung: Dann laden Sie doch als Oberbürgermeisterin die finanzkräftigen Gruppen, die wir in Frankfurt haben, zum Eintopf in den Magistratssitzungssaal. Das habe ich getan.

In kürzester Zeit haben wir einen Sponsorenpool gegründet, der zunächst aus jenen großen Banken bestand, die die Stadt Frankfurt immer wieder bei überregionalen Projekten unterstützt hatten. In diesem Fall haben die Commerzbank, die Deutsche Bank und die Dresdner Bank die Eintracht an ihrem Standort unterstützt. Die Zusagen haben wir innerhalb von zwei, drei Stunden vereinbart. Dann kamen die großen und erfolgreichen städtischen Unternehmen hinzu: die ABG-Holding mit dem Wohnungsbau, die FES mit der Entsorgungswirtschaft und die Mainova mit der Energieversorgung. Bis dahin waren diese Unternehmen nicht als Sponsoren aufgetreten, daraus ist ein größeres Sponsorenverständnis unter Federführung der großen Banken entstanden. Ein Sponsorenpool, zu dem auch drei große kommunale Unternehmen der Region gehörten: der Rhein-Main-Verkehrsverbund, die Messe Frankfurt und der Flughafen Frankfurt.

Der fehlende Betrag für die Lizenzerteilung 2002/2003 konnte schnell zur Verfügung gestellt werden, inklusive Rückzahlungsvereinbarung. Die Stadt hat mit dem Sponsorenpool einen Beitrag geleistet: Hilfe zur Selbsthilfe. Mit dem Einstieg der Banken und der kommunalen Unternehmen übernahm der Geschäftsführer des Rhein-Main-Verkehrsverbundes, Volker Sparmann, auch für ein Jahr den Vorstandsvorsitz der Eintracht Frankfurt Fußball AG.

In dieser Zeit hat allmählich auch die gesamte Frankfurter Gesellschaft wieder Verbindung zur Eintracht gefunden, das Stadion wurde zu einem Ort aller Bürger und Bürgerinnen. Schritt für Schritt ist Seriosität in den Verein zurückgekehrt.

Nach dem Zuschlag für die Weltmeisterschaft 2006 war ich wegen der Stadionneubauten mit anderen Bürgermeistern bei Helmut Kohl zum Gespräch geladen, unter anderen mit dem Leipziger Oberbürgermeister Wolfgang Tiefensee.

Kohl sagte zu Tiefensee: »Ich gebe euch Geld dazu.«

Dann schaute er mich an: »Du bekommst nichts, ihr seid eine reiche Stadt.«

Als wir den Neubau des Waldstadions für die WM geplant haben, ging es um eine Summe von 199 Millionen Euro, davon haben wir als Stadt 120 Millionen übernommen. Das ist auch für die Stadt Frankfurt sehr viel Geld, daher haben wir auch beim Land Hessen angefragt, die aber nicht verpflichtet waren zu zahlen. Aber das Land hatte großes Interesse an Eintracht Frankfurt und wollte diese Verbindungen. Die Jungs in Wiesbaden haben Blut geleckt: »Es wäre doch schick, wenn wir als Land bei der Eintracht mitmachen können.«

Roland Koch sagte: »Dann will ich ein Cabrio haben.« Er brauchte ja eine Begründung für die Stadionzahlung. Wir haben dann das ausfahrbare Dach bauen lassen. Dafür haben wir erhebliche Gelder aus Wiesbaden bekommen.

In meiner 17-jährigen Amtszeit als Oberbürgermeisterin habe ich natürlich auch Fehler gemacht, das ist unvermeidlich. Was mich bis heute bewegt, ist die Entscheidung der Stadt, für den Neubau der Akademie des Deutschen Fußball-Bunds die Galopprennbahn zu opfern. Das war nicht gut, wir haben an Vielfalt verloren.

Zum einen, weil natürlich der Galoppsport direkt davon betroffen war, aber auch wegen der Zuschauer, die auf die Rennbahn gingen, um auf Pferde zu wetten. Es ist doch geradezu genial, dass man die Wettleidenschaft eines Menschen auf einen Sport überträgt, in der Tiere im Mittelpunkt stehen, die vom Menschen so domestiziert und trainiert worden sind, dass sie Spitzenleistungen erbringen. Ich hätte mich durchsetzen müssen, den Standort der Galopprennbahn zu erhalten, wobei die endgültige Entscheidung für den Standort der DFB-Akademie nach meiner Zeit als Oberbürgermeisterin gefallen ist.

Was den Fußball betrifft, war es ein Fehler, dass wir rund um die Weltmeisterschaft 2006 die Zahl der Sitzplätze in verschiedenen Stadien in Deutschland vereinheitlicht haben, dass wir in Frankfurt viele Stehplätze rausreißen ließen und unsere Zuschauerzahl verkleinern mussten. Dass wir als Politik, beziehungsweise als das Organisationskomitee der Weltmeisterschaft, diese Vorgabe der FIFA geschluckt haben, war falsch. Jetzt haben wir Stehplätze für viel Geld wieder neu gebaut.

Da hätten wir kämpfen müssen.

Das war ein Kniefall vor den Fußballfunktionären.

9

JAN ÅGE FJØRTOFT

Der Entertainer

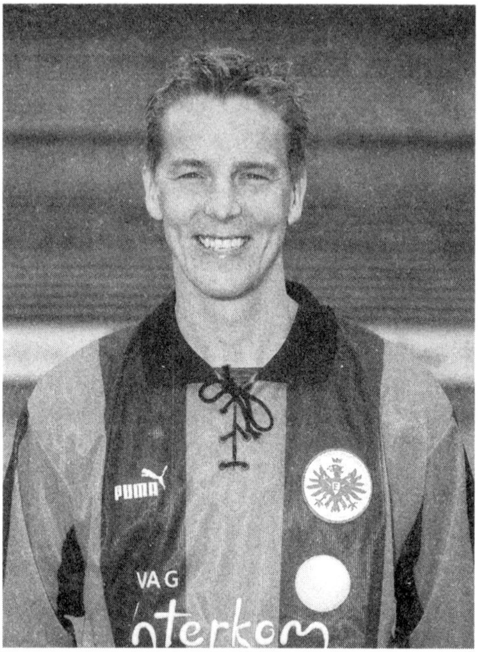
PUMA
VAG

Jörg Berger hätte auch
die Titanic gerettet.

Jan Åge Fjørtoft nach dem 5:1-Sieg
gegen den 1. FC Kaiserslautern
am letzten Spieltag der Saison 1998/99,
bei dem er mit seinem Übersteiger-Tor
die Eintracht vor dem Abstieg bewahrte

Ob Felix Magath die Titanic
gerettet hätte, weiß ich nicht.
Aber die Überlebenden
wären topfit gewesen.

Fjørtoft nach der abermaligen
Rettung der Eintracht
am letzten Spieltag
der Saison 1999/2000

Viele Spieler haben große Angst vor gewissen Trainern. Ich nenne keinen Namen, aber einer von ihnen heißt Felix.

Die meisten Spieler saßen beim Essen immer lieber mit dem Gesicht zu Felix Magath. Sie wollten sehen, was er macht, wie sich der Trainer verhält. Ich habe mich mit dem Rücken zu Felix gesetzt. Dann habe ich gegenüber den deutschen Spielern Faxen gemacht. Grimassen geschnitten. Ich wollte, dass sie lachen. Ich wollte lachende Gesichter sehen.

Lachen ist wichtig. Humor ist wichtig. Auch für eine Fußball-Mannschaft. Humor bringt dich zusammen. Er lässt dich zusammen lächeln.

Ich bin jetzt 57 Jahre. Der alte Jan Åge ist natürlich nicht mehr so wie der junge Jan Åge. Doch bei allem, was ich mache, ist Freude dabei. Noch immer. Das war früher so, das ist heute so. In dieser Hinsicht, was Humor, Freude und Spaß angeht, habe ich mich nicht verändert, glaube ich zumindest. Ich versuche immer, meinen Weg mit Humor zu finden.

Als ich 22 war, hat mich der Vizepräsident von Rapid angerufen. Er wollte, dass ich am nächsten Tag nach Wien komme. Unbedingt.

Ich sagte: »Ich kann nicht.«

Er sagte: »Junge, ich will, dass du Profi bei Rapid Wien wirst. Du musst kommen.«

Ich sagte: »Geht nicht.«

Er fragte: »Warum?«

Ich sagte: »Ich heirate morgen.«

Er musste lachen. Das war schon mal ein guter Anfang. Lachen ist immer ein guter Anfang.

Ich bin in meiner Karriere in vielen Ländern gewesen. Mir ist aufgefallen, dass Länder etikettiert werden wie Menschen. Die Deutschen sind so. Die Engländer sind so. Die Österreicher sind so. Die Norweger sind so. Stimmt natürlich nicht. Ich bin meistens Norweger. Aber ein Teil von mir ist Österreicher. Ein Teil Engländer. Ein Teil Deutscher. Und ich bin stolz darauf, dass ein Teil von mir Deutscher ist. Oder soll ich besser sagen: Ich bin ein Frankfurter?

Am Ende meiner Zeit in Frankfurt habe ich von den Jungs ein Geschenk bekommen. Ich habe mich bedankt und gesagt: »Eine Sache habt ihr in den drei Jahren aber nicht verstanden: Wenn ich in der Kabine ernst war, dann war das mein Humor. Und wenn ich Spaß gemacht habe, war es Ernst.« Ob sie das verstanden haben, ob sie mich verstanden haben? Ich hoffe es.

Mein Humor ist der englische Humor.

Understatement. Ironie. Ein Sarkasmus, der aus Liebe kommt. Ich bin 1993 in die Premier League gekommen. Nach dem Spiel ging es in die Players Lounge, dort sind die Spieler beider Teams zusammengekommen, zum gemeinsamen Bier. Auf dem Platz hat es geknallt, immer. Aber selbst wenn einer den anderen geschlagen hat und die Rote Karte gesehen hat: In der Players Lounge war alles wieder in Ordnung, also wirklich in Ordnung. Nicht gespielt.

Genau das ist meine Einstellung. Du kämpfst neunzig Minuten wie ein Wahnsinniger – und danach lebst du deine Freude, deine Freundschaften.

Geht das heute noch? Keine Chance! Wenn Erling Haaland in der Stadt unterwegs ist, sind überall Kameras. In unserer Zeit gab es keine Kameras, keine Handys. Es gab am nächsten Tag nur eine Zeitung aus Papier. Doch heute sind alle Reporter. Wir können alles, was wir sehen und was wir erleben, sofort auf Instagram, X, TikTok bringen. Und genau das ist es, was wir tun. Wenn die Jungs heute in ein Lokal gehen, und dort sind zwanzig Menschen: Dann sind dort auch zwanzig Reporter.

Du musst dich heute selbst beschützen.

Das ist der große Unterschied.

Die Umstände haben sich verändert, nicht die Menschen.

Ich arbeite heute viel in England fürs Fernsehen. Ich frage die Klubs: Wie oft bildet ihr eure Spieler im Medienumgang weiter? Einfache Antwort. Sie machen es nicht. Sie machen es einfach nicht.

Die Klubs versuchen bloß, die Spieler vor den Medien zu schützen. Man müsste das anders machen, so wie in den Vereinigten Staaten, um den Spielern damit auch wieder mehr Freiraum zu verschaffen. In Amerika sind die Sportler extrovertiert, sie äußern sich in den Medien. Und das machen sie sehr, sehr gut. Die Medien sind immer dabei. Selbst in der Vorbereitung auf den Super Bowl können die kleinsten Zeitungen auf dem Platz direkt mit den Superstars sprechen. Diese Nähe tut allen gut, dieser selbstverständliche Umgang miteinander.

Die Athleten heute sind auf eine gute Weise professioneller als zu meiner Zeit. Aber eine Frage muss erlaubt sein: Was heißt professionell, was bedeutet es wirklich, seinen Sport seriös zu betreiben?

Du musst dich um ein Prozent verbessern!

Du musst eine Sekunde schneller sein!

Du musst einen Zentimeter präziser sein!

Wenn nur diese Dinge mit Professionalität und Seriosität verbunden werden, dann ist es für junge Spieler schwierig zu erkennen, dass Professionalität und Seriosität noch andere Facetten haben. Und wenn ihnen Trainer dann auch noch immer wieder sagen: »Du musst seriös sein«, liegt es nahe, dass Spieler genau auf diese Weise seriös sein wollen. Und viele setzen dann Seriosität gleich mit: »Kein Lächeln! Kein Lächeln! Kein Lächeln!«

Es gibt genug Trainer, die sagen den Spielern sogar ausdrücklich: »Zeig keine Freude! Zeig keinen Humor!«

Da muss man sich nicht wundern, dass die Freude auf dem

Spielfeld zu kurz kommt. Schade, wirklich schade. Die Philosophie, die manche Vereine haben, führt dazu, dass sie den Spielern ihre Freude nimmt. Spieler glauben, dass sie Schwäche zeigen, wenn sie ihre Freude auf dem Platz zeigen, wenn sie lachen. Dabei ist es genau umgekehrt: Lachen ist Stärke.

Ich liebe es, wenn ich Spieler auf dem Platz sehe, die sich richtig freuen. Die Lebenslust ausstrahlen! Wenn man in ihre Seele schauen kann. Manchmal sehe ich ihre Seelen auf dem Platz, aber man muss heute schon genau hinschauen, sehr genau.

Doch diese Freude, diese Lebenslust: Sie ist da. Auch bei denen, von denen es viele Leute vielleicht nicht mehr erwarten. Woran ich denke? Als Manchester City die Champions League im Jahr 2023 gegen Inter Mailand gewonnen hat, waren es nach dem Spiel nicht Superstars, die wild gefeiert haben. Das waren Jungs, die einen Traum hatten und ihn sich erfüllt haben. Jungs, die wir alle waren. Jungs, die Träume haben.

In meiner jetzigen Rolle, wenn ich Interviews fürs Fernsehen führe, freue ich mich, wenn ich diesen Jungen in den Stars noch finden kann. Ich bin jetzt Medienprofi. Und wenn ich Erling Haaland interviewe, denke ich an den 16-jährigen Jungen, der er mal war, als er beim Bryne FK gespielt hat – und bei Martin Ødegaard an den Jungen von Strømsgodset IF. Diese Jungs verschwinden nie ganz, da bin ich sicher. Es ist schön, wenn es gelingt, diesen Jungen in den Superstars zu begegnen.

Auch wenn manche es nicht glauben mögen, weil so viel Geld im Spiel ist: Auch ein Superstar wie Erling Haaland identifiziert sich mit seinen Vereinen, hat er immer. Wenn man sich seinen Karriereverlauf ansieht, weiß man, warum. Bis Erling 16 Jahre alt war, spielte er für seinen Heimatverein Bryne. Dann ging er zu Molde FK. Warum? Weil das der beste Ausbildungsverein in Norwegen ist. Ole Gunnar Solskjær, der

Bayern-Schreck vom Champions-League-Finale 1999, war dort Trainer.

Dann ging Erling zu Red Bull Salzburg. Warum? Weil der Klub bekannt dafür ist, dass sie Spieler gut entwickeln können. Nach seiner ersten fantastischen Saison in der Champions League wollten ihn dann alle Vereine haben. Und was macht Erling? Er geht zu Borussia Dortmund, weil dieser Klub eine Historie hat, *good players* zu *great players* zu machen. Wohin geht Erling dann? Er hätte zu Real Madrid gehen können, am Ende ist die Entscheidung zwischen Real und City gefallen. Erling hat sich für Manchester City entschieden. Das hatte verschiedene Gründe, aber einer war, dass auch schon sein Papa bei Manchester City gespielt hat. Es gibt ein Foto von Erling, das der Klub veröffentlicht hat, auf dem er als kleines Kind das Trikot von City trägt. Das war sein Verein. Das war seine Erinnerung.

Erinnerungen sind kostbar.

Erinnerungen sind unbezahlbar.

Erinnerungen sind das unveräußerliche Wesen eines Vereins.

Erinnerungen kann man nicht kaufen, für kein Geld der Welt.

Ich war sechs Jahre alt, als ich mit meinem Vater zu unserem Dorfverein gegangen bin. Da waren zwar nur dreißig Leute bei den Spielen, aber ich bin dann zu jedem Spiel. Das werde ich auch nicht vergessen.

Was bedeutet das? Kein Mensch kann unehrlich zu sich selbst sein. Auch kein Superstar. Zumindest nicht ohne Konsequenzen.

Ich spreche bei diesem Thema, das alle Stars betrifft, über den norwegischen Star, den ich am besten kenne: eben über Erling. Man muss sich eine Sache klarmachen, wenn es um Superstars geht: Um zu den Besten der Welt in deiner Sportart zu gehören, musst du mehr trainieren als die meisten Konkurrenten auf der Welt.

Trotzdem werden nicht alle, die am meisten trainieren, zu Weltstars. Dazu braucht es noch andere Qualitäten, solche, die den Unterschied machen zwischen Stars und Superstars. Diese Qualitäten kann man sich nicht antrainieren, das kann ich aus eigener Erfahrung sagen. Ich hätte trainieren können, so viel ich gewollt hätte. Hätte nicht gereicht.

Kein Witz.

Erling hat es geschafft, Weltstar zu werden. Er ist jetzt ein *role model* für viele Menschen. Er kann in Manchester nicht auf die Straße gehen, alle schauen auf ihn, er muss sich in jeder Situation ordentlich benehmen – und als junger Mensch befindet er sich in einem dynamischen Entwicklungsprozess.

Aber auch für Erling gilt: Er kann kein anderer sein als der, der er ist. Ich konnte auch kein anderer sein, auch wenn ich kein Weltstar war. Niemand kann das.

Man muss immer Angst haben, was aus jungen Menschen wird, die ein Leben unter solch extremer Beobachtung leben. Erling hat gute Leute um sich, die ihn beschützen. Nicht, um ihn davor zu beschützen, dass er ein anderer Mensch wird. Sondern sie schützen ihn, damit er der Mensch bleiben kann, der er im Kern ist. Das sollte man sich klarmachen, wenn man über Stars spricht.

Worüber reden wir heute im Fußball? Wir reden viel über Geld, über viel Geld, über sehr viel Geld! Geld ist zu seinem eigenen Maßstab geworden. Mit der Leistung der Spieler hat Geld nichts mehr zu tun. Auch das sollte man sich klarmachen, wenn man über Stars spricht.

Das alles sollte man sehen, wenn wir auf Superstars schauen. Das ist die eine Seite.

Und das ist die andere, diejenige, die viele Fans immer wieder sehen: Warum zeigen zu viele Spieler nicht den Respekt, den es braucht? Für mich ist klar: Es geht in diesen Fällen um

Menschenführung. Warum werden die Spieler nicht ausgebildet im Umgang mit Fans und Medien? In einem Milliardengeschäft kann man das nicht dem Zufall überlassen, nicht den einzelnen Spielern. Junge Spieler brauchen Führung. Auch wenn sie 100 Millionen Euro kosten, ändert das nichts daran.

Große Spieler sind heute mitunter größer als ihr Klub. Das Prinzip kennen wir aus dem Geschäftsleben: Hast du 500 000 Euro Schulden bei der Bank, dann hast du in der Krise ein Problem. Hast du ein Unternehmen, das 500 Millionen Schulden bei der Bank hat, dann hat die Bank ein Problem.

Klingt wie ein Witz, ist aber keiner.

Was heißt das für den Fußball? Paris Saint-Germain war auf Kylian Mbappé böse, weil Mbappé seinen Vertrag erfüllen wollte – damit wäre PSG eine astronomische Ablösesumme entgangen. Mit Mbappé und Haaland haben wir eine neue Generation von Superstars, nach Messi und Ronaldo. Und die großen Klubs wie Real Madrid oder Bayern München müssen seit einigen Jahren mit Klubs konkurrieren, die finanziert werden aus Saudi-Arabien, Katar und Abu Dhabi. Das ist eine andere Ebene, auch eine schiefe Ebene. Mit anderen Worten: Die Kräfteverhältnisse im Fußball haben sich geändert, zugunsten der Superstars.

Ich habe mein ganzes Leben nur für ein Ziel gearbeitet: der beste Spieler zu sein, der ich werden konnte. Ich wollte große Siege. Titel. Pokale. Ich habe Tag und Nacht nur daran gedacht: Wie kann ich besser werden, wie kann ich gewinnen? 24 Stunden. Immer.

Wann gehe ich schlafen?

Wann stehe ich auf?

Was esse ich?

Muss ich Diät machen?

Stehe ich auf dem Platz am richtigen Ort?

Ist der Zufall auf meiner Seite?

Heute sage ich zu Kindern: Wenn du aus der Schule kommst mit der Note Drei oder Vier nach einer Klausur, dann frage dich, wie du dich vorbereitet hast. Wenn du vorher geglaubt hast, eine Drei reicht, und du hast eine Drei oder Vier. Dann ist das die Konsequenz, eine logische Konsequenz aus deiner Vorbereitung.

Im Fußball ist es komplizierter. Der Zufall spielt eine so große Rolle, dass du wahnsinnig werden kannst. Wenn du neunzig Minuten spielst, berührst du den Ball vielleicht zwei Minuten lang. Im Rest des Spiels ging es für mich als Stürmer darum, Lücken zu finden, meinen Gegner zu verstehen, den Torwart. Was muss ich tun, um meinen Gegner zu irritieren, um das Tor zu machen?

Mein erstes Spiel für die Eintracht war in Dortmund.

65 000 Zuschauer.

You'll never walk alone.

Die Stimmung war so gut.

Ich habe vor Freude fast geweint.

Als ich kurz vor dem Anpfiff in die Kabine kam, hatten alle Spieler ein Handtuch über dem Kopf. Ich habe nicht geglaubt, was ich sehe.

Ich habe Thomas Sobotzik gefragt: »Was ist hier los?«

Er sagte: »Der Trainer will, dass wir uns konzentrieren.«

Ich habe das Handtuch weggeworfen. Ich bin in die Dusche, allein. Ich wollte mir auf diese Weise die Freude erhalten. Wenn du dich so auf ein Spiel vor 65 000 Zuschauer freust, dann willst du auch mit dieser Einstellung auf den Platz gehen. Das geht nicht mit einem Handtuch über dem Kopf, nicht für mich.

Mein erstes Tor für die Eintracht habe ich gegen Schalke geschossen. Oliver Reck stand im Tor, ein guter Torwart. Ich habe mir gesagt: ein guter Torwart, aber irgendwann macht auch er einen Fehler.

Langer Ball in den Strafraum.
Er kommt raus.
Der Ball ist in der Luft.
Alle laufen weg.
Ein sicherer Ball für den Torwart.
Der Ball kommt.
Ich denke: Und wenn er doch den Ball verliert?
Wo stehe ich dann?
Ich muss dort hin.
Ich laufe hin.
Er verliert den Ball.
Ich mache das Tor.

Ich kam nie zur Ruhe. Erst nach der Karriere konnte ich ein Leben ohne Angst führen. Die Angst war vorher immer da: die Dinge nicht richtig zu machen, an die Konsequenzen zu denken.

Frühstück.
Acht Stunden bis zum Spiel.
Was sagt der Trainer?
Nimmt er einen anderen?
Was mache ich jetzt?
Spiele ich?
Oder spiele ich nicht?
Sein oder Nichtsein?

Das war mein Leben.

Was ich als Angst bezeichne, hat sich angefühlt wie ein Feuer. Ein Feuer kann verschiedene Wirkungen haben. Es kann dich wärmen, es kann aber auch alles niederbrennen.

Fußball ist ein Spiel mit dem Feuer.

Wenn über Charles Darwin gesprochen wird, meinen viele Leute, dass er gesagt hat: Nur der Stärkste überlebt. Das hat er aber nicht gesagt. Er hat gesagt: Es überlebt derjenige, der sich am besten anpasst. Das habe ich auch getan. Sonst kannst du im Fußball nicht überleben.

Es geht immer wieder ums Überleben, mindestens ums sportliche Überleben. Wie in der Rückrunde 1999. Wir lagen in der Tabelle hoffnungslos zurück. Wir waren eigentlich schon abgestiegen. Doch dann haben wir drei Spiele hintereinander gewonnen, wie aus dem Nichts. In Bremen, auf Schalke und zu Hause gegen Dortmund. Gegen Schalke haben wir sogar einen 0:2-Rückstand in einen 3:2-Sieg verwandelt. Nach einer Viertelstunde waren wir schon 0:2 hinten, dann ist mir das Anschlusstor gelungen, Sobotzik hat in der zweiten Halbzeit mit einem Elfmeter den Ausgleich gemacht, Olaf Janßen das Siegtor geschossen.

Nur wegen dieser drei Siege hatten wir überhaupt noch die Chance, uns am letzten Spieltag zu retten. Nur deswegen konnte dieser Tag zum größten Abstiegsdrama werden, den die Bundesliga bis dahin erlebt hat. Und ein größeres hat sie seitdem auch nicht mehr erlebt.

Wir dachten vor dem Spiel, dass wir nur gewinnen müssen, um uns zu retten. Aber dann wurde klar: Wir müssen hoch gewinnen, immer höher. Wir haben Tor auf Tor geschossen, eines schöner als das andere. Chen Yang, sensationeller Volleyschuss. Marco Gebhardt, sensationeller Hackentrick und ein Wahnsinnsschuss. Bernd Schneider, ein Tor mit so viel Gefühl: 4:1. Aber plötzlich haben wir noch ein fünftes Tor gebraucht. Unsere Bank hat das reingeschrien, aber niemand auf dem Platz wusste, warum. Und unsere Zeit lief ab. Das hatte so noch niemand erlebt. Es war die Zeit vor Handys und Liveticker.

»Tor in Nürnberg. Tor, Tor, Tor in Nürnberg.
Ich pack das nicht. Ich halt das nicht mehr aus.
Ich will das nicht mehr sehen, aber sie haben ein Tor

gemacht. Ich glaube es nicht, aber der Ball ist drin, Kopfball von Nikl. (...) Nur noch 1:2.
Ich halt das nicht mehr aus.«

Radioreporter Günther Koch vom Bayerischen Rundfunk meldet sich in der Radio-Schlusskonferenz um 17.12 Uhr mit dem 1:2 des 1. FC Nürnberg gegen den SC Freiburg in der 85. Spielminute. Durch das Tor hat Nürnberg zu diesem Zeitpunkt ein um ein Tor besseres Torverhältnis als die Eintracht, die gerade 4:1 gegen Kaiserslautern führt. In diesem Augenblick ist Nürnberg gerettet, die Eintracht abgestiegen.

»... wo die Eintracht hier natürlich nach wie vor Druck macht. Sie weiß: Ein Tor könnte wieder den 1. FC Nürnberg in den Abgrund stoßen,
überhaupt keine Frage.
Und sie kommen jetzt wieder mit
Christoph Westerthaler in der zentralen Position.
Nur Sforza hat er noch vor sich.
Dann ist es Fjørtoft, der ist im Strafraum. Und er trifft. Tooooor, Tooooooor, für die Frankfurter Eintracht, 5:1. Herrjeh! Welche Leistung!
Und damit ist wieder der 1. FC Nürnberg in der zweiten Liga!«

Radioreporter Dirk Schmitt vom Hessischen Rundfunk berichtet in der Radio-Schlusskonferenz live das 5:1 von Fjørtoft in der 89. Spielminute.

»Hallo, hier ist Nürnberg.
Wir melden uns vom Abgrund.
Nürnberg 1:2.«

Günther Koch nach dem entscheidenden Tor von Fjørtoft in den letzten Sekunden des Spiels aus Nürnberg.

»Frankfurt ist aus.
Das Spiel in Frankfurt ist aus.
Grenzenloser Jubel.
Die Frankfurter Eintracht
hat den Klassenerhalt in der
ersten Fußball-Bundesliga gepackt …«

Dirk Schmitt meldet sich mit dem Schlusspunkt aus Frankfurt im legendären Abstiegskampf der Saison 1998/99.

Den Übersteiger habe ich schon als Kind gemacht, ihn immer wieder auf einer Wiese unterhalb von meinem Elternhaus geübt. Ich habe mit zwölf, 13 Jahren viel experimentiert und gesehen, dass der Übersteiger für mich die beste Lösung ist, wenn ich auf den Torwart zulaufe. Man darf aber auch nicht zu viel denken, wenn man auf den Torwart zuläuft, das hat schon Gerd Müller gesagt.

Ich hatte schon einige Jahre davor mein wichtigstes Tor für Norwegen auch mit einem Übersteiger geschossen, das war 1993. Durch dieses Tor gegen Polen haben wir uns zum ersten Mal nach vielen Jahren wieder für eine Weltmeisterschaft qualifiziert.

Nach unserem ersten Training nach der Sommerpause, nach der Rettung, habe ich Jörg Berger ein Buch von mir gezeigt. Denn der Übersteiger hieß in Norwegen schon zu dieser Zeit: »Fjørtoft-Trick«. Jörg Berger hat den Kopf geschüttelt und gesagt: »Du bist ein Wahnsinniger!« Dieses Tor war das schönste und wichtigste, dass ich auf Vereinsebene geschossen habe, mit Abstand. Dem Tor habe ich viel zu verdanken.

Das Tor ist jetzt 25 Jahre her.

Und es ist in Frankfurt unvergessen.

Torjäger sind Egoisten. Es ist kein Problem, einen Egoisten in der Mannschaft zu haben. Warum? Wenn ein »Neuner« Egoist

ist, will er Tore schießen. Aber: Um Tore schießen zu können, muss mein Mitspieler gut sein. Das heißt: Je besser mein Mitspieler ist, desto besser werde ich.

Ich hatte zuletzt ein Gespräch mit einem Nationalspieler zum Thema Egoismus. Das Gespräch lief so:

»Jan, du bist Goalgetter gewesen. Ich schieße nicht genug Tore. Wie denken Goalgetter?«

»Wir haben 2:3 verloren, ich habe zwei Tore gemacht. In der Kabine sind alle enttäuscht, ich auch. Aber wenn ich zu Hause bin, freue ich mich über meine Tore.«

»Das habe ich nie geschafft.«

»Das ist genau der Unterschied zwischen einem Torjäger – und einem, der mal ein Tor schießt.«

Ich war besessen von Toren. Für mich gab es nur Tore. Nichts anderes hat gezählt.

Erst in zweiter Linie habe ich gehofft, dass meine Tore reichen, das Spiel zu gewinnen. Fußball war für mich immer: Tore schießen, Tore schießen, Tore schießen. Ich habe als Kind nie verstanden, wie man Fußball spielen kann, wenn man keine Tore schießen will. Mittelfeld, Abwehr oder gar Torwart – um Gottes willen! Nein. Nie.

Ich habe in meiner Profikarriere 614 Pflichtspiele gemacht. Und 308 Tore.

Felix Magath hat gesagt: »Zu jeder Stärke gehört eine Schwäche.« Wenn ich auf dieses Tor zulaufe – 7,32 Meter breit, 2,44 Meter hoch –, war ich nur auf diese Aktion konzentriert.

Kommt der Torwart raus?

Wie kommt er raus?

Was mache ich?

Das war meine Stärke. Nur deswegen konnte ich auch Tore machen wie das Übersteiger-Tor. Ich habe in solchen Situationen dann auch nur das Tor vor mir gesehen. Mitspieler eher nicht. Das war meine Schwäche. Erst später habe ich gelernt, dass es noch andere Dinge braucht, um erfolgreich im Fußball zu sein. Ich habe andere Eigenschaften, Positionen und Spielweisen respektiert.

Aber meine Besessenheit für Tore ist geblieben.

Tore. Es geht doch um nichts anderes im Fußball.

In großen Vereinen gibt es heute 500 Angestellte. Jeder wird gebraucht. Der Team-Koch macht das Essen. Er macht es, damit die Spieler leistungsfähig sind, damit sie mehr Tore schießen als der Gegner. Das ist sein Job. Dafür kocht der Koch. Und der Torjäger macht Tore. Das war mein Job. Darum geht es immer im Fußball.

Tore, Tore, Tore.

Egal, in welcher Mannschaft ich gespielt habe: Für mich war es immer wichtig, dass ich meine Aufgabe aber nicht nur gegenüber dem Team, sondern auch gegenüber dem Verein erfülle. Ich habe mich nie nur als Teil der Mannschaft verstanden – immer auch als Teil des Vereins. Egal, wo ich war.

Als ich zu Rapid Wien kam, wollte ich Rapid Wien verstehen. In England wollte ich die englischen Klubs verstehen. In Frankfurt wollte ich Frankfurt verstehen.

Beim FC Bayern kennen alle natürlich Uli Hoeneß und Kalle Rummenigge. Das geht ja auch nicht anders, die sitzen ja auch seit hundert Jahren auf der Tribüne wie bei der *Muppet Show*. Ich meine das liebevoll, respektvoll. Nicht als Witz, auch wenn es ein bisschen witzig ist.

Die Geschichte eines Klubs zu kennen, ist wichtig für einen Profi. Um sich mit einem Verein wirklich identifizieren zu können. Kennen alle Spieler in Frankfurt heute wirklich die Geschichte von Jürgen Grabowski, von Bernd Hölzenbein, von Charly Körbel, Bruno Pezzey oder Anthony Yeboah? Ich hoffe es.

Meine enge Verbindung, die ich noch immer zur Eintracht habe, hat auch damit zu tun, dass ich diese Dinge schon damals verstanden habe, in einen Kontext stellen konnte. Ich hatte verstanden, was die Bundesliga für Eintracht Frankfurt und die Stadt bedeutet, wie wichtig das für die Menschen ist. Ich habe versucht, dieses Wissen ernst zu nehmen und in meinem Spiel umzusetzen. Ich wollte es auf dem Platz verkörpern. Ich glaube, die Leute haben das gespürt.

Und mir ist auch immer klar gewesen: Ich komme aus einem kleinen Dorf in Norwegen. Da war es nie vorgesehen, dass ich Fußballprofi werde, dass ich im Ausland spiele, dass mein Tor in Frankfurt auch 25 Jahre später noch in Erinnerung ist.

Selbst als 18-Jähriger habe ich geglaubt, das Schönste in meinem Leben könnte sein, Sportlehrer zu werden. Ich habe mir vorgestellt: Du kannst jeden Tag in deinem Sportshirt zur Arbeit. Du kannst Fußball spielen, Volleyball, Basketball. Das war realistisch für mich. Das war meine Welt. Ich kannte keine andere.

Mein Ziel in diesem Alter war bloß, dass ich so gut Fußball spiele, dass ich während der Militärzeit von meinem Klub zu den Spielen kommen kann. Ein größeres Ziel hatte ich nicht. Ein Jahr später, mit 19, habe ich dann mein Debüt in der Nationalmannschaft gegeben. Ich hatte mir das nicht vorstellen können.

In meiner Jugend war es schon das Größte, wenn wir einmal mit dem Auto nach Schweden zum Einkaufen gefahren sind. Auch für meine Mutter war das eine große Sache. Eine Frau wie sie, die in den Fünfziger- und Sechzigerjahren in Norwegen aufgewachsen ist, hatte nicht die Möglichkeiten, wie ich sie hatte.

Ich werde nie vergessen, was meine Mutter später zu mir gesagt hat: »Jan, du hast alle meine Träume erfüllt.«

10

ECKEHARD FEIGENSPAN

Der Wirtschaftswunder-Stürmer

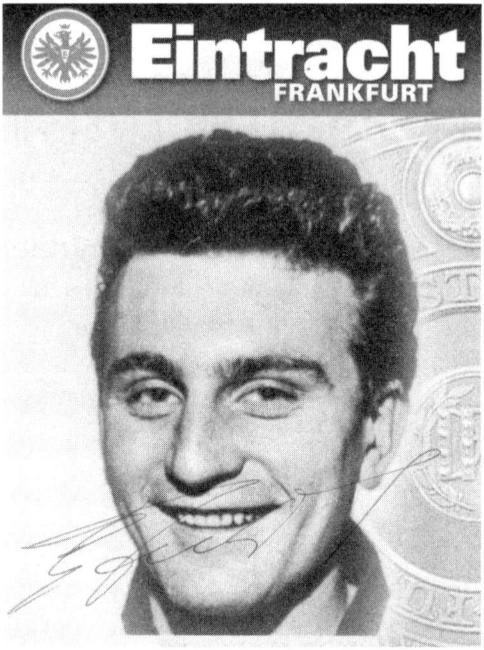
Eintracht
FRANKFURT

Im Zweiten Weltkrieg wird Frankfurt von 75 Luftangriffen heimgesucht. Zwischen Juni 1940 und März 1945 werfen britische und amerikanische Verbände rund 28 000 Tonnen Bomben über der Stadt ab.

Vor allem zwei Angriffe innerhalb weniger Tage im März 1944 verändern das Gesicht Frankfurts unwiederbringlich. Im Feuersturm verbrennen fast alle bedeutenden Kulturdenkmäler sowie die gesamte mittelalterliche Altstadt mit rund 1250 Fachwerkhäusern. Nur ein einziges bleibt weitgehend unversehrt.

Stadtteile wie Bockenheim, Ostend oder Oberrad werden zu über 70 Prozent zerstört. Von den knapp 180 000 Wohnungen im Stadtgebiet werden rund die Hälfte vernichtet, ebenso die meisten Kirchen, Schulen und Krankenhäuser.

Am 29. März 1945 marschieren amerikanische Truppen in der Stadt ein und beenden den Krieg in Frankfurt. Die Spuren bleiben über Jahrzehnte hinweg sichtbar und spürbar, in der Stadt und bei ihrer Bevölkerung.

Als die ersten Bomben fielen, war ich fünf Jahre alt.

Ich habe mit meinen Eltern in Bockenheim gewohnt, in der Nähe des Westbahnhofs. Dort hatte mein Vater ein Unternehmen, wir lebten in der Nähe in einem Mehrfamilienhaus.

Bei einem der Bombardements wurde unser Haus getroffen. Ich kann mich noch genau daran erinnern. Wir waren in unserer Wohnung, als die Sirenen heulten, als der Fliegeralarm losging. Dann sind wir in den Luftschutzbunker gerannt. Unser Haus wurde getroffen, alles hat gebrannt, alles in Flammen. Überall: Feuer, Feuer, Feuer.

Mein Vater hat mich aus dem Inferno rausgeholt, rausgetragen. Er hat mich auf den Arm genommen und in Sicherheit gebracht, ins Freie. Dorthin, wo es nicht gebrannt hat.

Die Luftangriffe, die Bomben, schrecklich. Die Geräusche der Flieger und der Sirenen habe ich noch immer im Ohr, fürchterliche Geräusche.

Wir hatten dann keine Wohnung mehr in Frankfurt, wir waren ausgebombt. Das bedeutete für uns das Ende in der Stadt. Wir wurden nach Nieder-Wöllstadt evakuiert, ein kleiner Ort im Wetteraukreis, in der Nähe von Friedberg. Wir lebten dort bis zum Ende des Kriegs auf einem Bauernhof bei Verwandten. Auch dort gab es Angriffe, aber die waren nicht so schlimm.

Meine Erinnerungen an den Krieg und den Nationalsozialismus verbinden sich nicht nur mit Bomben und Flammen oder mit schrecklichen Geräuschen. Ich habe auch noch die Reden im Ohr, die damals gehalten worden sind und im Radio liefen: dieses Gebrüll, diese Schreierei. Da wollte ich nicht hin, das habe ich damals schon gesagt. Ich war aber auch noch nicht in dem Alter für die Hitlerjugend.

Mein Vater musste nicht in den Krieg. Er war freigestellt

von der Wehrmacht. Sein Unternehmen hat Teile produziert, die wohl für den Krieg wichtig waren. Ich weiß aber nicht, was das war. Ich habe auch nicht gefragt.

Nach dem Krieg haben wir im Grunde alle nicht über das gesprochen, was in der Vergangenheit passiert ist. Es gab ja nichts, was erfreulich war. Da hat man lieber nach vorne geschaut. Auf die guten Dinge, die vielleicht kommen können, auf die Dinge, die man sich wünscht. Das habe ich auch gemacht.

Nach dem Krieg hatte ich keine Vorbilder. Das war auch nicht leicht damals für einen Jugendlichen, ein Vorbild für sich zu finden. Wer sollte das nach diesen Jahren sein? Als der Krieg und die Nazizeit vorbei waren, war ich zehn.

Nachdem ich angefangen habe, mich für Fußball zu interessieren, und wir dann ein paar Jahre später auch wieder eine Nationalmannschaft hatten, war es schön, dass ich Vorbilder haben konnte. Das waren für mich die Nationalspieler, vor allem die Spieler des 1. FC Kaiserslautern: Fritz Walter und Ottmar Walter.

Beide Brüder waren Wehrmachtssoldaten und haben zum Teil ihre besten Fußballerjahre im Krieg gelassen. Ottmar saß mit zwanzig Jahren in einem Boot mit 135 anderen Soldaten, das von britischen Zerstörern zerfetzt wurde. Er konnte nach dem Angriff sein verletztes Bein nicht mehr bewegen, und die Ärzte sagten ihm, wenn er das in fünf Tagen nicht schafft, sei es verloren. Er wippte mit zehn Kilo Gewicht an jedem Fuß stundenlang unter furchtbaren Schmerzen und schaffte es in vier Tagen. Mit 44 Jahren hat er sich die Pulsadern aufgeschnitten, auch das hat Ottmar Walter überlebt.

Das erste Länderspiel nach dem Krieg fand gegen die Schweiz statt, im November 1950. Da war ich 15 und habe beim SV Nieder-Wöllstadt gespielt. Und wenn ich nicht im Verein gespielt habe, dann habe ich mit meinen Freunden auf der Wiese gebolzt.

Fußball war ja praktisch das Einzige, womit man sich als Jugendlicher in der Nachkriegszeit beschäftigen konnte, was man in seiner Freizeit tun konnte, was machbar war. Es gab ja sonst nichts. Im Winter sind wir vielleicht manchmal auf den vereisten Wiesen Schlittschuh gefahren, das war es aber auch schon.

Im Freundeskreis haben wir Säcke genäht und mit Heu ausgestopft. Das waren unsere ersten Fußbälle. Irgendwann hat dann einer von uns einen richtigen Fußball erstehen können, oder besser gesagt: was man damals als Fußball bezeichnet hat. Ein echter Fußball, das war eine große Sache. Größere Wünsche hat man damals nicht geäußert, das hat keiner gemacht.

Ich habe das damals aber nicht als Einschränkung empfunden. Wir waren an die Zeit gebunden, an die Möglichkeiten, die man hatte.

Wovon träumt man als Jugendlicher in der Nachkriegszeit?

Mein Traum war, dass ich einen Beruf finde, an dem ich Spaß habe, der mich begeistert. Da habe ich mich an meinem Vater orientiert. Und dass es ein Beruf ist, der mich auf ein Leben in besseren Verhältnissen hoffen lässt. Dass ich mir etwas aufbauen kann, etwas leisten. So haben damals viele gedacht, aber auch das waren eher bescheidene Wünsche.

Wenn alles in Trümmern liegt, ist man bescheiden. Wir haben im Geist der Bescheidenheit gelebt. Und im Geist der Demut.

Mein Vater hat nach dem Krieg ein Haus in Nieder-Wöllstadt gebaut. Einige Jahre später, nach meiner Volksschulzeit, sind wir nach Friedberg gezogen, dort bin ich aufs Gymnasium und habe das Abitur gemacht. Ich wollte unbedingt studieren. Ich wollte lernen, viel lernen. Das war für mich ganz klar, da musste ich nicht lange darüber nachdenken.

In Friedberg habe ich auch die Weltmeisterschaft 1954 erlebt. Es gab damals nur einen einzigen Fernseher in der Stadt, am Ende der Kaiserstraße, auf der rechten Seite, in einem Café. Ich habe es noch in jeder Einzelheit vor Augen. Dort wurden alle Spiele der Nationalmannschaft übertragen. Einige Spiele habe ich am Radio gehört, aber die entscheidenden deutschen Spiele konnte ich im Fernsehen anschauen. Das ist mir unvergessen geblieben.

3:2 gegen Ungarn. Ich weiß noch genau, wie ich mich gefühlt habe, als wir das Endspiel gewonnen hatten: ein überwältigendes Gefühl, wie ich es bis dahin nicht kannte. Freude, natürlich. Aber das stärkste Gefühl war für mich, dass wir nach unserer furchtbaren Geschichte international wieder anerkannt wurden. Wir gehörten wieder dazu.

Der WM-Sieg hat mich und meine Freunde stark geprägt. Sogar unser Religionslehrer hat nach der Weltmeisterschaft alles dafür getan, dass wir Jungen zum Fußball gehen. Der Fußball stand für etwas Gutes, etwas Positives. Davon gab es nach den dunklen Jahren nicht viel.

Nach dem Krieg hat mein Vater sein Unternehmen wieder aufgebaut. Er hat Entaschungsanlagen konstruiert und gebaut. Damals wurden beispielsweise noch große Dampfkessel benötigt, dafür hat er unter anderem Zubehör geliefert. Es gab dann aber Probleme. Aber so genau weiß ich das nicht mehr, ich war jung. Die Firma wurde dann jedenfalls fusioniert mit einem Unternehmen aus Hannover und ging darin auf, mein Vater ging in Rente.

Dass ich nach dem Abitur mit dem Maschinenbau-Studium in Darmstadt begonnen habe, lag natürlich nicht zuletzt an dem Interesse, das durch meinen Vater bei mir geweckt worden war. Darmstadt hatte eine sehr gute Technische Universität. Auf die Universität sind damals längst nicht so viele gegangen wie heute, das war etwas Besonderes. Auch in meinen Mannschaften haben nicht so viele Mitspieler studiert, nicht bei der Eintracht und auch nicht später beim TSV München 1860 und Rot-Weiss Essen. Ich hatte noch die Neigung, ins Lehramt zu gehen, Englisch und Sport zu studieren, um dann an einer Schule als Lehrer zu arbeiten. Das hätte mir auch gefallen, lernen und weiterbilden war mir immer wichtig.

Das Studium und der Fußball ließen sich für mich im Grunde gut vereinbaren. Das Studium lief unter der Woche, Fußball am Wochenende beim VfB Friedberg in der damaligen 1. Amateurliga. Trainiert habe ich unter der Woche öfter für mich alleine, weil es wegen des Studiums nicht anders ging. Wenn ich donnerstags und freitags früher aus Darmstadt nach Hause gekommen bin, habe ich noch im Verein trainieren können.

Studium und Sport liefen bei mir immer gleichwertig nebeneinander. Der Fußball war auch ein Ausgleich zum Studium.

Irgendwann kam ein Beauftragter von Eintracht Frankfurt zu uns nach Hause, um mich zu verpflichten, mir ein Angebot von der Eintracht zu machen. Ich weiß noch heute seinen Namen: Herr Balles, wie Ball. Auch Kickers Offenbach und der FSV Frankfurt haben damals in der Oberliga gespielt, in der höchsten Klasse. Doch die Eintracht hatte die größere Ausstrahlung, sie hatte den besten Ruf.

Bei der Eintracht wurde es für mich dann komplizierter, mein Leben zu organisieren. Ich hatte drei Lebensschwerpunkte. Meine Eltern lebten weiter in Friedberg, wo ich auch am Wochenende gewohnt habe. In Darmstadt habe ich studiert und hatte dort unter der Woche ein Zimmer. In Frankfurt habe ich trainiert und gespielt.

Aber das ging trotzdem noch ganz gut, weil damals in der Oberliga nur zweimal in der Woche trainiert wurde. Wir waren ja mehr oder weniger Vertragsamateure und keine Profis, die jeden Tag ein- bis zweimal trainieren. Dienstags bin ich von Darmstadt hin und zurück zum Training nach Frankfurt, donnerstags oder freitags dann nach dem Training am Riederwald weiter zu meinen Eltern nach Friedberg.

Ich habe mir einen Motorroller zugelegt, mit Bus und Bahn hätte das nicht funktioniert. Nach ein, zwei Jahren konnte ich mir ein Goggomobil leisten. Ein wirklich kleines Auto, es war nur etwa drei Meter lang und hatte etwa 15 PS, aber es passten vier Leute rein. Damit konnte ich die Wege zwischen Darmstadt, Frankfurt und Friedberg besser zurücklegen, vor allem wenn es geregnet hat.

Nach dem Training habe ich auf dem Weg nach Friedberg auf halbem Weg immer erst Dieter Lindner abgesetzt und dann Friedel Lutz in Bad Vilbel. Die hatten beide damals noch kein Auto, aber ich.

Der Umstieg vom VfB Friedberg zur Eintracht in die Oberliga Süd war für mich gar nicht so groß. Schon im ersten Spiel, einem Freundschaftsspiel gegen den TuS Neuendorf, habe ich drei Tore geschossen. Das war für mich nichts Besonderes, aber mein Mitspieler Adolf Bechtold, der war Rekordspieler der Eintracht in der Oberliga, hat zu mir gesagt: »Glaub mal nicht, dass das so weitergeht.« Im Grunde hat er recht gehabt. Aber auch bei meinem Debüt in der Oberliga Süd am zweiten Spieltag habe ich bei unserem 5:3-Sieg in Stuttgart drei Tore geschossen.

Ich hatte damals das große Glück, dass neben mir Richard Kreß, Alfred Pfaff und Hans Weilbächer in der Offensive gespielt haben. Das waren alles Spieler, die das Spiel nach vorne getrieben haben und mich als Mittelstürmer in Position brachten. Ohne meine Mitspieler hätte ich als Mittelstürmer nicht viel ausrichten können.

Der Fußball wurde für mich bei der Eintracht immer wichtiger, einige Spiele schon vor der Meisterschaft waren große Ereignisse. Vor der Meistersaison 1958/59 standen wir im Pokal-Endspiel gegen Schalke 04. Das war aber nicht der

DFB-Pokal, das war der Flutlichtpokal. Auf Schalke haben wir 3:3 gespielt, das Rückspiel am Riederwald ging 0:0 aus. Es gab keine Verlängerung. Wir haben das Endspiel gewonnen, weil wir mehr Eckbälle erzielt hatten: 8:6. Es war vor dem Spiel festgelegt worden, dass das Eckenverhältnis das Spiel entscheidet. Das hatte es davor noch nicht gegeben und auch nicht mehr danach.

In den ersten Jahren in der Oberliga gab es noch kein Flutlicht. Anfang und Mitte der Fünfzigerjahre haben die ersten Vereine dann Flutlicht bekommen. Flutlichtspiele waren äußerst attraktiv, da kamen bis zu 40 000 Zuschauer. Es haben natürlich nur Mannschaften um den Flutlichtpokal mitgespielt, die auch Flutlicht hatten.

Der Fußball war damals insgesamt sehr attraktiv. In unserem Meisterjahr sind im Durchschnitt zwischen vier und fünf Tore pro Spiel gefallen. Die Spielweise war allgemein sehr offensiv, das kam uns Stürmern natürlich entgegen. Und die Eintracht war damals die offensivste Mannschaft in der Oberliga Süd. Wir haben immer nach vorne gespielt. Ich bin überzeugt, dass unsere Spielweise das Bild von Eintracht Frankfurt stark geprägt hat, dass der Verein über Jahrzehnte für attraktives und offensives Spiel steht. Dass sich die Eintracht und die Fans bis heute an schönem und offensivem Fußball orientieren.

Niederlagen sind nie schön, natürlich nicht, für niemand. Aber sie waren damals nicht so schlimm. Wir waren ja keine Profis, die sich den ganzen Tag intensiv nur mit ihrem Sport beschäftigen und sonst nichts anderes haben. Wenn unser Spiel vorbei war, ist jeder nach Hause gefahren und hat sich wieder seinem Beruf oder seiner Ausbildung gewidmet. Da liegen die Prioritäten anders, eine Niederlage ist da relativ schnell vergessen.

Ich habe bei der Eintracht 160 D-Mark im Monat als Grundgehalt bekommen, dazu 10 Mark Spesen pro Spiel. Was ein

Spieler an Gehalt erhalten konnte, war vom Deutschen Fußball-Bund vorgeschrieben und begrenzt. Es kamen dann noch Prämien dazu, für ein Unentschieden gab es 60 bis 80 Mark, für einen Sieg 120 bis 150 Mark. Wenn wir zwei, drei Spiele im Monat gewonnen haben, kam ich schon mal auf 600 Mark, in anderen Monaten, in denen es nicht gut lief, war es entsprechend weniger. Vom Bundesfinanzministerium war allerdings vorgeschrieben, dass man im Jahresmittel pro Monat nur 320 Mark verdienen durfte, später 400 Mark. Das war steuerfrei.

Mit dem Fußball konnte ich mir mein Studium finanzieren. Mein Zimmer in Darmstadt hat vielleicht 80 Mark gekostet, höchstens 100 Mark. Auch den Roller und das Goggomobil konnte ich mir durch den Fußball leisten. Mehr wollte ich auch nicht, das hat mir gereicht.

In unsere Meistersaison bin ich mit einem sehr guten Gefühl gegangen. Wir hatten ja schon im Jahr zuvor kurz vor dem Titelgewinn gestanden. Wir waren lange auf dem ersten Platz in der Oberliga, aber bei Absteiger Regensburg haben wir das letzte Spiel 0:1 verloren. Alfred Pfaff hat einen Elfmeter verschossen. Durch die Niederlage sind wir abgerutscht auf den dritten Platz, was uns die Teilnahme an der Endrunde der Deutschen Meisterschaft gekostet hat. Aber in dieser Saison hatte sich trotzdem angedeutet, dass wir um die Meisterschaft mitspielen können.

In der Saison 1958/59 waren wir in der Oberliga dann ständig an der Spitze. Das haben wir uns nicht mehr nehmen lassen, wir haben dann auch die Süddeutsche Meisterschaft geholt. Die Endrunde zur Deutschen Meisterschaft war die Krönung, wir haben viele spektakuläre Spiele und Ergebnisse geliefert. Alle sechs Spiele in der Gruppe haben wir gewonnen, unter anderem 7:2 bei Werder Bremen, 4:2 beim 1. FC Köln und 6:2 beim FK Pirmasens. Gegen Pirmasens kamen über 80 000 Zuschauer, das ist bis heute Eintracht-Rekord. Und in den sechs Endrundenspielen haben wir insgesamt 26 Tore geschossen, das waren im Schnitt mehr als vier pro Spiel.

Was in der Endrunde passierte, war eine echte Explosion, eine Leistungsexplosion. Und dafür gab es gute Gründe. Nach dem Gewinn der Süddeutschen Meisterschaft waren wir schon auf einem sehr guten Weg gewesen, und mit Paul Oswald hatten wir zudem einen sehr guten Trainer. Doch entscheidend war, dass wir dann die Mannschaft für mehrere Wochen in ein Trainingslager zusammengeholt haben, wobei man das Wort Trainingslager in Anführungszeichen setzen muss. Wir haben uns in der Sportschule im alten Waldstadion getroffen, aber wir waren dann nicht den ganzen Tag dort. Jeder kam erst nach seiner Arbeit oder wie ich nach der Uni. Wir sind in dieser Zeit trotzdem noch stärker zusammengewachsen, wir konnten Spielzüge einüben, die wir vorher nicht einüben konnten. Wir hatten zuvor einfach nicht die Zeit dafür. In diesen Wochen, in denen wir so intensiv wie nie zuvor trainiert haben, kam es zu dieser Leistungsexplosion.

Es war ein tolles Gefühl, dass wir in den entscheidenden Spielen sofort die Wirkung gesehen haben. Sowohl in Endrundenspielen wie im Finale sind wir immer schnell 1:0 oder 2:0 in Führung gegangen, mitunter haben wir uns dann regelrecht in einen Rausch reingespielt. Wir haben so gut gespielt, wie ich es vorher nicht für möglich gehalten hätte.

Auf dem Platz ist es wie automatisch gelaufen. Wir mussten gar nicht mehr nachdenken. Es wurde immer besser. Und ich habe bloß versucht, meine Tore zu machen.

Die Stimmung in der Stadt war schon vor dem Endspiel euphorisch. Das Finale wurde zum Höhepunkt dieser Entwicklung, und das ausgerechnet gegen Kickers Offenbach. Das Derby vor 80 000 Zuschauern in Berlin: Das hat uns alle elektrisiert.

Unsere Mannschaft bestand fast ausschließlich aus Spielern, die aus Hessen kamen. Nur unser Torwart Egon Loy kam aus Bayern, Ivica Horvat aus Jugoslawien. Und István Sztáni stammte aus Ungarn. Er war zwei Jahre zuvor zu uns gekommen, nach der gescheiterten Ungarischen Revolution.

Mein Verhältnis zu Sztáni war am Anfang nicht so gut. Er kam aus einer anderen Welt, hatte andere Vorstellungen. Als im Oktober 1956 der Volksaufstand in seinem Land ausbrach, ist Sztáni wie viele andere ungarische Nationalspieler geflohen, oder besser gesagt: nicht mehr nach Ungarn zurückgekehrt. Er war genau zu dieser Zeit bei einem Länderspiel der Ungarn in England. Außer Sztáni kamen noch zwei andere ungarische Spieler zu uns, aber den Durchbruch bei der Eintracht hat nur Sztáni geschafft.

An seine Mentalität musste ich mich erst einmal gewöhnen, die anderen Mitspieler auch. Sztáni hat Dinge gemacht, die deutsche Spieler zu dieser Zeit nicht gemacht haben. Er hat Tricks gewagt, die kein deutscher Spieler gewagt hat – und mit denen dann auch keiner gerechnet hat. Er hat nach seiner eigenen Idee gespielt. Er konnte Bälle verarbeiten wie kaum ein anderer, er war fußballerisch genial.

Sztáni ist von den Fans sofort auf eine ganz besondere Weise behandelt worden, er hat die Leute fasziniert. Sie waren von seinem Spiel begeistert, jeder hat sein Flair gespürt, auch die Frauen. Egal, wo wir waren: Die Fans kamen immer zuerst zu Sztáni, um sich Autogramme zu holen oder mit ihm zu reden.

Auf dem Platz haben wir uns im Laufe der Zeit immer besser verstanden. Wenn er gesehen hat, dass ich mit meiner Schnelligkeit in den freien Raum gestartet bin, dann kam der Pass von ihm. Meine Stärke war die Geschwindigkeit, das Nutzen von Räumen. Sztánis Stärke war die Ballbehandlung, seine Technik, sein sicheres Passspiel. Wir haben uns sehr gut ergänzt im Sturm. Und wir waren jung. In der Meistersaison wurde Sztáni 22 Jahre alt, ich hatte einen Monat vor dem Finale meinen 24. Geburtstag.

Beim 5:3 im Finale gegen Kickers Offenbach habe ich drei Tore geschossen. Das 2:1 nach einer Viertelstunde, ein Kopfball nach einem Eckball. Nach neunzig Minuten stand es 2:2. In der Verlängerung habe ich mit einem Elfmeter früh das 3:2 gemacht. Es war klar, dass ich den Elfmeter schießen würde. Nachdem Alfred Pfaff in der Saison zuvor den Elfmeter in Regensburg verschossen hatte, haben wir einen neuen Elfmeterschützen gesucht, das ist an mir hängen geblieben. Und schließlich ist mir eine Minute vor dem Abpfiff nach einem Zuspiel von Alfred Pfaff das entscheidende 5:3 gelungen. Nach heute 65 Jahren kann ich immer noch sagen: Das war vielleicht das schönste Gefühl, das ich je hatte im Fußball. Ich musste mit dem Ball nur noch ins leere Tor laufen – in der Gewissheit, dass wir Deutscher Meister waren, herrlich.

Ich sage das immer wieder: Das 5:3 war auch ein Tor, das ich ohne meine Mitspieler nicht hätte erzielen können. Ohne gute Mitspieler kann man als Mittelstürmer keine Tore schießen, man ist immer abhängig von seiner Mannschaft. Die beiden anderen Tore im Finale, das 1:0 und das 4:2, hat Sztáni geschossen. Mit zwölf Toren wurde ich Torschützenkönig der Endrunde, Sztáni war mit sieben Toren auf dem zweiten Platz. Wir hatten damals den besten Sturm in Deutschland.

Als wir mit der Meisterschale zurückkamen nach Frankfurt, haben uns rund 250 000 Menschen empfangen. Was für eine Begeisterung! Ein unglaubliches Erlebnis.

Nach der Meisterschaft und dem überwältigenden Empfang habe ich die Eintracht verlassen. Und nie wieder für sie gespielt.

Die Entscheidung ist schon vorher gefallen. Der Grund war: Ich wollte mein Studium erfolgreich zu Ende bringen, das war mir am wichtigsten. Der Aufwand des ständigen Pendelns zwischen drei Orten war mir mit der Zeit zu viel geworden. Mit der Eintracht hatte das nichts zu tun. Ich wollte mehr Ruhe für mein Studium haben.

Deswegen bin ich zum TSV 1860 nach München gegangen, dort waren die Voraussetzungen für mich eindeutig besser. Ich konnte Studium und Fußball viel besser miteinander verbinden. Morgens konnte ich in München zu Fuß von meiner Wohnung zur Uni laufen und studieren – und nachmittags trainieren. Das war optimal. Ich habe in München noch drei Jahre bis zu meinem Abschluss in Maschinenbau studiert.

Schade war natürlich, dass ich mit der Eintracht in der neuen Saison nicht mehr im Europapokal der Landesmeister mitspielen konnte, dass ich das legendäre Finale gegen Real Madrid nicht miterlebt habe, das die Spanier 7:3 gewonnen haben.

So erfolgreich wie bei der Eintracht war ich beim TSV München 1860 nicht mehr. In jeder Saison lag die Eintracht vor uns in der Oberliga. Ein großes Erlebnis mit dem Klub war aber 1960 eine dreiwöchige Reise in die Vereinigten Staaten. Wir waren in New York, Chicago, San Francisco, Los Angeles und haben dort gegen verschiedene Klubs gespielt. Wer hat das damals schon erleben dürfen? Amerika.

In meinem letzten Jahr in München war Max Merkel mein Trainer, in der Saison 1961/62. Merkel war seiner Zeit zehn Jahre voraus. Er hat den Fußball schon damals professionell gesehen. Das hat zu Auseinandersetzungen mit vielen Spielern geführt, auch mit mir.

Merkel sagte: »Du bist hier, um Fußball zu spielen.«

Ich habe gesagt: »Ich bin in erster Linie in München, um zu studieren. Ich will einen Beruf haben.«

Das hat Merkel nicht akzeptiert.

Merkel war ein harter Trainer, ein harter Mann. Er hat die Spieler richtig hart rangenommen, das hat am Ende aber auch zum Erfolg geführt. Merkel hat 1963 die Löwen in die neu gegründete Bundesliga geführt, mit ihnen 1964 den DFB-

Pokal geholt und 1966 die Deutsche Meisterschaft. Aber rein menschlich gesehen: schwierig.

Der Unterschied zwischen Merkel und meinem Eintracht-Trainer Oswald war wie zwischen Tag und Nacht. Oswald war auch ein guter Trainer und Taktiker, aber er war menschlich in Ordnung. Man konnte sich mit ihm ganz normal unterhalten. Merkel dagegen hat uns Spieler in der Kabine beschimpft und zu Hause kontrolliert.

Er hat persönlich überprüft, ob die Spieler abends zu Hause waren und nicht ausgegangen sind. Er stand auch vor meiner Tür. Ich musste ihn reinlassen. Das hat man damals als Spieler hingenommen, auch ich. Wenn du jung bist und dann ein gestandener Mann mit einer erfolgreichen Vita wie Merkel vor dir steht, dann hat man einfach akzeptiert, was er sagt. Was hätte ich machen sollen? Wenn ich ihm widersprochen hätte, hätte er nur gesagt: »Schleich dich!« Und hätte mich vermutlich nicht mehr aufgestellt. Das wollte ich natürlich auch nicht.

Nachdem ich 1962 mein Studium erfolgreich als Diplom-Ingenieur im Maschinenbau abgeschlossen hatte, war München als Standort für meinen Beruf dann nicht mehr optimal. Es taten sich mehrere Möglichkeiten für mich auf. Ich hätte zu Young Fellows Zürich gehen können, denn in der Schweiz gab es auch eine berühmte Lokomotiven-Fabrik, die die Schweizer Bundesbahn belieferte. In Essen ist für mich wiederum die Firma Krupp infrage gekommen. Das war auch schließlich der Grund, weshalb ich im Sommer 1962 zu Rot-Weiss Essen gewechselt bin.

Bei Krupp habe ich in der Firmenzentrale in Essen im Sektor Diesel-Lokomotiven gearbeitet, die damals sehr gefragt waren. Nicht nur bei der Deutschen Bundesbahn, auch im benachbarten Ausland, selbst in Afrika.

In Essen ist nach den Spielen öfter Helmut Rahn aufgetaucht, obwohl er in dieser Zeit erst in den Niederlanden und dann, nachdem er dort mit einem Auto alkoholisiert im Graben gelandet ist, beim MSV Duisburg gespielt hat. Rahn stammte aus Essen. Wenn er kam, hatte er immer diesen Spruch auf den Lippen: »Wir sind Weltmeister!« Rahn hat zwar das Siegtor bei der WM 1954 geschossen, ein Tor für die Ewigkeit, aber mein Vorbild war er nicht. Ich wollte nicht so sein wie er. Charakterlich war das schon problematisch. Rahn konnte Spiele alleine entscheiden – aber auch rein gar nichts machen und nur nebenherlaufen.

1966 bin ich mit Rot-Weiss Essen in die Bundesliga aufgestiegen. Mein erstes Bundesligaspiel war auch mein letztes. Am ersten Spieltag haben wir gegen den MSV Duisburg gespielt, irgendjemand ist mir von hinten in die Beine gefahren. Mein Knie hat sich verdreht. Damals war es noch nicht erlaubt, Spieler auszuwechseln, nicht einmal verletzte Spieler. Ich habe mit meinem lädierten Knie weitergespielt, sonst wären wir ein Mann weniger gewesen. Wie sich herausstellte, habe ich mit einem Meniskus- und Bänderschaden gespielt.

Ich konnte in jener Saison kein einziges Spiel mehr machen, habe nie mehr höherklassig gespielt. Meine Karriere war vorbei. Dann habe ich die Jugend von Rot-Weiss Essen trainiert.

Mindestens zwei, drei Jahre hatte ich Schmerzen. Später musste ich deswegen auch ein künstliches Kniegelenk bekommen. Ich bin überzeugt, alles wäre nicht so schlimm gekommen, wenn es die Möglichkeit gegeben hätte, mich auszuwechseln.

Die Einführung der Bundesliga habe ich damals sportlich für eine gute Idee gehalten. Die Gehälter bewegten sich auch noch im normalen Rahmen. Ich habe bei Rot-Weiss Essen mit einem Monatsgehalt von 1000 Mark begonnen, so viel hat es bei der Eintracht auch als Prämie für die Deutsche Meisterschaft gegeben. Bei Krupp kam ich auf 800 Mark im Monat.

Die meisten Spieler hatten zu Beginn der Bundesliga noch einen Beruf, doch je länger es ging, desto weniger wurden es. Der erste Spieler von Rot-Weiss Essen, der Profi werden und Profi sein wollte, war Otto Rehhagel. Er ist 1963 von Essen zu Hertha BSC Berlin in die Bundesliga gewechselt. Otto hat gesagt: »Mir kann doch nichts passieren. Ich bin Anstreicher – und wenn es mit dem Fußball nichts wird, bin ich wieder Anstreicher.«

Ich war nie der Auffassung gewesen, dass mir der Fußball reichen würde. Das wäre mir zu öde gewesen, immer nur Training, Massage, Training, Spiel. Mein Beruf als Ingenieur hat mir viel gegeben. Er hat mir am Ende mehr gegeben als der Fußball. Erst bei Krupp, dann später bei MAN in Augsburg. Mein Beruf hat mich oft ins Ausland geführt, ich habe die Welt ein bisschen kennenlernen dürfen.

Ich bin froh, dass ich mich entschlossen hatte, mein Studium neben dem Fußball durchzuziehen. Noch heute lerne ich gerne. Ich bin jetzt 88 Jahre alt und gehe in Augsburg zweimal in der Woche in die Volkshochschule, mein Englisch und Spanisch verbessern.

Meine Fußballzeit war großartig, mehr als die Deutsche Meisterschaft mit der Eintracht konnte man damals nicht erreichen. Aber mit dem Fußball allein wäre mir ein solches Leben nicht vergönnt gewesen.

11

MATTHIAS OHMS

Der Milliardenmann

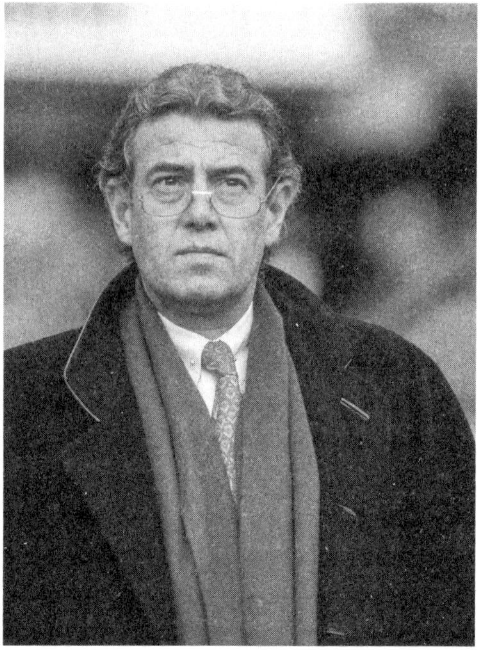

Geld ist eine Hure,
die niemals schläft.
Gier ist gut.

Der skrupellose Investor
Gordon Gekko 1987 in Wall Street,
gespielt von Michael Douglas

Ich habe Millionen nie
angestrebt, sie kamen einfach.
Teilweise gingen sie aber
auch genauso schnell wieder.

Matthias Ohms,
Devisenhändler und Eintracht-Präsident,
über sein Leben in den 1980er-Jahren

An dich!«

»Von dir!«

Macht zeigt sich auf vielfältige Weise.

In meinem beruflichen Leben hat wirtschaftliche Macht viele Jahre lang eine wichtige Rolle gespielt. Ich habe ein Unternehmen geführt, das im Börsengeschäft tätig war, speziell im Devisenhandel, das war der Bereich, in dem ich selbst aktiv gewesen bin. Macht fasziniert, in jeder Form, das hat Macht immer getan.

Ich habe Macht auf Märkte ausgeübt, durch Orders konnte ich Märkte und Kurse beeinflussen. Das war ein Teil der Macht, die ich hatte, die ich tagtäglich ausgeübt habe. Immer, andauernd, über Jahre.

In dem Moment, als ich diese Macht an den Märkten ausgeübt habe, hatte ich keine Gefühle. Ich habe gar nicht daran gedacht, dass ich Macht hatte.

Es kamen Orders rein, teilweise von großen Privatbanken, teilweise von Nationalbanken, die gaben Vertrauensorders, das heißt: Ich bekam den Auftrag, in meinem Sinne zu handeln, um so am Markt das zu bewirken, was der Auftraggeber will. Indem wir die Märkte mit unseren Orders bedienten, haben wir Kurse beeinflussen können, bis wir den Kurs schließlich dorthin gebracht haben, wo ihn der Kunde haben wollte. Das stand in meiner Macht, das konnten wir.

Es gab im Devisenhandel das ungeschriebene Gesetz, dass der Mindesthandelsbetrag pro Abschluss bei einer Million US-Dollar liegt. Das war aber die Ausnahme, meist waren es zwischen fünf und 20 Millionen Dollar pro Abschluss.

Das Gesamtvolumen eines Umsatzes im Devisenhandel lag pro Tag zwischen sechs und acht Milliarden Dollar, verteilt auf die Handelszeit zwischen neun und 18 Uhr. In der Mittagszeit wurde fast kein Umsatz gemacht, wenn da das offizielle Dollar-Fixing stattfand, war ungefähr eine Stunde Ruhe, ansonsten lief der Handel unentwegt, permanent, ohne Pause.

Es gibt diesen Kick, diesen Thrill bei großen Orders, keine Frage, man ist euphorisiert, das Geschäft ist ein Sekundengeschäft.

»An dich!«

»Von dir!«

Und das Geschäft ist gemacht.

Vorher hat man entsprechende Telefonate am Ohr, man sucht seinen Counterpart, die Gegenseite des Geschäfts, den anderen. Und dann sagt man, man schreit in der Hektik:

»An dich!«

»Von dir!«

Das ist das Signal, innerhalb des Büros zu kaufen, danach wird die Summe genannt: fünf Millionen, zehn Millionen, 15 Millionen, zwanzig Millionen ...

An meinem Händlertisch saßen 18 Leute, jedes Gespräch wurde aufgezeichnet. Ein Tonbandsystem, um Differenzen mit den Handelspartnern hinterher klären zu können, man verhört sich mal, es wurden mindestens drei Sprachen gesprochen: Deutsch, Englisch, Französisch. Da kann es zu Komplikationen kommen.

Wir haben nicht umsonst gearbeitet. Wir hatten hoch bezahlte Mitarbeiter. Ein guter Mitarbeiter hat bei mir im Jahr rund 500 000 Mark verdient, und wenn du fünf, sechs von denen am Tisch hast, dann weißt du, was du mit deinem Unternehmen verdienen musst. Allein der Deutschen Bundespost haben wir pro Monat weit über eine Million Mark an Telefongebühren bezahlt, all das muss sich rechnen, das muss reinkommen.

In manchen Monaten haben wir 27 Tage gebraucht, um mit allen Kosten auf null rauszukommen, wirklich verdient haben wir, ich hatte noch ein oder zwei Partner, oft nur an einem Tag im Monat, manchmal an zwei.

Flauten herrschten immer, wenn in der Politik und in der Wirtschaftspolitik nichts passierte. Dann wusste keiner, was der Dollar macht: Geht er hoch, geht er runter? Da wurde mal versucht, den Dollar ein bisschen in die eine oder in die andere Richtung zu schieben, aber das ist oft nicht gelungen. Der Kurs verharrte an derselben Stelle. Dann hatten die Banken irgendwann gar keine Lust mehr, selbst aktiv zu werden – und warteten von außen auf Signale.

Die Signale konnten aus der Politik kommen, aus der damaligen Bundesbank oder anderen großen Nationalbanken, Zinssenkungen oder Zinserhöhungen. All das sind Kriterien, um einen Kurs zu verändern. Es gab im Monat fünf, sechs ruhige Tage, mehr waren es außer in den Sommerferien nicht, nie.

Aktuell liegt der Dollar bei 1,0660 zum Euro. Wenn wir vom Devisengeschäft sprechen, sprechen wir von der vierten Stelle hinter dem Komma. In diesem Fall der Null oder, wenn man die beiden letzten Stellen nimmt, von der 60. Die 60 kann dann auf 62 steigen, die Margen sind minimal. Aber die Hebel sind enorm, bei 10 Millionen Dollar Einsatz sehen die Gewinne ganz anders aus.

Es gab etliche Perioden, wenn die Bundesbank am Markt eingegriffen hat, da sind die Kurse um 40 Pfennig nach oben gesprungen, nach oben geschossen. Und schon ein Pfennig bedeutete viel Geld, richtig viel Geld. In diesem Fall bedeutet ein Pfennig 10 000 Euro.

Nervlich könnte ich das heute nicht mehr durchhalten. Man muss jung sein, konzentriert sein, das Metier kennen. Ich musste auf 18 Mitarbeiter am Handelstisch in Frankfurt aufpassen, habe ihnen immer zugehört und zugleich meinen Kunden, mit denen ich per Lautsprecher verbunden war. Das war außergewöhnlich fordernd, am Abend war ich stark erschöpft, und dann sucht man Entspannung, geht essen mit Geschäftspartnern, in eine Bar, redet über den Tag und über das, was am nächsten Tag kommt. So war das eigentlich jeden Tag, über Jahre.

Ich komme aus Hannover. Ich habe dort eine Banklehre gemacht. Hannover ist schön, aber Provinz. Von damals kenne ich noch Gerhard Schröder. Ich war in den Sechzigerjahren bei den Jusos, er war Juso-Chef in Niedersachsen. Für mich gab es nichts Faszinierenderes als Gold und Devisen.

Nach meiner Ausbildung war ich in der Bank verantwortlich für Gold und Devisensorten, noch nicht für den Devisenhandel. Die großen Märkte im Devisenhandel waren Frankfurt, auch ein wenig Düsseldorf, Köln, München, Hamburg. Aber nicht Hannover, also musste ich weg. Ich habe mich bei mehreren Banken beworben, auch in Zürich und Amsterdam.

Ich habe in Frankfurt bei einer Bank als Devisenhändler angefangen, habe dort ein paar Jahre gearbeitet, bin dann zu einem Makler. Ich wurde Broker. Er war sogenannter amtlicher Devisenmakler in Deutschland. Als er sich 1973 zur Ruhe setzen wollte, habe ich ihm das Geschäft abgekauft und übernommen.

Wild wurde das Geschäft ab dem Jahr 1971. Erste Ölkrise, zweite Ölkrise, Floating-Märkte des Dollars, der Dollar war nicht mehr fixiert. Er wurde von den Nationalbanken freigegeben, da fanden gewaltige Umsätze statt. Das ging bis Ende der Achtzigerjahre.

Dass manche Leute gesagt haben, ich wäre in dieser Zeit der Gordon Gekko von Frankfurt gewesen, war mir nicht bewusst. Der Handelstag begann für mich montags um neun Uhr und endete am Freitag um 20 Uhr, alles drehte sich in dieser Zeit ums Geschäft.

Nachgedacht über meine Tätigkeit habe ich nicht, das habe ich erst später getan. Über Sinn und Zweck von Märkten, warum es ein Auf und Ab gibt, warum Gewinner und Verlierer.

Ich bin kein Anhänger marxistischer Lehren, aber ich habe im kapitalistischen System viele Menschen ins Unglück rennen sehen: die Pleite der Herstatt-Bank 1974, eine Folge von Devisengeschäften. Banken, die durch die Pleite von Lehman Brothers 2008 als Folge von deren Spekulationen dann selbst pleitegegangen sind; Vorgänge, die fast die globale Volkswirtschaft ruiniert haben.

Ich habe meinen Job und meine Branche immer nur als kleines Rad im System der freien Marktwirtschaft gesehen, ich selbst kann den Markt nicht ändern. Es ist wichtig für Märkte, dass Geld nicht nur auf dem Sparbuch angelegt wird, dass auch anders investiert wird: in Aktien, in Öl, in Devisen. Eine vielfältige Anlagestrategie ist auf lange Sicht immer die beste und günstigste.

Geld ist wichtig. Aber ich brauche keine Millionen. Wenn Millionen da sind: schön. Aber ich habe Millionen nie angestrebt, sie kamen einfach. Teilweise gingen sie aber auch genauso schnell wieder.

An der Börse und im Devisenhandel geht's immer um Geld. Das ist aber etwas ganz Normales; der eine verkauft Eier auf dem Wochenmarkt, der andere Gemüse, da geht's auch um Geld. Es geht immer um Geld.

Ist ein Produkt vorhanden, wird kassiert. Bei uns war ein Markt vorhanden, und es gab viele Produkte, die wir handeln konnten. Wie eine Ware, die über den Tisch geht.

Banker waren immer gut gekleidet, sie legen Wert auf Äußerlichkeiten. Wenn man ausging, spielten teure Anzüge eine Rolle, teure Uhren spielen natürlich immer eine Rolle, sie können auch eine Anlage sein. Teure Autos waren für manche wichtig, für andere Schiffe, Jachten, Häuser, alles Symbole für Geld, und all das gehörte in den Achtzigerjahren zum Lifestyle.

Die wilden Achtziger waren so, wie man sie beschreibt: wild. Und ich war jung, dynamisch und wild.

Frauen sind ein besonderes Kapitel in meinem Leben, sie haben immer eine wichtige Rolle gespielt. Ich war dreimal verheiratet, hatte einige Freundinnen und Lebensgefährtinnen. Das hat seine Gründe, aber darauf möchte ich nicht explizit eingehen. Es war sicher auch so, dass es in gewissen Kreisen eine Rolle gespielt hat, mit welchen Frauen man sich umgibt. Ich hatte das Glück, dass ich immer attraktive Frauen an meiner Seite hatte; Frauen, die Wirkung erzielt haben. Ich kann nicht sagen, dass mir das unwichtig gewesen wäre.

So wie unser Handel war, habe ich teilweise gelebt. Ich habe auf keinen Partys gefehlt, ich war überall. Ich war ein gern gesehener Gast, wurde überall eingeladen. Ich war oft in den Medien: ARD, ZDF, Hessischer Rundfunk. Wenn mit dem Dollar etwas passierte, war ich in den *Tagesthemen*, in der *Tagesschau*. Die Medien kamen zu mir, man kannte meine Adresse in der Schillerstraße bei der Börse, man kannte mein Gesicht. Da war ich dann auch in der Frankfurter Gesellschaft gerne gesehen.

In meinem Beruf gab es wöchentlich Highlights. Wenn wir erfolgreiche Tage mit hohen Umsätzen hatten, wurde gefeiert. Die hohen Umsätze kamen oft mithilfe nationaler Notenbanken zustande. Wir hatten sehr gute Kontakte zur russischen Nationalbank und zur deutschen Bundesbank, die sehr oft im Markt interveniert haben. Das heißt: Sie wollten den Dollar auf einem anderen Niveau sehen, als er war, aus welchen Gründen auch immer. An solchen Highlight-Tagen habe ich meine Mitarbeiter zum Nachfeiern eingeladen, das ging oft bis weit in den Samstagmorgen.

Wo gekämpft wird, ist ein gesundes Verhältnis zur Gier angebracht, das gilt in der Finanzbranche genauso wie im Profifußball. Mit Gier muss man sich in beiden Geschäftsfeldern auseinandersetzen. Auch wenn der Begriff Gier oft negativ gesehen wird: Die Gier nach dem Erfolg ist eine Komponente, die zu Erfolg verhilft; zum Willen, sich zu verbessern, Großes zu erreichen.

Gier kann auch zur Sucht werden, ich habe in der Finanzbranche und im Fußball erlebt, wie daraus Habgier und Raffgier wurde. Zu einer Haltung, die dem anderen nichts gönnt, die dem anderen nichts lassen will – das ist asozial, aber es passiert.

Ich habe in meinem Leben viel mit Geld gemacht, aber mit mir hat das Geld nicht so viel gemacht, wie man vielleicht meinen könnte. Ich führe heute ein normales Leben, auch mein Freundeskreis hat sich mit den Jahren verändert. Ich bin heute froh, wenn ich mit Freunden essen gehen kann, wenn wir ein bisschen feiern. Früher war das selbstverständlich, heute bin ich dafür dankbar.

Verlustängste hatte ich nie, bis heute nicht. Aufstehen, weitermachen – das war immer mein Credo. Geld hat mir nie Beklemmungen gemacht: Wenn es Verluste gab, wurden sie ausgeglichen. Bei manchen Banken konnten wir die Verluste »abarbeiten«, wie wir das nannten. Wir haben positive Geschäfte über diese Bank laufen lassen, bis der Verlust ausgeglichen war.

Wir haben bei Verlusten aber auch Schecks ausgeschrieben, über teilweise nicht unerhebliche Summen. Hörfehler in diesem Geschäft gibt es immer.

»An dich!«

»Von dir!«

Das geht manchmal im Geschrei unter, da hört man mal was Falsches. Es gab immer wieder mal Streitigkeiten, wenn am Abend festgestellt wurde, dass ein Geschäft anders gelaufen ist, als man das selbst gedacht hatte, aber alles wurde aufgenommen, die entsprechende Stelle dann vorgespielt und immer von allen akzeptiert. Solche Streitigkeiten oder Missverständnisse mussten nie vor Gericht geklärt werden.

Meine Kunden waren ausschließlich Banken, weltweit. Trotz der Millionengeschäfte haben wir nie einen Vertrag mit einer Bank abgeschlossen, das waren alles Handschlagverträge.

Wäre ich als Banker in die Hypothekenabteilung gegangen, wäre mein Leben anders verlaufen, vermutlich wäre ich irgendwann in den Vorstand einer Bank berufen worden. Das waren damals ja sehr seriöse, nachdenkliche Menschen, die auch in ihrem Privatleben bedachtsam agierten. Die Gesellschaft achtet ja sehr darauf, wenn man in einer gewissen Position ist, dass man auch mit seinem Lebenswandel gesellschaftliche Erwartungen erfüllt. Das war bei mir anders, ich habe das Leben genossen. Ich habe viele interessante Leute kennengelernt: die Flicks, die Burdas; diese Leute lernt man nicht am Kaffeetisch in der Frankfurter Oper kennen.

Als ich mich in den Siebzigerjahren in Frankfurt selbstständig gemacht habe, war ich mir bewusst, dass ich von der Gesellschaft anders gesehen werde. Dass ich als Exot betrachtet werde. Exoten sind in gewissen gesellschaftlichen Kreisen allerdings auch sehr begehrt.

Ob ich mit meiner Vita dann einen gewissen Glamour zu Eintracht Frankfurt gebracht habe, darüber habe ich mir damals keine Gedanken gemacht. Aber das war schon so, dieser Ruf ist mir nicht verborgen geblieben. Ich galt ja als Glamour-Präsident.

Einer Stadt wie Frankfurt bedeutet die Finanzbranche viel, mittlerweile auch der Fußball. Die Verbindung zeigt sich schon im Stadion, zehn Jahre lang war es die Commerzbank-Arena, heute ist es der Deutsche Bank Park. Im Jahr 1988, als ich Präsident von Eintracht Frankfurt wurde, wäre das nicht möglich gewesen. Fußball und Finanzbranche waren zu dieser Zeit wie Feuer und Wasser.

Ich habe das als Devisenmakler am eigenen Leibe erfahren. Eine Bank sagte mir, als ich Präsident geworden war: »Wir machen mit Ihnen nur noch die Geschäfte, die nötig sind. Wir mögen nicht, dass Sie Präsident von Eintracht Frankfurt sind.«

Ich habe einige Gespräche mit Deutsche-Bank-Direktoren geführt, die sagten klipp und klar: Mit Profifußball wollen wir nicht in Verbindung gebracht werden. In Frankfurt war das geschäftlich für mich besonders schwierig, die Banken in London, Paris und New York hatten damit kein Problem.

In den späten Achtziger- und frühen Neunzigerjahren kamen bei Eintracht Frankfurt zu einem normalen Bundesligaspiel 24 000 Zuschauer, obwohl die Mannschaft jahrelang um die Meisterschaft und im Europapokal gespielt hat. Das Stadion war trotzdem nur einmal in der Saison ausverkauft: wenn Bayern München kam.

Bei Bundesligaspielen habe ich keinen Thrill gespürt, keinen Kick. Ich hatte beruflich so viele aufregende Momente, dass ich Eintracht Frankfurt als eine professionelle Unternehmung angesehen habe, die ich wirtschaftlich in ordentliche Bahnen lenken wollte. Mich hat keine Welle getragen, es war nichts Besonderes für mich.

Gefreut habe ich mich natürlich, wenn wir gut gespielt und gewonnen haben. Als wir Bayern München 3:0 geschlagen haben, bin ich hochgesprungen. Franz Beckenbauer, der neben mir auf der Tribüne saß, hat mich seltsam angeguckt, aber nach zehn Sekunden war das mit dem Adrenalin auch wieder vorbei.

Als ich im Jahr 1982/83 erstmals mit der Eintracht in Kontakt kam, ging es dem Klub nicht gut. Von Glamour konnte keine Rede sein. Ich war damals kein Eintracht-Mitglied. Ich bin nicht einmal im Stadion gewesen, wohl aber kannte ich den damaligen Präsidenten Dr. Klaus Gramlich. Der klagte mir sein Leid, dass in Frankfurt niemand bereit sei, für die Eintracht eine Bürgschaft oder einen Barbetrag zu hinterlegen, um die Lizenzierung beim Deutschen Fußball-Bund zu erhalten, und das, obwohl er selbst sehr gute persönliche

Beziehungen zu Frankfurter Familien mit großen Namen unterhielt.

Der Betrag, den die Eintracht benötigte, lag bei 1,2 Millionen Mark. Ich habe nur mit dem Kopf geschüttelt und ihm gesagt: »Es kann doch nicht sein, dass in einer Finanzstadt mit namhaften Familien keiner das Portemonnaie aufmacht. Ich verstehe das nicht. Ich komme aus Hannover, was habe ich mit Eintracht Frankfurt zu tun?«

Mir tat die Eintracht leid, mir tat Dr. Gramlich leid. Und mir tat es nicht weh, anderen in der Stadt offenbar schon, vielleicht hatten sie Angst, ihr Geld nicht zurückzubekommen. Zusammen mit einem Freund habe ich einen Scheck über 1,2 Millionen ausgestellt, mein Freund gab etwas weniger, ich etwas mehr.

Für viele Leute mag es unvorstellbar sein, einen Scheck über 1,2 Millionen auszustellen. Ich hatte zu dieser Zeit beruflich aber mit Größenordnungen zu tun, da war ein Betrag von 1,2 Millionen für mich nicht so bedeutungsvoll, wohl aber für die Eintracht. Sie bekam die Lizenz für die Erste Liga, das war ihre Rettung, sonst wäre die Eintracht in die Drittklassigkeit abgestiegen: Profifußball, ade. Ich weiß nicht, ob sich der Verein davon erholt hätte, wahrscheinlich nicht.

An dem Abend, an dem ich den Scheck ausgestellt habe – es war der 2. Juni 1983, der letzte Tag, um den Scheck beim DFB abzugeben, und ein Fahrer hat ihn dorthin gebracht –, wurden auch meine Berufung in den Aufsichtsrat und ein Treffen am Riederwald vereinbart. Ich war erschrocken, als ich dort ankam, das Gebäude stand kurz vor dem Zusammenbruch. Mit einer Funktionsarena hatte das nichts zu tun. Die ersten Eindrücke waren deprimierend.

Im November 1988 wurde Dr. Gramlich als Eintracht-Präsident auf der Mitgliederversammlung abgewählt, Dr. Wolf sein Nachfolger. Der neue Präsident hatte zwar mit Bernd Hölzenbein einen neuen Vizepräsidenten, aber keine vollständige Mannschaft, keinen Schatzmeister. Auf der Versammlung wurde ein Mitglied auf der Bühne mit einem Faustschlag niedergestreckt, ein Tiefpunkt, von dem sogar in den *Tagesthemen* berichtet wurde.

Ich war damals Verwaltungsratsvorsitzender und wurde nach diesem Wahlabend vom ZDF ins *Aktuelle Sportstudio* eingeladen. Ich habe in der Sendung etwas gesagt, was man im Fernsehen damals nicht sagte: »Dr. Wolf hat Leichen im Keller.«

Da fiel einigen im Studio die Klappe runter, es herrschte Schockstarre, der Moderator rang hilflos nach Worten. Für mich war das ein normaler Ausspruch, üblicher Jargon im Devisenhandel. Was ich damit meinte: In den Siebziger- und Achtzigerjahren hat Dr. Wolf mit Herrn Zenker zusammengearbeitet, er war sein Kofferträger. Zenker war Vizepräsident bei Eintracht Frankfurt – und hat den Spielern Häuser verkauft, Papp-Häuser. Wenn eine Vertragsverlängerung anstand, sagte er sinngemäß: »Wir verlängern mit dir. Du bekommst auch ein bisschen mehr Gehalt – aber du unterschreibst einen Kaufvertrag für so ein Haus. Wir machen alles für dich.«

Ich kenne zahlreiche Spieler, die diese sogenannten Bauherren-Modelle abgeschlossen hatten. Diese Modelle rechneten sich hinten und vorne nicht, sie haben nur zu Verlusten geführt. Die Gehälter der Profis damals waren nicht so, dass sich die Spieler diese Fehlinvestitionen leisten konnten. Viele Spieler haben sehr gelitten unter dem Druck, mehrere Bauherren-Modelle gezeichnet zu haben. Die kamen finanziell nicht mehr klar. Das habe ich angeprangert mit diesem Satz, der in Frankfurt einen Sturm entfacht hat. Die Vorgänge waren den Leuten bis dahin offenbar nicht bekannt gewesen. Dr. Wolf musste nach wenigen Tagen zurücktreten, das war meine Absicht.

Viele Leute haben geglaubt, ich hätten diesen Ballon platzen lassen, um selbst Präsident zu werden. Aber das war nicht so, ich hatte einen Job, ich war nicht auf der Suche. Ich wollte nur, dass Wolf nicht bleibt. Wolf musste weg.

Von der Stadt Frankfurt habe ich viel Zuspruch erhalten, aber die Politik hat gleichzeitig gesagt, dass ich nun Präsident bei der Eintracht werden müsse. Verschiedene Gremien des Vereins haben mich auch darum gebeten, ich wollte aber trotzdem nicht, ich habe das klar von mir gewiesen. Ich verdiene Geld, sagte ich, als Präsident verdiene ich kein Geld.

Ich habe mich dann mit meiner Ehefrau besprochen und mit den Leuten in meiner Firma. Ich habe dort Aufgaben delegiert, damit ich mir beide Jobs zeitlich teilen konnte, vormittags Devisenhandel, nachmittags Eintracht. Ich habe mich in die Pflicht nehmen lassen, aber das war weder geplant noch gewollt. Ich hatte viele Nachteile, auch gesellschaftlich wurde ich nach meinem Angriff angegangen.

1991 habe ich mein Unternehmen verkauft, ich hatte die Mehrheitsanteile. Meine Partner haben mich dazu gedrängt, weil ich immer weniger Zeit für die Firma hatte, nicht mehr meine gesamte Kraft in sie stecken konnte: »Verkaufe deine Anteile!« Zwei Jahre war ich dann noch in dem Unternehmen, vor allem repräsentativ, nicht mehr aktiv im Handel. Ich habe unsere Filialen in Tokio, Hongkong und New York besucht, mich verabschiedet.

Im Nachhinein war der Verkauf eine gute Entscheidung, der Telefon-Devisenhandel fand ab 1995 nicht mehr statt. Es gab eine neue Handelsplattform, von der ich erstmals 1986 gehört hatte, eine Plattform, bei der Menschen eigentlich nicht mehr nötig waren. Der Handel wurde nur noch per Computer abgewickelt, man stellte seine Interessen auf dem Bildschirm dar:

»Ich kaufe hier!«

»Ich verkaufe da!«

Dann konnten andere Banken mit diesen Informationen ihre Geschäfte abwickeln.

Das System wurde schon 1986 vorgestellt, aber niemand nahm das ernst, ich schon gar nicht. Alle glaubten fest daran, dass zum Devisengeschäft der Small Talk am frühen Morgen mit dem Markt und den Marktteilnehmern gehört. Öl spielte damals eine entscheidende und noch größere Rolle als heute, man sprach über solche Fragen:

Wie siehst du die Entwicklung des Dollar?
Was passiert auf dem Ölmarkt?
Wie siehst du die politische Entwicklung in Saudi-Arabien?
Wie in der Sowjetunion, in China, im Nahen Osten?
Gibt es Krieg, gibt es keinen Krieg?

Das war faszinierend, ich wollte nicht, dass das endet.

Die Gespräche haben wir morgens zwischen halb neun und neun Uhr unmittelbar vor der Handelszeit geführt. Das waren Hunderte Gespräche allein in unserer Firma. Mit dem Computer sind diese Gespräche weggefallen. Mit dem Computer kann man nicht reden. Ein Computer erzählt dir nicht freimütig seine Meinung.

Ich habe meinen Job geliebt, wirklich geliebt.

Ich hatte selbst zu Hause Monitore. Da habe ich auch nachts und an den Wochenenden draufgeschaut, wenn die Märkte in New York und San Francisco nach dem Frankfurter Handelsschluss noch weiterliefen oder am nächsten Morgen der Handel in Tokio begann.

Mit dem Computer wurde eine neue Art von Mensch im Devisenhandel geschaffen. Es gab keine Menschen mehr, die miteinander sprachen, es gab nur noch Menschen, die auf Computer tippten. Dieser Wandel ist nicht vielen gelungen, viele aus meiner Generation haben aufgehört, sind in andere Abteilungen gewechselt oder früh in den Ruhestand.

Ich bin von dem Job gut losgekommen, weil ich mit der Präsidentschaft von Eintracht Frankfurt eine neue Beschäftigung hatte, das ist mir aber erst im Nachhinein klar geworden.

Zunächst habe ich die Präsidentschaft nur als meinen Nebenberuf angesehen, aber dann habe ich mich reingekniet, wie in meine Firma. Ich kannte die Eintracht, ihre Strukturen und die handelnden Personen durch meine jahrelangen Tätigkeiten im Verwaltungsrat. Das war hilfreich für meine Präsidentschaft.

Zum Wohle des Vereins mussten wir uns zum Business bewegen. Wir haben die ersten VIP-Räume im Stadion geschaffen, damit Sponsoren mit ihren Gästen ein angemessenes Umfeld vor und nach dem Spiel bekamen. Es gab damals im Waldstadion nur einen Schankraum, der war fürchterlich. Wir wollten eine andere Seite der Eintracht zeigen, eine, die heute im Stadion normal ist.

Sportlich war unser Ziel, nachhaltig aus der Abstiegszone herauszukommen. Die Eintracht stand Mitte der Achtzigerjahre meist zwischen Platz zwölf und 16. Wenige Monate nach meinem Amtsantritt mussten wir im Mai 1989 noch die Relegationsspiele gegen Saarbrücken um den Klassenerhalt überstehen.

Danach wollte ich mit dem Abstieg nie mehr etwas zu tun haben. Ich wollte Eintracht Frankfurt dorthin führen, wohin ein Klub dieser Stadt gehört.

Die Eintracht habe ich dann geführt wie mein Unternehmen, in enger Zusammenarbeit mit den führenden Leuten im Präsidium und im Verwaltungsrat. Da haben einige hoch motivierte Leute bald gemerkt, dass wir mit drei neuen Leuten an der Spitze des Vorstands etwas erreichen können.

Für das Sportliche war ich nicht verantwortlich, das war Bernd Hölzenbein. Er hat die sportlichen Geschicke zusammen mit den Trainern gelenkt. Er hat die richtigen Spieler geholt. Er hat das wunderbar gemacht. Wir waren schnell aus der Abstiegszone raus, schon im ersten »vollständigen« Jahr erreichten wir Platz drei. Ich hatte mir einen solch schnellen Aufschwung nicht erträumt.

Jörg Berger kam zum Jahreswechsel 1988/89 für Pál Csernai. Das war ein kluger Schachzug von Bernd Hölzenbein. Berger hat der Mannschaft eine Handschrift gegeben, sie selbstbewusst gemacht und zum Erfolg geführt. Alle anderen Trainer, die in den kommenden Jahren auf ihn folgten, konnten auf dieser Zeit aufbauen. Jörg Berger hat den Grundstein für die bis heute erfolgreichsten Jahre der Eintracht gelegt, durch seine Trainerausbildung in der DDR hatte er ganz andere fachliche Grundlagen als viele Trainer aus dem Westen, das wurde bald offensichtlich.

Jeder Erfolg macht Menschen stolz. Dass sich die Eintracht in so kurzer Zeit in anderen Gefilden bewegte, hat auch mich stolz gemacht; dass wir es nach vielen Jahren wieder ins internationale Geschäft geschafft hatten; dass wir Einnahmen erzielten, mit denen wir nicht rechnen konnten.

Ich habe als Präsident einen völlig neuen Beruf erlernt, sicher, kaufmännisch war ich auf der Höhe, aber insgesamt war das Fußballgeschäft für mich Neuland. Ich musste viel lernen. Bernd Hölzenbein hat sich sogar Zeit genommen und mir an einigen Nachmittagen und Abenden beigebracht, wie die Taktik eines Trainers aussehen kann, nach welchen Kriterien man eine Mannschaft aufstellt, nach welchen Systemen man spielen kann.

Im April 1991 haben wir Jörg Berger entlassen. Es war die erste Trainerentlassung, die ich als Präsident mitverantworten musste. Das ist mir schwergefallen, auch deswegen, weil ich mit Jörg Berger eine gute persönliche Beziehung hatte.

Uli Stein war damals ein Motor der Entlassung des Trainers. Er hatte einige Spieler hinter sich geschart. Uns war das Risiko zu groß, Uli Stein zu entlassen. Der Trainer ist in so einer Konstellation immer die Schwachstelle. Aber wir haben die falsche Entscheidung getroffen. Ich hätte mir Uli zur Brust nehmen sollen. Er war damals der einzige Spieler, den ich geduzt habe. Ich hätte von ihm fordern sollen, dass er sich in das Team einfügt und die Füße stillhält – und im nächsten Schritt hätte es dann eine Aussprache mit dem Trainer geben können. Ich habe es leider nicht versucht, das war ein Fehler.

Die Mannschaft hat dann zu Hause 0:6 gegen den HSV verloren, und danach haben wir Jörg Berger entlassen. Ich würde nicht sagen, dass die komplette Mannschaft in diesem Spiel gegen den Trainer gespielt hat, aber Uli hat gegen den Trainer gespielt. Das sieht er heute ähnlich.

Ich habe damals oft mit Bernd Hölzenbein zusammengesessen. Er hat gerätselt, welcher Trainer der richtige Nachfolger wäre, wer zur Eintracht passt, wer zu dieser Mannschaft passt. Mir fiel dazu nichts ein, eines Tages kam er zu mir.

»Kennst du eigentlich den Stepi?«

»Der, der früher bei der Eintracht gespielt hat?«

»Ja, genau den.«

»Hat der jetzt nicht eine Kneipe im Hessen-Center?«

»Genau.«

»Wenn du meinst, das ist der Richtige, dann nehmen wir den.«

Dann haben wir Stepi verpflichtet.

Wir wollten oben bleiben. Das war das einzige Ziel, das wir ihm mit auf den Weg gegeben haben.

Die Niederlage in Rostock, der Verlust der Meisterschaft war eine bittere Erfahrung. Ich habe zu diesem Spiel meine eigenen Gedanken. Ich weiß nicht, ob ich in diesem entscheidenden Spiel Andy Möller aufgestellt hätte, der nach seinem schon beschlossenen Wechsel zu Juventus Turin geistig schon woanders war, sich auch nicht mehr verletzen wollte. Ich will Andy nicht wehtun, wenn ich das sage, wir kennen uns gut. Aber ich kann nachvollziehen, wenn ein Spieler, der das letzte Spiel für einen Klub bestreitet, nicht mehr 110 Prozent bringen kann und will. Ich weiß nicht, ob wir ohne Andy das Spiel gewonnen hätten, aber für mich war das in diesem Spiel von Anfang an das Problem.

Und das andere Problem: Alle haben sich zu sicher gefühlt, jeder ist mit der Vorstellung nach Rostock gefahren: »Was soll uns bei einem Absteiger passieren? Wir werden Meister.«

Die Niederlage nahm dann ihren Lauf. Das war wie ein Sturz aus dem zehnten Stock, ich habe Tränen vergossen.

Einen solchen Moment der Ohnmacht hatte ich beruflich noch nicht erlebt, ich war im luftleeren Raum. Ein Gefühl, wie ich es nicht kannte. In den Tagen danach habe ich mich nicht in die Stadt getraut, ich bin nur zur Eintracht auf die Geschäftsstelle und habe versucht, meine Arbeit zu machen. Das lief wie in Trance.

Dass es nach dieser Niederlage trotzdem erfolgreich weiterging, war nicht zuletzt Stepi zu verdanken. Er hat entscheidend dazu beigetragen, die Spieler aufzurichten, die Stimmung zu drehen. Stepi hat mir immer viel Spaß gemacht.

Es hat aber nie zu einem Titel, zu einem Pokal gereicht, obwohl wir eine so gute Mannschaft hatten. Das hat in meiner Amtszeit definitiv gefehlt. Wir hätten uns auch gewünscht, dass wir einen Trainer in dieser Zeit gehabt hätten, der die Mannschaft über viele Jahre führt. Aber das hat mit Jörg Berger, Stepi, Klaus Toppmöller und am Ende auch mit Jupp Heynckes nicht geklappt.

Jeder Trainerwechsel hat seine eigene Geschichte.

Stepi hat die Erfolgsserie unter Jörg Berger fortgesetzt, er hatte die Mannschaft eigentlich auch gut im Griff. Wenn er 1992 die Deutsche Meisterschaft gewonnen hätte, wäre er sicher noch einige Jahre bei uns geblieben. Aber Stepi wollte dann von sich aus zu einem anderen Klub, da war die Sache gelaufen.

Klaus Toppmöller war nach einem Topstart irgendwann stark angezählt, was mit seinem Spruch »Bye-bye, Bayern!« zu tun hatte und dem, was danach sportlich schiefging. Sein

Spruch ist zwar unvergessen, aber er hat mir überhaupt nicht gefallen. Wir haben Klaus Toppmöller damals auch gesagt, dass solche Äußerungen nicht erwünscht sind, ich glaube, er hat das verstanden. Später hat er es dann zu spüren bekommen, die Eintracht leider auch. Wer das Leben kennt, der weiß, dass einem das Leben nach so einem Spruch schnell einen mitgibt, das kam dann ja auch so.

Jupp Heynckes wurde als internationaler Toptrainer angesehen, als er zu Eintracht Frankfurt kam, aber bei uns war es schon nach ein paar Monaten vorbei. Unser damaliger Aufsichtsratsvorsitzender Dieter Lindner, der spätere Vizepräsident und frühere Spieler der Meistermannschaft 1959, war mit Heynckes befreundet. Es gab dann ein Treffen zwischen Dieter Lindner und Bernd Hölzenbein, in dem er sich angeboten hat, ein Gespräch mit Jupp Heynckes zu führen, ob er als Trainer für Eintracht Frankfurt zur Verfügung steht. So hat mir das Bernd Hölzenbein erzählt. Ich stand der Verpflichtung neutral gegenüber.

Lindner und Heynckes einigten sich in groben Zügen, dann folgte ein Gespräch mit Heynckes, Lindner und dem Präsidium. Heynckes machte einen guten Eindruck auf mich. Er war zielorientiert, ich hatte keine Einwände.

Unmittelbar vor seinem Amtsantritt folgte von Heynckes der Spruch, dass bei Eintracht Frankfurt die Uhren jetzt anders gehen würden, auch für den Präsidenten. Ich habe mich wirklich gefragt, was er damit meint. Ich konnte es mir nicht erklären.

Bernd Hölzenbein sagte mir, dass Heynckes damit mein Privatleben meint: die Schlagzeilen, die Öffentlichkeit, das für ihn Leichte und vielleicht auch Lasterhafte. Das hat mich erschrocken, ein Trainer soll eine Mannschaft führen, nicht das Präsidium und den Präsidenten.

Heynckes hat es nicht zugestanden, zu beurteilen, ob ein Präsident nach einem Restaurantbesuch mit seinen Freunden noch in eine Bar gehen darf, um einen Drink zu nehmen. Oder ob der Präsident direkt nach Hause zu gehen hat, wenn er am Riederwald seine Arbeit erledigt hat. Ich fand das, gelinde gesagt, übergriffig. Heynckes hätte das mit mir alleine besprechen können, oder zusammen mit Bernd Hölzenbein, aber doch nicht coram publico, in aller Öffentlichkeit.

Vielleicht hätte ich danach das Gespräch mit Heynckes suchen sollen. Aber ehrlicherweise hatte ich keine Lust mehr, mich mit ihm auseinanderzusetzen. Das war auch nicht nötig, innerhalb weniger Monate sind die Dinge mit der Suspendierung von Yeboah, Okocha und Gaudino so schnell aufeinander eingestürzt. Da musste ich das Gespräch nicht mehr suchen, da wusste ich: Jupp Heynckes bleibt nicht lange Trainer von Eintracht Frankfurt.

Auch wenn ich nahe dran war an den Geschehnissen, habe ich keine schlüssige Erklärung, warum sich Jupp Heynckes so verhalten hat, gegenüber mir als Präsident, gegenüber unserem Kapitän Yeboah und zwei weiteren wichtigen Spielern. Vielleicht wollte er seine besondere Handschrift zeigen, er hatte erfolgreich in Spanien gearbeitet, war vorher beim FC Bayern und hielt weiterhin häufig Kontakt mit Uli Hoeneß. Vielleicht glaubte Heynckes, bei Eintracht Frankfurt für Ordnung sorgen zu müssen – in diesem Sauhaufen, wie er das wohl empfunden hat, mit den Schlagzeilen in den Zeitungen über das Frankfurter Nachtleben, das Rotlicht.

Nach der Suspendierung der drei Spieler sagte ich zu Bernd Hölzenbein, dass Heynckes nicht der richtige Mann für Eintracht Frankfurt sei. Er hat das ähnlich gesehen. Dieter Lindner hat danach einige Gespräche mit Jupp Heynckes geführt. Bernd Hölzenbein hat versucht, die Suspendierungen rückgängig zu machen, aber die Situation hat sich nicht verändert.

Aus persönlichen Gründen hatte ich selbst kein Verhältnis zu Heynckes, es gab Antipathien auf beiden Seiten. Ich habe mich rausgehalten, ich wollte nicht noch mehr Öl ins Feuer gießen.

Zur Mannschaft hatte ich ein ausgezeichnetes Verhältnis. Ich habe mit einzelnen Spielern gesprochen, auch da war der Tenor: Das ist nicht der richtige Trainer für uns. Ich habe das dann genau so an Dieter Lindner weitergegeben, der dann wiederum Gespräche mit Jupp Heynckes geführt hat. Im April 1995 hat er seinen Abschied verkündet, fünf Monate nach der Suspendierung unserer drei Topspieler. Es war nur eine Frage der Zeit.

Die Phase mit Jupp Heynckes war der Grundstein des Niedergangs von Eintracht Frankfurt. Es gab bestimmt zwei, drei Spieler in der Mannschaft, die gerne mit ihm weitergearbeitet hätten. Es war eine schwerwiegende Entscheidung, sich von einem Welttrainer zu trennen, weil wir als Eintracht Frankfurt – damit meine ich das Präsidium und die Mannschaft – mit ihm nicht klarkamen. Das war ein Cut für den gesamten Verein.

Mir war klar, dass die besten Zeiten der Eintracht beendet waren; dass wir in ein tiefes Loch fallen würden. Aber nicht, dass am Ende der erste Abstieg der Vereinsgeschichte stehen würde. Ich hatte geglaubt, dass wir zwei, drei Jahre brauchen, um die Heynckes-Zeit zu überwinden, und dann wieder zu alter Stärke finden.

An das Ende meiner Präsidentschaft habe ich zu diesem Zeitpunkt nicht gedacht, nicht daran, dass auch meine Zeit abläuft. Das kam erst mit dem Absturz in der Tabelle, mit dem nahenden Abstieg im Sommer 1996.

Die Dynamik des Niedergangs kann ich mir bis heute nicht erklären. Die Mannschaft war völlig konfus, aber mit dieser Mannschaft haben wir selbst in der Abstiegssaison noch immer europäisch gespielt. Der Abstieg und der Weg dorthin, das war die bitterste Erfahrung meines Lebens. Ich habe solche Niederlagen in meinem Leben nicht gekannt, weder beruflich noch privat. Als der Abstieg feststand, war das auch eine große persönliche Niederlage. Etwas ganz anderes als die verpasste Meisterschaft in Rostock, als ein verpasster Triumph. Der Abstieg ist ein tiefer Fall, da ist keine Matratze auf der Straße, die dich auffängt. Da schlägt man auf Asphalt.

Meine Ohnmachtsgefühle waren enorm. Die Ohnmacht war schon in den Wochen zuvor ständig präsent. Mit jeder Niederlage bin ich von einem Ohnmachtsgefühl ins nächste gefallen. Zwei, drei Spiele, bevor der Abstieg besiegelt war, habe ich den Aufsichtsrat zusammengerufen. Ich habe die Vertrauensfrage gestellt, für die Erste und die Zweite Liga. Die Antwort lautete: Nein. Dann bin ich zurückgetreten.

Den endgültigen Abstieg habe ich nicht mehr im Amt miterlebt. Die Menschen haben mich natürlich trotzdem mit ihm identifiziert, der Präsident, der den ersten Bundesliga-Abstieg eines Traditionsvereins durchmachen muss, der ist der Schuldige.

Früher hatte ich nach beruflichen Niederlagen die Möglichkeit, die Dinge mitunter schon in der nächsten Sekunde in eine andere Richtung zu drehen. Nach dem Abstieg und meinem Rücktritt war ich hilflos.

Ich habe die Entwicklungen der Eintracht nach meinem Rücktritt lange mit großer Traurigkeit verfolgt. Ich habe mich nie mehr zur Eintracht geäußert, zu meinen Nachfolgern. Ich musste selbst Abschied nehmen, Abstand finden.

Da unser Abstieg in den kommenden Jahren nicht der einzige bleiben sollte, hat das mit den Jahren den Blick auf den ersten Abstieg auch ein wenig relativiert. Als mich Heribert Bruchhagen im Jahr 2003 erstmals wieder ins Stadion eingeladen hat, habe ich mich darüber wirklich sehr gefreut.

Auch wenn das viele angesichts meines Lebens vielleicht nicht glauben: Ich hänge an der Eintracht, das ist wirklich mein Verein. Wenn mir das früher einer gesagt hätte, hätte ich es selbst nicht geglaubt.

12

MAKOTO HASEBE

Der Meister der Selbstdisziplin

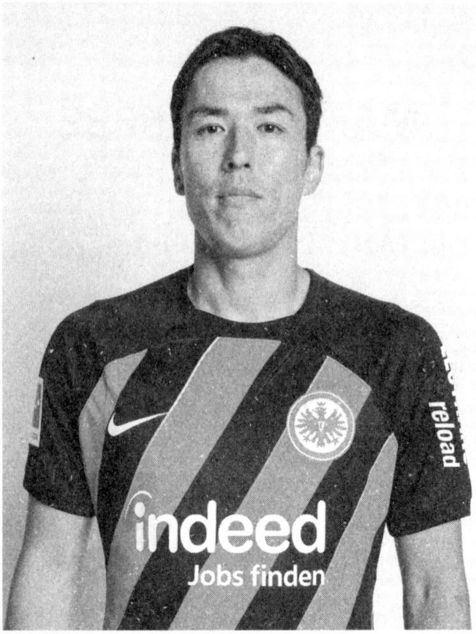
reload
indeed
Jobs finden

Seine Art
zu sprechen hatte
etwas Anziehendes.
Als lasse er immer
etwas Wichtiges ungesagt.

Haruki Murakami,
japanischer Schriftsteller

Ich lese viel,
japanische Bücher,
auch deutsche Bücher:
Nietzsche, Goethe, Einstein.
Bücher haben mir viel Inspiration gegeben,
auch einige historische Figuren.
Ich konnte ihre unterschiedlichen
Denkweisen annehmen.

Makoto Hasebe, langjähriger Kapitän
der japanischen Nationalmannschaft und
mit vierzig Jahren ältester Bundesliga-Feldspieler
in der Geschichte von Eintracht Frankfurt

Ich heiße Makoto.

»Makoto« heißt übersetzt: treu, ehrlich. Auch die Bedeutung von fleißig ist darin enthalten.

Ich bin Makoto.

Im Alter von 27 Jahren habe ich das Buch *Die Ordnung der Seele* geschrieben. Ich hatte zuvor schon mehrere Angebote, ein solches Buch zu schreiben. Aber zu dieser Zeit war ich Kapitän der japanischen Nationalmannschaft, und wir haben bei der Weltmeisterschaft gespielt. Die Aufmerksamkeit war hoch, und ich wollte den Japanern zeigen, was ich denke, weil ich glaubte, das könne für japanische Fans von Interesse sein. Das war meine innere Motivation.

Das Interesse an meinem Buch war groß. In Japan wurden 1,5 Millionen Exemplare verkauft, es war Nummer eins der Bestsellerliste. Von den Einnahmen habe ich einen Kindergarten in Miyagi gebaut – einer Region, die vom Tsunami stark getroffen wurde.

In dem Buch habe ich nicht nur mein Alltagsleben als Fußballspieler beschrieben, als Kapitän der Nationalmannschaft. Es ist auch eine biografische Erzählung über mein Leben, meine Familie, meine Erziehung und darüber, welche Auswirkungen meine Erziehung auf mich als Mensch und Profisportler hat, wie sie mich prägt.

Seit das Buch erschienen ist, sind bald 15 Jahre vergangen. Ich habe darin 56 Gewohnheiten benannt, um den Sieg zu erringen. Schriebe ich es heute noch einmal, würde ich einige Stellen verändern, der Kern jedoch bliebe bestehen.

Erziehung ist der Schlüssel fürs Leben, auch für mein Leben.

Meine Mutter hat mir früher immer gesagt, was Makoto bedeutet. Sie sagte von Kindheit an: Du musst ernst sein, treu sein, aufrichtig. Immer. Immer wieder. Auf Japanisch heißt das: Majime.

Schon als kleines Kind habe ich mich gefragt, was diese Begriffe eigentlich meinen. Was diese Worte in der Wirklichkeit bedeuten.

Was bedeutet Fleiß?

Was bedeutet Treue?

Was bedeutet Ewigkeit?

An diese Fragen hat sich eine andere Frage angeschlossen: Wer ist dieser Makoto?

Später habe ich mich gefragt, was Treue und Fleiß im Umgang mit dem Fußball bedeuten, mit Trainern, mit Fans, mit Kollegen, mit allen Menschen.

Zu meinem Lebensmotto wurde, nicht zu lügen, nicht die Unwahrheit zu sagen, gegenüber keinem Menschen. Und man kann nicht sich selbst belügen. In diesem Sinne habe ich dann Treue verstanden, in diesem Sinne wollte ich treu sein: gegenüber mir selbst. Ich wollte als Mann treu und ehrlich sein, als Mensch.

Ehrlichkeit, Treue und Ernsthaftigkeit sind mein Wesenskern. Mitunter machen meine Kollegen Witze darüber, weil ich so ernsthaft bin, so treu. Doch aus diesem Verhalten beziehe ich meine Stärke.

Ich möchte diese Stärke besitzen, ich möchte sie für immer behalten.

Meine Treue gegenüber mir selbst zeigt sich darin, dass ich alle Dinge in meinem Leben freiwillig und selbstständig tue. Als Fußballprofi zeigt sich das darin, dass ich auch all jene Dinge, die meiner Auffassung nach für eine Karriere im Profifußball notwendig sind, freiwillig mache. Mich muss dazu niemand anhalten. Ich möchte das auch nicht.

Ich trinke keinen Alkohol.

Ich widme mich zu einhundert Prozent den alltäglichen, routinemäßigen Übungen.

Ich komme jeden Tag zwei Stunden vor dem Training und mache freiwillig Dehnungs- und Stabilitätsübungen zur Prävention.

Ich weiß, dass es einfachere Wege gibt, dass man Profifußball auch mit weniger Aufwand betreiben kann. Diese Versuchung ist immer da. Doch das möchte ich nicht. Ich möchte die Dinge, die ich mache, alle zu einhundert Prozent machen. Immer. Nach diesem Motto können nicht alle Fußballer leben, das ist mir klar. Deswegen machen manche darüber auch Witze. Sie glauben, ich übertreibe. Ich wäre zu ernst.

Für mich ist das, was ich tue, normal.

Ich führe ein normales Leben, mein normales Leben.

Ernsthaftigkeit ist für mich Freude, sie macht mir Spaß. Mehr noch: Ich fühle Glück. Ich habe mit dieser Art und Weise, wie ich die Dinge angehe, etwas gefunden, dem ich mich mein ganzes Leben widmen kann.

Mein Buch habe ich im Jahr 2011 geschrieben. Seitdem habe ich viele weitere Erfahrungen gemacht. Ich bin jetzt vierzig Jahre alt, in den letzten Wochen meiner Karriere als Fußballprofi. Heute bin ich flexibler, damals war ich jung, ganz jung. Ich habe gedacht:

Das muss ich jetzt so machen!

Das muss ich jetzt haben!

Was die anderen denken, ist mir egal!

Was die anderen sagen, ist mir egal!

Mein Motto war: Ich bin ich.

Mittlerweile bin ich über zehn, fast 15 Jahre älter. Mit der Zeit habe ich erfasst, dass viele verschiedene Formen der Wertschätzung existieren, verschiedene Denkweisen und Vorstellungen. Ich kann heute andere Menschen besser verstehen. Ich bin in dem Sinne flexibler, was mein Verständnis für andere Menschen angeht.

Ich höre heute gerne zu, was andere sagen. Ich bin interessiert an anderen Meinungen. Doch der Kern meiner Überzeugungen ist stabil, mein eigener Kern ist fest. In meinem Herzen spüre ich heute ein besseres Gleichgewicht zwischen meinem Kern und der Flexibilität, mit der ich anderen Menschen begegnen kann.

Tage, an denen ich zufrieden bin, gibt es selten. Sie existieren kaum. Im Grunde genommen bin ich streng. Ich bin vor allem streng gegenüber mir selbst.

Wenn meine Mannschaft gewinnt, fühle ich mich wohl. Doch auch wenn wir gewinnen, denke ich darüber nach, was wir hätten besser machen können. Das heißt: Nach Siegen bin ich froh. Aber nicht zufrieden, zumindest nur selten.

Wenn ich gefragt werde, wie es sich anfühlt, wenn man selten zufrieden ist, antworte ich: Ich bin zufrieden, wenn andere Menschen, vor allem Menschen aus meiner Familie, zufrieden sind. Wenn sich ihre Zufriedenheit in ihren Gesichtern spiegelt, dann werde auch ich zufrieden.

Ich verfolge bis heute ein Ritual, das ich auch damals in meinem Buch beschrieben habe: Ich denke dreißig Minuten nach, bevor ich ins Bett gehe. Manche Leute sagen, dieses Ritual sei Meditation, aber es ist Nachdenken, reines Nachdenken. Ich ordne meine Seele.

Zunächst denke ich darüber nach, wie mein Tag verlaufen ist, und dann, was ich morgen besser machen könnte und auf welche Weise ich es besser machen könnte. Früher habe ich im Grunde immer eine halbe Stunde für die Ordnung meiner Seele aufgewendet, heute muss das nicht unbedingt mehr so lange sein, doch mitunter nehme ich mir diese Zeit noch immer.

Wenn ich meine Seele ordne, bevor ich schlafen gehe, gewinne ich Klarheit für den kommenden Tag. Wenn ich wach werde, weiß ich, was ich tun soll. Es steht klar vor mir. Dadurch bekomme ich Ordnung in meinen Kopf, das hilft mir sehr.

In meinem Handeln soll sich mein Wille ausdrücken, in meinem Handeln soll Bedeutung liegen. Indem meine Handlungen meine Willensentscheidungen ausdrücken, finde ich meinen Wert, im alltäglichen Leben und im Fußball. Das ist mein Lebensmotto: willentliche und bedeutungsvolle Entscheidungen treffen.

Ich weiß nicht, ob und wann ich diesen Zustand in meinem Leben in Vollkommenheit erreiche. Doch danach strebe ich.

Im Fußball besteht ein großes Spannungsfeld darin, dass es viele verschiedene Spieler aus vielen verschiedenen Nationen gibt, mit verschiedenen Hintergründen, verschiedenen Wertschätzungsformen, verschiedenen Denkweisen, verschiedenen Kulturen. Dieses Spannungsfeld spüre ich jeden Tag. Das macht Fußball so interessant.

Im Vergleich zu vor zehn Jahren bin ich auch in dieser Hinsicht, im Umgang mit Verschiedenheiten, flexibler geworden. Wir sind zwar *eine* Mannschaft, aber es geht in einer Mannschaft nicht um *eine* Herangehensweise, nicht um *eine* Methode, nicht um *eine* Strategie. Um die Verschiedenheiten zu verstehen und zu akzeptieren, braucht es gegenseitigen Respekt.

Ich muss innerhalb einer Mannschaft Respekt davor haben, wie mein Kollege denkt und fühlt. Um diesen Respekt als Mannschaft im Alltag zu leben, braucht es auch gutes Handeln, in dem sich dieser Respekt zeigt. Diese Maxime möchte ich in Zukunft beibehalten, auch als Trainer, der ich vielleicht einmal sein werde.

Der Fußball denkt in Ergebnissen. Wenn wir gewinnen, ist das Ergebnis gut.

Das stimmt, einerseits. Doch selbst wenn eine Mannschaft kein ideales Resultat erzielt, kann diese Mannschaft gut sein, wenn sie gegenseitig gute menschliche Beziehungen pflegt. In diesem Sinne möchte ich in einer Mannschaft nicht nur Fußballprofi sein, sondern ein ehrlicher, ein guter Mensch.

In einer Mannschaft mit über zwanzig verschiedenen Spielern ist es immer wieder schwierig, eine Ehrlichkeit an den Tag zu legen, die wertschätzend und gleichzeitig erfolgsorientiert ist. In bestimmten Szenarien ist man immer wieder mit den menschlichen Aspekten konfrontiert, die im Fußball existieren.

Wenn unsere Mannschaft gewinnt, aber einige nicht zum Einsatz gekommen sind, kann ein Spieler trotzdem zufrieden sein, selbst wenn er auf dem Spielfeld keinen Beitrag leisten konnte. Ein anderer Spieler ist in dieser Situation total frustriert. Ein einzelner Spieler drückt die Komplexität einer solchen Situation und den Umgang mit ihr in einer Mannschaft nicht aus.

Ein Spieler kann geduldig sein, ein anderer Spieler kann es nicht. Diese unterschiedlichen Szenarien kann es geben, es gibt sie oft. Es sind tief menschliche Aspekte, die in diesen Momenten eine Rolle spielen. Wenn Spieler ungeduldig sind und entsprechendes Verhalten zeigen, kann ich diese menschlichen Aspekte nicht verneinen.

Grundsätzlich ist es die Aufgabe des Trainers, Hinweise zu geben, dass dieses Verhalten für eine Mannschaft nicht gut ist. Es ist aber auch eine Aufgabe für ältere Spieler. Ob ich diesen Hinweis an einen Spieler direkt weitergebe oder entscheide, damit zu warten, um zu beobachten, wie er sich künftig verhält, hängt von verschiedenen Faktoren ab. Das sind interessante, aber auch schwierige Fragen.

Als ich jung war, habe ich gedacht, dass es wichtig für eine Mannschaft ist, wenn ich behaupte, dass ungeduldiges Verhalten schlecht für ein Team ist. Ich meinte, erkannt zu haben, dass es wichtig für die Mannschaft ist, dass ich so denke, dass ich mich so äußere, dass ich so handele. Ich wollte meine Kollegen unbedingt in die Richtung führen, die ich als richtig erkannt zu haben glaubte.

Es war ein jahrelanger Prozess, der dazu geführt hat, dass

ich mein Handeln verändert habe. Ich habe festgestellt, dass der Weg, einem anderen Menschen eine Meinung aufzuzwingen, oft nicht funktioniert. Ich war ungefähr dreißig Jahre alt und hatte für Japan drei Weltmeisterschaften gespielt, als ich begann, mich allmählich zu verändern. Es war die Zeit, als ich zu Eintracht Frankfurt gewechselt bin.

Heute ist es selten, dass ich meine Meinung direkt äußere, dass ich meine Haltung anderen Menschen aufzwinge, meinen Kollegen. Ich führe lieber Gespräche.

Das Motto, nach dem ich lebe, lautet auf Japanisch: *bonji tettei. Bonji* bedeutet: normale Dinge, ganz normale Dinge.

Dinge, die selbstverständlich sind. Dinge, die furchtbar langweilig erscheinen. Doch ich mache diese Dinge, die notwendig sind, konsequent, immer.

Es klingt nicht besonders spannend, was ich jetzt sage: Ich habe zwei Kinder, Alltagsleben, Schule, Kita. Dementsprechend habe ich einen konkreten Zeitplan, jeden Tag. Die Kinder gehen morgens zur Schule, zur Kita. Ich gehe zum Training. Ich komme dann nach Hause zurück, wir holen die Kinder ab. Abendessen. Die Kinder gehen danach ins Bad, Zähneputzen, dann ins Bett, gegen halb neun.

Ich habe dann noch eine Stunde Zeit für meine Körperpflege, danach noch eine weitere Stunde für mich selbst, zu meinem Vergnügen: zum Bücherlesen, zum Nachdenken. Wenn ich nach so einem Tag dann um elf Uhr ins Bett gehen kann, ist das für mich ein gelungener Tag.

Ordnung ist das halbe Leben. Das ist auch ein Motto von mir.

Wenn die Dinge planmäßig laufen, wenn sie so gelingen, wie ich sie mir vorgestellt habe, bin ich zufrieden. Dann bin ich mit dem Tag zufrieden, mit meinem Leben. Das ist für mich ein gelungener Tag, gelungenes Leben.

Ich lese viel. Japanische Bücher, aber auch deutsche Bücher: Nietzsche, Goethe, Einstein. Bücher haben mir viel Inspiration gegeben, auch einige historische Figuren. Ich konnte ihre unterschiedlichen Denkweisen annehmen.

Wie ich schon sagte, bin ich seit meiner Kindheit durch meine Erziehung bestrebt, ehrlich zu leben, ernst zu leben. In diesen Büchern habe ich zahlreiche Anhaltspunkte gefunden, die mir vertraut gewesen sind. In einigen Büchern konnte ich diese zentralen Punkte meines Lebens unter verschiedenen Aspekten betrachten, sie wurden auf unterschiedliche Weisen ausgedrückt. Ich konnte mein Motto mit neuer Inspiration pflegen.

Der Kern japanischer Erziehung ist Disziplin.

Wenn wir heute über konventionelle japanische Erziehung sprechen, dann spricht man darüber oft auf eine negative, auf eine pessimistische Weise. Auch in der Hinsicht, dass diese Form der Erziehung heute nicht mehr möglich ist, dass sie in der heutigen Zeit nicht mehr funktionieren könne. Ich bin nicht dieser Meinung.

Nach dem Schulunterricht putzen die Schüler das Klassenzimmer, das ist ein wichtiger Aspekt der Erziehung zur Disziplin. Im Grund haben alle Leute, denen ich in Deutschland davon erzählt habe, verständnislos darauf reagiert: »Was, da kommt keine Putzfrau?«

Für uns Japaner ist es ganz normal, dass wir Räumlichkeiten, die wir benutzen, ordentlich hinterlassen. Das geschieht beispielsweise auch nach Spielen der japanischen Nationalmannschaft mit dem Aufräumen der Kabine.

Früher war die Erziehung in Deutschland auch sehr streng, wie mir gesagt worden ist, ähnlich streng wie in Japan.

Die Strenge in der Erziehung haben nicht nur Eltern ausgeübt. Auch Lehrer und Trainer waren Autoritäten, die Kindern mit Strenge begegnet sind. Ich durfte zum Beispiel während des Trainings kein Wasser trinken, das war untersagt. Zu meiner Zeit gab es in Japan auch noch Körperstrafen, nicht nur zu Hause, auch in der Schule, im Sport. Ich sage natürlich nicht, dass dies auch heute noch so sein sollte. Dieser Meinung bin ich nicht.

Es ist schwer zu sagen, ob ich diese Härte, die ich in Kindheit und Jugend erlebt habe, heute zu schätzen weiß. Wenn ich zurückblicke, stelle ich fest, dass diese harte Erziehung und strenge Disziplinierung große Auswirkungen auf meine Persönlichkeit hatte. Diese Geduld, wie ich die Notwendigkeiten in meinem Leben betreibe – die sich in *bonji tettei* ausdrückt –, habe ich durch diese Disziplin erworben, durch diese Erziehung.

Ich war damals ein Kind wie jedes andere. Ich bin aufgewachsen und erzogen worden, wie alle Kinder in Japan aufgewachsen und erzogen worden sind.

Mein Vater hat damals an einem Abend – es war schon zehn Uhr, und ich wollte zu Bett gehen – zu mir gesagt: »Nein, das geht nicht. Du musst noch mal raus mit dem Ball, trainieren.« Ich musste noch eine Übung machen, den Ball mit den Füßen hochhalten, jonglieren. Unter der Beobachtung meines Vaters. Der Ball ist mir als Kind natürlich irgendwann auf den Boden gefallen. Mein Vater hat dann den Ball genommen und mir in den Bauch geschossen – mit voller Wucht, einfach so.

Auch mein damaliger Trainer hat mich geschlagen, das war in Japan normal. Meine Mutter war besonders streng in Hinsicht auf meine schulischen Leistungen. Ich musste immer eine Stunde für die Schule arbeiten, bevor ich zum Training durfte, sonst hätte ich nicht gehen dürfen. Ich habe immer gehorcht.

Meine Vorbilder mit Blick auf den Fußball habe ich damals nicht in den Fußballstars meiner Zeit gefunden. Meine Inspiration war Manga. Anime. Es gab damals in Japan auch schon Fußballmangas, ich habe sie unaufhörlich gelesen. *Captain Tsubasa* von Yōichi Takahashi. Als ich zwischen sechs und zwölf Jahre alt war, habe ich am Tag vier oder fünf verschiedene Manga gelesen, und das nicht nur einmal, ich habe sie immer wieder gelesen.

Meine Kinder erziehe ich anders, als ich erzogen wurde. Ich versuche meinen Kindern verschiedene Alternativen anzubieten, ich möchte ihnen viele Möglichkeiten eröffnen. Entscheiden müssen sie selbst, und ich hoffe, dass sie dadurch Verantwortungsgefühl entwickeln. In dem Sinne, dass sie, wenn sie eine Entscheidung treffen, zu dieser Entscheidung auch stehen.

Ich hatte als Jugendlicher keinen besonderen Ehrgeiz und habe bis zum Alter von 17 Jahren auch keine Karriere gemacht im Fußball. Ich war bei keinem besonderen Lehrgang, an keinem Stützpunkt. Ich habe immer nur die ganz normalen Dinge gemacht, diese furchtbar normalen Dinge des Alltags – auf jene Weise, wie ich diese Dinge tue.

Ich bin so gesehen der allernormalste Mensch unter allen normalen Menschen.

Dass ich so weit gekommen bin, liegt meiner Ansicht nach an meiner Willenskraft und meiner Handlungsfähigkeit. Sie sind das Ergebnis meiner Erziehung, zudem des Glücks verschiedener Begegnungen.

Ich war acht Jahre lang der Kapitän der japanischen Nationalmannschaft. In dieser Zeit habe ich mich verändert. Der Fokus der Öffentlichkeit hat sehr stark auf der Nationalmannschaft gelegen, deswegen stand auch ich im Fokus. Es wurde sehr darauf geachtet, was ich sage und wie ich mich verhalte. Es ist allerdings ein wenig auseinandergedriftet, wie ich öffentlich angesehen werde und wie ich bin.

Fleißig, treu, diszipliniert.

Das ist mein Image in Japan.

Diese Attribute musste ich zeigen, sowohl in meinen öffentlichen Äußerungen als auch in meinen Handlungen. Ich wollte diese Attribute auch zeigen. Mit der Zeit habe ich mich zu dem öffentlichen Image, das ich hatte, von mir selbst aus hinbewegt. Mit der Zeit hat sich angeglichen, wie mich die Leute sehen wollten und wie ich sein wollte. Allerdings gibt es noch immer gewisse Differenzen. Ich mache privat meine Späße und bin vielleicht lockerer, als es mein Image in Japan vorsieht.

Es gab einen Korridor, in dem ich mich bewegt habe. Ich wollte öffentlich mitunter etwas anderes sagen, als ich gesagt habe. Doch ich habe mich daran gehalten, was die Leute in Japan erwarten, dass ein japanischer Kapitän sagt. Das war ein enger Korridor.

Als ich mit japanischen Medien gesprochen habe, dachte ich an die Konsequenzen für das Team, falls ich etwas vermeintlich Falsches sage. Wenn die Leute dann meine Interviews gelesen haben, sagten sie, dass ich Langweiliges sage, dass ich Erwartbares sage. Das, was von mir erwartet wird. Diese Reaktionen waren mir bewusst, und ich habe darauf geachtet, dass dies so geschieht. Ich habe immer an die Folgen für das Team gedacht.

Es war ein großer Schritt für mich, nach Deutschland zu gehen. Er hat mein Leben verändert.

Bei meinem Wechsel nach Deutschland dachte ich nicht vorrangig an Erfolg oder Misserfolg, doch schon in meiner zweiten Saison sind wir mit dem VfL Wolfsburg Deutscher Meister geworden. Ich war sehr froh darüber, aber ich konnte diesen Erfolg nicht recht einschätzen. Erst zehn, 15 Jahre später konnte ich nachvollziehen, wie groß dieser Erfolg gewesen ist. Er war viel größer, als ich es damals wahrgenommen habe.

Als ich mich entschlossen hatte, nach Deutschland zu gehen, habe ich viel über Deutschland gelesen, auch über den Zweiten Weltkrieg. Zu meiner Literatur zählte auch das *Tagebuch der Anne Frank*. Es war für mich ein Anlass, in Deutschland das Konzentrationslager Dachau zu besuchen. Ich bin auch wegen der Geschichte und eines Buchs nach Straßburg gereist, in einen Ort in der Nähe der Stadt. Ich hatte ein Buch gelesen, das von Japanern handelt, die im Zweiten Weltkrieg in der U.S. Army gegen Deutschland gekämpft haben. In jenem Ort, ungefähr eine Stunde von Straßburg entfernt, gibt es eine Gedenktafel, ein Monument, wo an diese Schlacht erinnert wird. Ich wollte an diese geschichtlichen Orte, für mich spielt Geschichte eine wichtige Rolle.

Ich kam im Jahr 2008 nach Wolfsburg, nach Deutschland. Doch richtig angekommen in Deutschland bin ich erst zehn Jahre später in Frankfurt. Es war der Moment, als wir den DFB-Pokal gewonnen haben, und ich verstand, welche Bedeutung dieser Erfolg für den Verein, die Stadt und seine Menschen hat. Erst da bin ich endgültig in Deutschland angekommen, erst da habe ich dieses Land tatsächlich verstanden.

Der Sieg ist uns gegen den FC Bayern gelungen, wobei 99 Prozent der Bevölkerung nicht geglaubt haben, dass wir dieses Finale gewinnen können. Und dann haben wir dieses Endspiel in diesem besonderen Stadion gespielt, dem Berliner Olympiastadion mit seiner Vergangenheit und gleichzeitig seiner faszinierenden Atmosphäre an diesem Finalabend. Als wir am nächsten Tag mit dem Pokal vom Flughafen in einem Autokorso zum Römer in einer Parade gefahren sind, habe ich erstmals gefühlt, wie glücklich der Fußball die Menschen machen kann. Da habe ich in diesem Land, und nicht in Japan, die Kraft gespürt, die der Fußball haben kann.

Das Jahr, als wir den Pokal gewonnen haben, ist auch das Jahr gewesen, als ich nach der Weltmeisterschaft aus der japanischen Nationalmannschaft zurückgetreten bin. Es war immer ein starkes Gefühl, für mein Land zu spielen, der Kapitän zu sein. Nach dem Rücktritt hatten diese Gefühle nicht mehr diesen Raum, sie wurden weniger, verschwanden. Ich konnte meinen Blick, meine Kraft, meine Konzentration vollständig auf den Klub richten, auf Eintracht Frankfurt. Auch das hat dazu geführt, dass ich ankommen konnte in Deutschland und in Frankfurt, dass meine Verbundenheit gewachsen ist.

In dieser Zeit sind auch sportliche Aspekte hinzugekommen, die günstig für mich gewesen sind. Niko Kovač war in dieser Zeit Trainer, er hat mich in die Mitte der Dreierkette versetzt. Zuvor hatte ich auf der Sechser-Position gespielt, dort ist auch im Spiel der Druck größer. Zudem konnte ich die Dinge nun mit einer größeren Gelassenheit angehen, was auch meinem Spiel gutgetan hat.

Ich konnte mich freier bewegen.

Nachdem ich aus der Nationalmannschaft zurückgetreten war, habe ich nicht mehr so viele Interviews aus Japan angenommen. Ein Grund dafür war, dass ich auf Fragen nicht anders antworten wollte, als ich es zu meiner aktiven Zeit als Kapitän getan hatte. Das hätte einen widersprüchlichen Eindruck gemacht, den ich vermeiden wollte.

Ich habe mich bei der Eintracht ähnlich verhalten, wie ich mich früher verhalten hatte, aber ich wurde lockerer. Ich habe Späße gemacht, auch mit Witz und Humor geantwortet. Das war ein Unterschied, ein kleiner.

Im Nachhinein kann ich sagen, dass ich meinen besten Fußball gespielt habe, nachdem ich aus der Nationalmannschaft zurückgetreten war. Es gab damals großen Druck, aber diesen Druck meinte ich nicht zu verspüren, weil es als Profifußballer normal ist, dass es diesen Druck gibt.

Doch danach habe ich mich freier gefühlt.

Heute kann ich sagen, dass ich es bereue, dass ich in der Nationalmannschaft nicht diese Freiheit hatte, dass ich nicht auf diesem Level wie in Frankfurt spielen konnte. Die Lockerheit, die ich bei der Eintracht auf dem Platz hatte, hatte ich dann auch außerhalb des Platzes. Ich lache oft, auch in diesen Gesprächen.

Als Kapitän der Nationalmannschaft hat es klare Erwartungen gegeben, wie ich mich privat verhalte. Ich kann heute sagen, dass ich die äußeren Erwartungen und Vorgaben an mein privates Leben und Verhalten mit auf den Platz genommen habe. Ich wollte auch auf dem Platz keine Fehler machen. Ich habe zu viel über Erwartungen nachgedacht.

Seit zehn Jahren bin ich nun bei der Eintracht, seit 2014. Doch die ersten zwei, drei Jahre waren schwer, vor allem bis zur Relegation gegen den 1. FC Nürnberg im Sommer 2016, mit den beiden entscheidenden Spielen ausgerechnet gegen jenen Verein, für den ich zuvor selbst gespielt hatte. Ich war in Nürnberg mitverantwortlich dafür gewesen, dass der Verein in die Zweite Liga abgestiegen war. Dieses Gefühl, dort der Verantwortung nicht gerecht geworden zu sein, habe ich in die Relegationsspiele mitgenommen.

Schon der Einstieg bei der Eintracht ist schwierig gewesen. Ich war unmittelbar vor meinem Wechsel ein halbes Jahr verletzt gewesen, es war dieser Meniskusriss. Ich habe nach jedem Spiel und jedem Training in Frankfurt mein Knie mit Eis gekühlt. Der Trainer und der Manager haben sich bestimmt gefragt, was für einen maladen Spieler sie eingekauft haben, der nach jedem Einsatz sein Knie kühlen muss.

Ich weiß nicht, ob diese Entwicklung, die Eintracht Frankfurt nach der erfolgreichen Relegation genommen hat, ob diese Erfolgsstory bei einem anderen Verein möglich gewesen wäre. Der Weg der Eintracht mit DFB-Pokalsieg, mit dem Sieg in der Europa League und dem Einzug in die Champions League ist außergewöhnlich. Ich bin kein Spieler, der auffällt, der viele Tore schießt, aber ich habe das Gefühl, dass ich maßgeblich beteiligt bin an diesem Weg. Dieses Gefühl macht mich stolz. Was ich der Eintracht und ihren Fans gegeben habe, ist nicht so groß wie das, was ich von der Eintracht und den Fans bekommen habe. Was sie mir gegeben haben, ist viel größer.

Ich habe Freiheit bekommen.

Dafür bin ich dankbar. Auch dafür, dass ich den Fußball in Frankfurt auch deswegen so genießen konnte. Ich hatte so viel Freude daran ...

Und dieses Gefühl haben mir die Fans gegeben, diese Stadt. Wenn ich durch Frankfurt gehe und ich Leute treffe, die sich darüber freuen, wie wir spielen, bedeutet mir diese Freude viel mehr als Geld. Dieses Gefühl, das die Fans mir geben, bleibt in meinem Herzen. Dass ich das auf den Straßen eines Landes erlebe, das nicht mein Heimatland ist, erfreut mich sehr. Frankfurt ist meine zweite Heimat.

In Frankfurt hat sich für mich gezeigt, dass ich das richtige Leben gelebt habe. In Frankfurt haben sich die verschiedenen Seiten meines Lebens zusammengefügt: die Einstellung, nach der ich gelebt habe, die Entscheidungen, die ich getroffen habe. Das fängt an bei meiner Erziehung, bei den Werten und Vorstellungen, mit denen ich groß geworden bin, meiner Entwicklung in Japan zum Nationalspieler, zum Kapitän. Es führt über die Entscheidung, meine Heimat zu verlassen und nach Deutschland zu gehen, und meinen Rücktritt aus der japanischen Nationalmannschaft bis zu meinem Wechsel zur Eintracht mit all den Veränderungen. In Frankfurt hat sich für mich der Kreis geschlossen.

Das Pokalfinale 2018 gegen den FC Bayern ist das Spiel, das sich am stärksten in mir eingeprägt hat. Mein eigenes Spiel habe ich an diesem Tag so klar vor mir gesehen wie nie zuvor. Ich konnte das Spiel vollständig lesen. Ich habe vorausgesehen, wie es laufen sollte, wie es ausgehen würde. Dass ich diese Sicherheit hatte, ein Spiel so lesen zu können, hat sich tief eingeprägt.

Es ist schwer zu erklären und in die richtigen Worte zu fassen, wie ich ein Spiel lese. Das ist Gefühlssache.

Das Wichtigste im Finale war, dass ich im Kopf ganz klar gewesen bin. Durch diese Klarheit habe ich freier aufgespielt. Die wichtige Frage ist: Wie kommt man zu diesem klaren

Kopf? Und wie schafft man es, dass man zuvor nicht zu viel über das Spiel nachdenkt?

Es fängt damit an, dass wir krasser Außenseiter gewesen sind und die fehlende Erwartung zu einer gewissen Lockerheit beigetragen hat. Für einen klaren Kopf, für einen klaren Geist spielt zudem der Körper eine große Rolle. Wenn sich der Körper müde anfühlt, ist es schwer, einen klaren Kopf zu bekommen. Vor dem Finale hatte ich wegen einer Sperre drei Spiele in der Bundesliga pausieren müssen und kam erst zum Pokalfinale wieder in die Mannschaft. Mein Körper war frisch, ich habe keine Müdigkeit gespürt, mein Kopf konnte klar sein.

Es kam noch ein weiterer Aspekt hinzu: Es war das letzte Spiel von Niko. Ich wollte mich bei ihm bedanken, ich wollte ihm mit diesem Spiel etwas zurückgeben.

An diesem Tag hat sich alles gefügt.

Was für eine Freude!

Ein Jahr später stehen wir im Halbfinale der Europa League gegen Chelsea und verlieren das Spiel im Elfmeterschießen. Das war sehr schmerzhaft, aber es war auf eine andere Art und Weise auch die schönste Niederlage. Wir haben nach dem Spiel eine solche Unterstützung von unseren Fans im Stadion erfahren, wie ich sie in einer Niederlage noch nicht erlebt habe, auch danach in der Stadt.

Das war der Moment, wo wir eins geworden sind: die Mannschaft und die Fans, die Eintracht und die Stadt.

Die Niederlage gegen Chelsea im Jahr 2019 hat dazu beigetragen, dass wir drei Jahre später die Europa League gewonnen haben. Das Gefühl, dass wir eins sind, ist immer stärker geworden in den nächsten Jahren, in den Europapokalnächten.

Dieses kostbare Gefühl, eins zu sein, ist nie mehr verschwunden.

Wir haben so viel gewonnen. Trainer haben früher zu mir

gesagt, dass ich mir große Ziele stecken soll. Ich empfinde diesen Rat allerdings nicht als hilfreich. Die Dinge, die man direkt vor Augen hat, sind wichtiger als Ziele, die in der Ferne liegen. Ich möchte das, was vor mir liegt, bewältigen. Im Fußball ist dies das nächste Training, der Konkurrenzkampf innerhalb der Mannschaft, das nächste Spiel.

Ich lebe mein Leben, um die kleinen Dinge zu meistern. So entwickelt sich der Mensch, Schritt für Schritt. Deswegen benenne ich auch keine großen Ziele nach dem Ende meiner Karriere.

Ich lebe von Tag zu Tag. Wer weiß, ob ich morgen noch lebe.

KURZBIOGRAFIEN

ECKEHARD »EKKO« FEIGENSPAN

Geboren: 13. Mai 1935 in Frankfurt

ADLERTRÄGER
1955–1959 Spieler

KARRIERE
120 Spiele Oberliga Süd (72 Tore)
79 Spiele Regionalliga West (34 Tore)
7 Spiele Endrunde Deutsche Meisterschaft (12 Tore)
4 Spiele Aufstiegsrunde zur Bundesliga (2 Tore)
1 Bundesligaspiel

STATIONEN
1955–1959 Eintracht Frankfurt
1959–1962 TSV 1860 München
1962–1967 Rot-Weiss Essen

ERFOLGE
Deutscher Meister 1959
Torschützenkönig Endrunde Deutsche Meisterschaft 1959

JAN ÅGE FJØRTOFT

Geboren: 10. Januar 1967 in Ålesund, Norwegen

ADLERTRÄGER
1999–2001 Spieler

PROFIKARRIERE
52 Bundesligaspiele (14 Tore)
2 DFB-Pokalspiele (3 Tore)
16 UEFA-Cup-Spiele (13 Tore)
84 Spiele in der Premier League (England, 25 Tore)

ERFOLGE ALS PROFI
Norwegischer Meister 1989
Torschützenkönig in Norwegen 1988
Norwegischer Fußballer des Jahres 1998
Österreichs Fußballer des Jahres 1989
WM-Teilnehmer 1994

STATIONEN ALS PROFI
1988–1989 Lillestrøm SK
1989–1993 SK Rapid Wien
1993–1994 Swindon Town
1994–1997 FC Middlesbrough
1997–1998 Sheffield United
1998 FC Barnsley
1999–2001 Eintracht Frankfurt
2001–2002 Stabæk Fotball
2002–2003 Lillestrøm SK

LAURA FREIGANG

Geboren: 1. Februar 1998 in Kiel

ADLERTRÄGERIN
2020 – heute Spielerin

PROFIKARRIERE
124 Bundesligaspiele (74 Tore)
20 DFB-Pokalspiele (11 Tore)
9 Europapokalspiele (4 Tore)

STATIONEN ALS PROFI
2014–2016 TSV Schott Mainz
2018–2020 1. FFC Frankfurt
2020 – heute Eintracht Frankfurt

ERFOLGE ALS PROFI
Vize-Europameisterin 2022

AUSZEICHNUNGEN
Fritz-Walter-Medaille in Bronze 2015

MARIO GÖTZE

Geboren: 3. Juni 1992 in Memmingen

ADLERTRÄGER
2022 – heute Spieler

PROFIKARRIERE
293 Bundesligaspiele (63 Tore)
31 DFB-Pokalspiele (10 Tore)
47 Spiele in der Eredivisie (Niederlande)
113 Europapokalspiele (20 Tore)
2 weitere internationale Spiele (1 Tor)

STATIONEN ALS PROFI
2010–2013 Borussia Dortmund
2013–2016 FC Bayern München
2016–2020 Borussia Dortmund
2020–2022 PSV Eindhoven
2022 – heute Eintracht Frankfurt

ERFOLGE ALS PROFI
Weltmeister 2014
Klub-Weltmeister 2014
Deutscher Meister 2011, 2012, 2014, 2015, 2016
UEFA-Supercup-Sieger 2014
DFB-Pokalsieger 2012, 2014, 2016, 2017
Deutscher Superpokalsieger 2020
Niederländischer Pokalsieger 2022
Niederländischer Superpokalsieger 2022

AUSZEICHNUNGEN
Silbernes Lorbeerblatt
Verdienstorden des Landes Nordrhein-Westfalen
Fritz-Walter-Medaille in Gold 2009, 2010

MAKOTO HASEBE

Geboren: 18. Januar 1984 in Fujieda, Japan

ADLERTRÄGER

2014–2024	Spieler

PROFIKARRIERE

384 Bundesligaspiele (7 Tore)
35 DFB-Pokalspiele
55 Europapokalspiele (1 Tor)
14 weitere internationale Spiele (2 Tore)
94 Spiele in der J1 League (Japan)

STATIONEN ALS PROFI

2002–2008	Urawa Red Diamonds
2008–2013	VfL Wolfsburg
2013–2014	1. FC Nürnberg
2014–2024	Eintracht Frankfurt

ERFOLGE ALS PROFI

Asienmeister 2011
Europa-League-Sieger 2022
Deutscher Meister 2009
DFB-Pokalsieger 2018
AFC-Champions-League-Sieger 2007
Japanischer Meister 2006
Japanischer Pokalsieger 2005, 2006
Japanischer Ligapokalsieger 2003
Japanischer Superpokalsieger 2006

AUSZEICHNUNGEN

Asiens internationaler Fußballer des Jahres 2018
Asiatischer Rekordspieler in der Bundesliga
Ältester jemals eingesetzter Spieler von Eintracht Frankfurt

BERND HÖLZENBEIN

Geboren: 9. März 1946 in Dehrn, Mittelhessen
Gestorben: 15. April 2024 in Frankfurt

ADLERTRÄGER

1966–1981 Spieler
1988–1994 Vizepräsident
1994–1996 Manager
Ab 2004 Scout, Vorstandsberater und später Markenbotschafter

PROFIKARRIERE

420 Bundesligaspiele (160 Tore)
53 DFB-Pokalspiele (25 Tore)
35 Europapokalspiele (18 Tore)
8 weitere internationale Spiele (6 Tore)
8 Ligapokalspiele (3 Tore)

STATIONEN ALS PROFI

1967–1981 Eintracht Frankfurt
1981–1983 Fort Lauderdale Strikers
1983–1984 Memphis Americans
1984–1985 Baltimore Blasts

ERFOLGE

Weltmeister 1974
UEFA-Pokalsieger 1980
DFB-Pokalsieger 1974, 1975, 1981
Bundesligarekordtorschütze der Eintracht

AUSZEICHNUNGEN

Silbernes Lorbeerblatt
Hessischer Verdienstorden
Ehrenspielführer Eintracht Frankfurt

RANDAL KOLO MUANI

Geboren: 5. Dezember 1998 in Bondy, Frankreich

ADLERTRÄGER
2022–2023 Spieler

PROFIKARRIERE
34 Bundesligaspiele (16 Tore)
7 DFB-Pokalspiele (7 Tore)
21 Europapokalspiele (4 Tore)

STATIONEN ALS PROFI
2017–2019 FC Nantes
2019–2020 US Boulogne
2020–2022 FC Nantes
2022–2023 Eintracht Frankfurt
2023 – heute Paris Saint-Germain

ERFOLGE ALS PROFI
Vizeweltmeister 2022
Französischer Meister 2024
Französischer Pokalsieger 2022, 2024
Französischer Superpokalsieger 2024

EGON LOY

Geboren: 14. Mai 1931 in Nürnberg

ADLERTRÄGER
1954–1967 Spieler

PROFIKARRIERE
209 Spiele Oberliga Süd
69 Bundesligaspiele
17 Endrundenspiele um die Deutsche Meisterschaft
13 DFB-Pokalspiele
8 Spiele UI-Cup
7 Spiele Europapokal der Landesmeister
2 Spiele Messestädte-Pokal
1 Spiel Süddeutscher Pokal

STATIONEN ALS SPIELER
1954–1967 Eintracht Frankfurt

ERFOLGE ALS SPIELER
Deutscher Meister 1959
Finale im Europapokal der Landesmeister 1960
Intertoto-Cup-Sieger 1967

MATTHIAS OHMS

Geboren: 20. Oktober 1944 in Hannover

ADLERTRÄGER

1983–1988 Mitglied im Eintracht-Verwaltungsbeirat
1988–1996 Präsident

PETRA ROTH

Geboren: 9. Mai 1944 in Bremen

POLITISCHES WIRKEN IN/FÜR FRANKFURT

1977–1989 Stadtverordnete in Frankfurt/Main, Vorsitzende des Sportausschusses der Stadtverordnetenversammlung
1982–1992 Stellvertretende Vorsitzende der CDU Frankfurt
1989–1992 Vorsitzende der Frauen Union Frankfurt
1992–1995 Vorsitzende des CDU-Kreisverbandes Frankfurt
1993–1995 Mitglied der Frankfurter Stadtverordnetenversammlung
1995–2012 Oberbürgermeisterin der Stadt Frankfurt
1997–1999, 2002–2005 und 2009–2011 Präsidentin des Deutschen Städtetags

AUSZEICHNUNGEN

Ehrenbürgerin der Stadt Frankfurt
Bundesverdienstkreuz 1. Klasse

ULI STEIN

Geboren: 23. Oktober 1954 in Hamburg

ADLERTRÄGER
1987–1994 Spieler
Markenbotschafter

PROFIKARRIERE
512 Bundesligaspiele
133 Zweitligaspiele
63 DFB-Pokalspiele
63 Europapokalspiele
1 Weltpokal

STATIONEN ALS PROFI
1976–1980 Arminia Bielefeld
1980–1987 Hamburger SV
1987–1994 Eintracht Frankfurt
1994–1995 Hamburger SV
1995–1997 Arminia Bielefeld

ERFOLGE ALS PROFI
Europapokal der Landesmeister 1983
Deutscher Meister 1982, 1983
DFB-Pokalsieger 1987, 1988
Deutscher Zweitligameister 1978, 1980
WM-Teilnahme 1986
Spieler mit den meisten Spielen in der Bundesliga und Zweiten Liga (645 Spiele)

ANTHONY YEBOAH

Geboren: 6. Juni 1966 in Kumasi, Ghana

ADLERTRÄGER
1990–1995 Spieler
Markenbotschafter

PROFIKARRIERE
223 Bundesligaspiele (96 Tore)
65 Zweitligaspiele (26 Tore)
25 DFB-Pokalspiele (13 Tore)
35 Europapokalspiele (20 Tore)
47 Spiele in der Premier League (24 Tore)

STATIONEN ALS PROFI
1988–1990 1. FC Saarbrücken
1990–1995 Eintracht Frankfurt
1995–1997 Leeds United
1997–2002 Hamburger SV
2002 Al-Ittihad

ERFOLGE ALS PROFI
Torschützenkönig Bundesliga 1993, 1994

Stand: Saisonende 2023/24

Von den Auslandsstationen sind nur Ligaspiele aus dem Land aufgeführt, in dem der jeweilige Spieler die meisten bestritten hat.

ANMERKUNGEN

1 www.gesundheitsforschung-bmbf.de/de/fruhzeichen-von-alzheimer-im-nervenwasser-7237.php.

2 Bernd Hölzenbein kann aufgrund seiner Erkrankung keine Gespräche mehr führen, daher kommt er durch Zitate aus Interviews und Artikeln zu Wort, die er im Verlauf seiner Karriere gegeben hat; »Einmal Versager, dann wieder Weltklasse«, *Frankfurter Rundschau*, 04.03.2016; www.fr.de/eintracht-frankfurt/einmal-versager-dann-wieder-weltklasse-11717990.html.

3 »Verurteilt und ruiniert – Die früheren Spitzenfunktionäre von Eintracht Frankfurt, Wolfgang Knispel und Bernd Hölzenbein, sind im Rahmen der Steuerprozesse um Anthony Yeboah zu Haftstrafen auf Bewährung verurteilt worden«, *Frankfurter Allgemeine Zeitung*, 15.2.2001; www.faz.net/aktuell/sport/fussball-verurteilt-und-ruiniert-116000.html.

4 »Ich habe nicht energisch genug dagegengehalten«, *Frankfurter Allgemeine Zeitung*, 22.10.1996.

5 Die Zweifel des Schlitzohrs – Der Mann, der Tore im Sitzen erzielte und dem Wort Schwalbe eine neue Bedeutung gab: Bernd Hölzenbein wird siebzig Jahre alt, *Frankfurter Allgemeine Zeitung*, 09.03.2016; www.faz.net/aktuell/sport/fussball/die-zweifel-des-schlitzohrs-bernd-hoelzenbein-zum-siebzigsten-14113903.html.

6 »Einmal Versager, dann wieder Weltklasse«, *Frankfurter Rundschau*, 04.03.2016.

7 »Einmal Versager, dann wieder Weltklasse«, *Frankfurter Rundschau*, 04.03.2016.

8 »Ich hing an der Feuerleiter« – Bernd Hölzenbein erinnert sich an rauschende Europapokalnächte und das legendäre Sitzkopfballtor, *Frankfurter Rundschau*, 18.09.2013.

9 »Ich habe nicht energisch genug dagegengehalten«, *Frankfurter Allgemeine Zeitung*, 22.10.1996.

10 »Suurbier hat mein Trikot in den Müll geworfen« – Bernd Hölzenbeins Erinnerungen an das WM-Finale 1974, *Frankfurter Rundschau*, 13.06.2012.

11 »Ich habe nicht energisch genug dagegengehalten«, *Frankfurter Allgemeine Zeitung*, 22.10.1996.

12 »Einmal Versager, dann wieder Weltklasse«, *Frankfurter Rundschau*, 04.03.2016.

13 »Ich habe nicht energisch genug dagegengehalten«, *Frankfurter Allgemeine Zeitung*, 22.10.1996.

14 »Ich habe nicht energisch genug dagegengehalten«, *Frankfurter Allgemeine Zeitung*, 22.10.1996.

15 Deutsche Duelle im UEFA-Cup: »Es fehlt einfach etwas«, *Spiegel Online*, 05.03.2008.

16 »Nicht gegen die Erdanziehungskraft gewehrt« – Nachgefragt bei: Bernd Hölzenbein/25 Jahre nach dem WM-Finale von München, *Frankfurter Allgemeine Zeitung*, 07.07.1999.

17 »Einmal Versager, dann wieder Weltklasse«, *Frankfurter Rundschau*, 04.03.2016.

18 »Einmal Versager, dann wieder Weltklasse«, *Frankfurter Rundschau*, 04.03.2016.

BILDNACHWEIS

IM TEXTTEIL
Imago: 46 (Horstmüller), 194 (Jan Huebner), 250 (Baering)

Vereinsarchiv Eintracht Frankfurt: 10, 66, 98, 136, 152, 168, 214, 232, 274

IM TAFELTEIL
Eintracht Frankfurt: 3 (Martin Ohnesorge), 9 (Andreas Wolf), 16 (Max Galys), 21 (Andreas Wolf), 24 (Max Galys), 25 (Max Galys), 27 (Lucas Körner), 28 (Carlotta Erler), 29 (Max Galys)

Imago: 1 (Horstmüller), 4 (Horstmüller), 5 (Horstmüller), 6 (WEREK), 7 (Sven Simon), 8 (Horstmüller),10 (WEREK), 11 (Kicker/Eissner, Liedel), 12 (Kicker/Eissner, Liedel), 13 (Alfred Harder), 14 (Alfred Harder), 15 (Alfred Harder), 17 (Team2), 20 (APress), 23 (Offside Sports Photography), 26 (ActionPictures)

Jan Huebner: 22

picture-alliance/dpa/dpaweb: 2

Twitter/X: 18

Wonge Bergmann: 19